JN057461

AI活用アドバイザー認定試験 公式テキスト

一般財団法人 全日本情報学習振興協会

AI活用アドバイザー認定試験　試験概要

1. 受験資格　国籍、年齢等に制限はありません。

2. 受験会場（下記のほか、オンライン・CBT会場でも実施されます。）

　　札幌　仙台　東京　横浜　埼玉　千葉　名古屋　大阪　京都　福岡

3. 試験日程　協会ホームページをご確認ください。

4. 試験時間　90分

5. 問題数　　100問

6. 試験形式　マークシート方式

7. 合格基準　70%以上の正答

　　　　　　（上記各情報は予告なく変更される場合があります。）

8. 受験料 … 11,000円（税込）

9. 申込方法

　　インターネットでお申込みの場合は下記アドレスよりお申込みください。

　　http://www.joho-gakushu.or.jp/web-entry/siken/

郵送でお申込の場合は、下記までお問合せください。

お問合せ先

一般財団法人 全日本情報学習振興協会

東京都千代田区神田三崎町 3-7-12　　清話会ビル 5F

TEL：03-5276-0030　FAX：03-5276-0551　http://www.joho-gakushu.or.jp/

試験内容項目

第1課題　AI の基礎知識	1	AI 基礎知識
	2	AI 基礎用語
第2課題　AI の技術	1	ディープラーニング
	2	知的活動を実現する技術
第3課題　AI 開発の仕事を取り巻く環境		
第4課題　AI プロジェクトの流れ〜課題の落とし込みからチューニングまで		
第5課題　AI プロジェクトの流れ〜運用と効果検証		
第6課題　企業・団体の AI 導入事例	1	製造業
	2	自動車
	3	農林水産業
	4	健康・医療・介護
	5	金融
	6	物流
	7	流通
	8	教育・人材
	9	エンターテインメント
	10	スポーツ
	11	スマートライフ
	12	エネルギー
	13	防犯・防災
	14	インフラ
	15	行政
	16	その他の業種
第7課題　人材・AI の導入動向	1	企業の AI 人材
	2	企業の導入傾向
第8課題　AI の制度・政策動向	1	AI に関するガイドライン・制度
	2	政策動向等

もくじ

第 1 課題
AIの基礎知識

Artificial Intelligence Advisor

AI用語集

1．AI基本用語

【1　AI（Artificial Intelligence）】

　人工知能。1956年に開催された国際学会であるダートマス会議において、計算機科学者のジョン・マッカーシー教授が初めて使用した言葉である。その定義は研究者によって異なり、マッカーシー教授がまとめたFAQ形式のAIの解説では、AIを「知的な機械、特に、知的なコンピュータプログラムを作る科学と技術」と説明している。現在、一般的には、AIは「人間のように」「人間の代わりに」「人間と同等の」のような言葉で表現される計算（知的活動）を行うコンピュータ、人工的な知能、というイメージでとらえられている。

　AIの研究は1950年代から続いているが、その過程では、ブームといえる時代が何度かあった。1950年代後半～1960年代にかけての第一次AIブームでは、コンピューターによる「推論」や「探索」が可能となり、特定の問題に対して解を提示できるようになった。第二次AIブームは、1980年代に訪れ、専門分野の知識を取り込んだ上で推論することで、その分野の専門家のように振る舞うプログラムであるエキスパートシステムが生み出された。第一次、第二次ブームにおいては、AIが実現できる技術的な限界よりも、社会がAIに対して期待する水準が上回っており、その乖離が明らかになることでブームが終わったと評価されている。その後、2010年頃から現在まで続いているのが第三次AIブームといわれている。この時代には、AI自身が知識を獲得する「機械学習」が実用化された。次いで知識を定義する要素（特徴量）をAIが自ら習得するディープラーニングが登場し、これらが第三次AIブームの背景にあるとされている。
（第一～三次AIブームの始まり、終わりの年代には諸説がある。）

　AIの特徴を表す言葉として、自律性（Autonomy）と適応性（Adaptivity）がある。自律性とは、人の判断なしに状況に応じて動作する能力である。適応性とは、大量のデータから特徴を見つけ出し状況判断ができる、あるいは与えられた正解データと新たなデータを照合することで自らのプログラムの精度を上げていくことができる（学習）能力である。

　AIは、汎用人工知能と特化型人工知能に大別される。汎用人工知能とは、様々な思考・検討を行うことができ、初めて直面する状況に対応でき

る人工知能のことであり、特化型人工知能とは、特定の内容に特化した思考・検討にだけに優れている人工知能のことである。また、「強いAI」と「弱いAI」という分類もあり、強いAIは意識や自我を持つAIとされている。この分類は観念的であり、強いAIは概ね汎用人工知能に対応し、弱いAIは概ね特化型人工知能に対応すると示す考え方もある。(社)人工知能学会は、「人工知能の研究には二つの立場がある（中略）一つは、人間の知能そのものをもつ機械を作ろうとする立場、もう一つは、人間が知能を使ってすることを機械にさせようとする立場です」と記している（立場の違いをこのように定義してよいか、これらの立場は異なるのかということについても議論の余地がある、とも記している。）。なお、強いAIは、意識や自我を持つAIのことを指す考え方もある。

　AIと同時に語られることが多い「機械学習」「ディープラーニング」とAIには包含関係がある。AIに関わる分析技術として「機械学習」が挙げられ、機械学習の一つの技術として「ディープラーニング（深層学習）」が挙げられる。

【2　機械学習】

　AIの手法の一つとして位置づけられるもので、人間の学習に相当する仕組みをコンピュータ等で実現するもの。一定の計算方法（アルゴリズム）に基づき、入力されたデータからコンピュータ自らがパターンやルールを発見し、そのパターンやルールを新たなデータに当てはめることで、その新たなデータに関する識別や予測等を可能とする手法である。

　機械学習には大別して「学習」と「推論」の2つのプロセスがあり、基本的にそれぞれのプロセスで異なるデータを用いることとなる。学習とは、入力されたデータを分析することにより、コンピューターが識別等を行うためのパターンを確立するプロセスである。この確立されたパターンを、「学習済みモデル」という。推論とは、学習のプロセスを経て出来上がった学習済みモデルにデータを入力し、確立されたパターンに従い、実際にそのデータの識別等を行うプロセスである。

　機械学習で活用するデータには、学習のプロセスで用いるものと、推論のプロセスで用いるものの2種類がある。学習用データと推論用データはいずれも、自らが所有・収集するデータのほか、公開されているデータセットなどを入手して活用することができる。これらのデータは、学習・推論に適した形とする必要がある。学習・推論に適した形にデータクレン

ジング（データの重複、誤記、表記の揺れなどを修正・統一してデータの品質を高めること）を行ったり、少ない画像データを増やしたりすることを、データの加工あるいは前処理という。次の図は、機械学習におけるデータ活用のプロセスを示したものである。

機械学習におけるデータ活用のプロセス

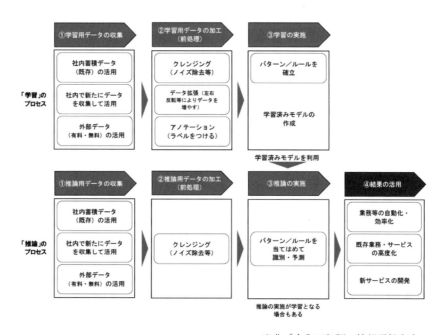

出典「令和元年版　情報通信白書」

　機械学習の学習法は、「教師あり学習」「教師なし学習」「強化学習」に大別される。「教師あり学習」では、正解のラベルを付けた学習用データが用いられ、「分類」による文字や画像の認識、「回帰」による売上げの予測や異常の検知といった用途に用いられる。
　「教師なし学習」では、正解のラベルを付けない学習用データが用いられる。例えば、それがネコであるという情報は与えずネコの画像のデータを入力して学習させる。学習済みモデルは、推論用データとして動物の画像を入力されたとき、それがネコと呼ばれるものであるかどうかは判別できないものの、ネコと他の生き物とを区別できる。このような特徴から、

教師なし学習はデータのグループ分けや情報の要約などの用途に用いられる。なお、正解のラベルをつけたデータとラベルのないデータを併用して学習する「半教師あり学習」という方法もある。

　「強化学習」では、コンピュータが一定の環境の中で試行錯誤を行うことが学習用データとなり、行動に報酬を与えるというプロセスを繰り返すことで、何が長期的によい行動なのかを学習させる。強化学習は、将棋、囲碁などのゲーム、ロボットの歩行学習などに活用されている。

　「教師あり学習」「教師なし学習」には、それぞれ次のような代表的な分析手法がある。

代表的な「教師あり学習」の分析手法

分析手法名	分析手法・用途の概要
回帰分析	被説明変数と説明変数の関係を定量的に分析し、分析結果に基づく予測
決定木	分類のための基準(境界線)を学習し、未知の状況でデータを分類

代表的な「教師なし学習」の分析手法

分析手法名	分析手法・用途の概要
k平均法	特徴・傾向が似ている標本をいくつかのグループに分類
アソシエーション分析	同時購入の頻度等を算出し、消費者の選択・購入履歴から推薦すべき商品を導出
ソーシャルネットワーク分析	氏名が同時掲載される頻度やSNS上での友人関係から人のつながりを分析

「総務省ICTスキル総合習得教材」より

【3　ディープラーニング】

　深層学習。機械学習における技術の一つ。第三次AIブームの中核をなす技術である。ニューラルネットワークを用いるもので、情報抽出を一層ずつ多階層にわたって行うことで、高い抽象化を実現する。入力層、中間層（隠れ層）、出力層で構成されるニューラルネットワークのうち、中間層が複数となっているものを用いるのが、ディープラーニングである。従来の機械学習では、学習対象となる変数（特徴量）を人が定義する必要があったのに対し、ディープラーニングは、予測したいものに適した特徴量そのものを大量のデータから自動的に学習することができる点に違いがある。

　　ディープラーニングの発達は、画像認識、音声認識などの精度が格段に
向上するなどの成果をもたらし、AI技術の発達に大きな影響を与えている。

【4　ニューラルネットワーク】

　　機械学習のアルゴリズムの一つであり、人間の脳が学習していくメカニ
ズムをモデル化して、人工的にコンピューター上で再現することで問題を
解決しようとする仕組み。人間の脳の神経回路の仕組みを模したモデル。
神経細胞に相当する各ノードが層を成して接続されている情報処理のネッ
トワークに入力した情報が、中間層（あるいは隠れ層）と呼ばれるネット
ワーク内での処理を経て望む情報として出力されるよう、何度も処理方法
の調整を行うことで学習していく。文字や音声の認識といったパターン認
識へ応用されている。

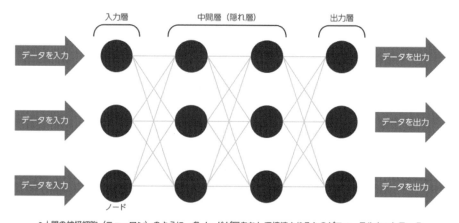

●人間の神経細胞（ニューロン）のように、各ノードが層をなして接続されるものがニューラルネットワーク
●ニューラルネットワークのうち、中間層（隠れ層）が複数の層となっているものを用いるものが深層学習

出典「令和元年版　情報通信白書」

【5　XAI（説明可能なAI）】

　　Explainable artificial intelligenceを略したものであり、「説明可能な
AI」と訳される。
　　機械学習モデルは、高度に複雑な構造物であり、人がその動作の全容を
把握するのは困難であるため、その予測過程が実質的にブラックボックス
化しており、用途範囲の拡大に伴い、機械学習モデルの予測結果を安心し

て（信頼して）業務に使えないという問題が指摘されるようになっている。この問題に対処するため、機械学習モデルの予測根拠を説明するXAIの研究が行われている。

　「XAIの研究」には、2つの考え方がある。1つは既存の予測・判断根拠がわかりにくい（ブラックボックスである）機械学習モデルに、説明するための機能を付加して、AIの予測・判断根拠を説明できるようにするブラックボックス型の研究である。もう1つは、その学習過程や構造、予測・判断根拠が人にとって解釈可能なAIを新たにつくるトランスペアレント（透明な）型の研究である。ブラックボックス型は学習済みのAIについて後から説明する考え方であり、トランスペアレント型はもともと学習過程や構造が人にとって解釈可能なタイプの新しいAIを開発するという考え方である。

【6　シンギュラリティ】

　Singularity.「特異点」と訳され、AIの世界では「技術的特異点」のことを指す。2005年に、アメリカの未来学者レイ・カーツワイル氏が、人類が経験してきたテクノロジーの指数関数的な進化を根拠に提唱した概念であり、「テクノロジーが急速に変化し、それにより甚大な影響がもたらされ、人間の生活が後戻りできないほどに変容してしまうような、来るべき未来のこと」を意味するが、「コンピュータの知能が人間を超える時」といった意味で使われることもある。（「シンギュラリティ」の概念自体は、それ以前からあったが、現在AIと関連してよく語られるシンギュラリティの概念は、レイ・カーツワイル氏の提唱によるといわれている）

　氏は、テクノロジーの進化により、2029年にはコンピュータの知能が人間並みになり、2045年には今日の全人類の知能より約10億倍強力な知能が1年間に生み出され、シンギュラリティが到来するとしている。

【7　人間中心のAI社会原則】

　「人間中心のAI社会原則」（平成31年3月29日統合イノベーション戦略推進会議決定）は、「基本理念」、「Society 5.0実現に必要な社会変革「AI-Readyな社会」」、「人間中心のAI社会原則」から構成されている。

　基本理念では、

　（1）人間の尊厳が尊重される社会

（2）多様な背景を持つ人々が多様な幸せを追求できる社会
（3）持続性ある社会
の 3 つの価値を理念として尊重し、その実現を追求する社会を構築してい
くべき旨が述べられている。

　Society 5.0実現に必要な社会変革「AI-Readyな社会」では、「何のため
にAIを用いるのか」に答えられるような「人」、「社会システム」、「産業
構造」、「イノベーションシステム」、「ガバナンス」の在り方について、技
術の進展との相互作用に留意しながら考える必要があるとされている。

　　＊Society 5.0：情報社会（Society 4.0）に続く、我が国が目指すべき未来
　　　　　　　　社会の姿を意味する。
　　＊AI-Readyな社会：社会全体がAIによる便益を最大限に享受するために必
　　　　　　　　要な変革が行われ、AIの恩恵を享受している、または、
　　　　　　　　必要な時に直ちにAIを導入しその恩恵を得られる状態
　　　　　　　　にある、「AI活用に対応した社会」を意味する。

　人間中心のAI社会原則では、前述の 3 つの基本理念を備えた社会を実
現するために必要となる「AI社会原則」と「AI開発利用原則」について
述べられている。

　「AI社会原則」とは、「AI-Readyな社会」において、国や自治体をは
じめとする我が国社会全体、さらには多国間の枠組みで実現されるべき社
会的枠組みに関する原則であり、次の原則から構成される。

・人間中心の原則
・教育・リテラシーの原則
・プライバシー確保の原則
・セキュリティ確保の原則
・公正競争確保の原則
・公平性、説明責任及び透明性の原則
・イノベーションの原則

　「AI開発利用原則」については、開発者及び事業者において、基本理
念及びAI社会原則を踏まえたAI開発利用原則を定め、遵守するべきであ
り、早急にオープンな議論を通じて国際的なコンセンサスを醸成し、非規
制的で非拘束的な枠組みとして国際的に共有されることが重要であると述
べられている。

2．AI関連用語

【8　画像認識】

　コンピュータに画像、動画に何が映っているのかを認識させる技術。例えていえば、人間が目で見たものを脳の働きにより「これは○○である」と認識することを、コンピュータに行わせる技術である。機械学習、ディープラーニングの発達によりその水準が近年高まっている。

　画像認識では、物の属性、位置、角度、距離などが認識され、使用される分野は多岐にわたる。自動運転車の走行環境の認識、医療分野における画像診断、製造・物流業における製品の異常検知、防犯・防災など、多くの分野での利用が期待され、実際多くの分野で実用化されている。手書き文字の認識、人の顔認識からの感情の読み取りなど、その応用範囲は広い。

【9　顔認証】

　バイオメトリクス認証（身体的または行動的特徴を用いて個人を識別し認証する技術）の一つで、顔の形や目鼻などの位置関係を示す特徴的な点や輪郭線等を画像認識技術により抽出し、特徴点間の距離や角度、輪郭線の曲率等や、顔表面の色や濃淡等の特徴量により顔を識別する。一般の利用者の登録時および認証時の負荷は少ないが、環境に影響を受けやすく、顔の経年変化によって正しく認証されないこともあり、その場合は認証情報の再登録が必要になる。また、角度により、本人を拒否する場合がある。

　離れた場所からでも認証が可能であり、低解像度カメラの利用でも対応できるため、イベント会場での入場管理や空港の出帰国手続などで採用されている。非接触・ハンズフリーによる認証方式であるため、衛生的であり、感染症対策としても有効であるといえ、マスクを着用したままで認証が可能な製品も発売されている。

　なお、バイオメトリクス認証全般に言えることであるが、認証の精度に関しては「他人受入率（FAR）」と「本人拒否率（FRR）」と呼ばれる指標に注意する必要がある。他人受入率は「システムが他人を正規の利用者であると誤認する確率」、本人拒否率は「システムが正規の利用者を他人であると誤認する確率」である。一般に、他人受入率を下げると安全性は高くなるが、本人拒否率が上がり利便性が低下する。逆に本人拒否率を下げると利便性は高くなるが、他人受入率が上がり安全性が低下する。バイオメトリクス認証の使用の際は、設定されている認証精度（特に他人受入

率）を必ず確認して適切な設定に変更する必要がある。

【10　音声認識／自然言語処理】

　音声認識は、コンピュータに音声を認識させる技術である。人間が耳で聞いた音声を脳の働きにより認識するように、それをコンピュータに行わせる技術である。

　自然言語処理（NLP：Natural language processing）は、認識した画像、音声の内容を理解し、言語化する技術である。自然言語処理は「自然言語理解（NLU：Natural Language Understanding)」と「自然言語生成（NLG（Natural Language Generation)」に大きく二つに分けることができる。「自然言語理解」は人が書いた文章の意味を判別してなんらかの処理をする技術で、メールの自動分類、ウェブ検索などが典型的な応用例である。「自然言語生成」は、何らかのデータ入力に基づき、コンピュータに文章を生成させる技術で、文章の要約や機械翻訳などを含む。

　会話を自動的に行うチャットボット（自動会話プログラム）、スマートフォンに搭載される音声認識サービスや、AmazonやGoogleなどが手がけているスマートスピーカーにより、音声認識や自然言語処理技術の利用は拡大し、身近なものとなっている。

　機械翻訳、文書自動生成については、従来の不自然さが残る文章に代わって、機械学習、ディープラーニングの発達により文章の文脈まで理解して、より自然な文章を作成する技術ができつつある。

【11　データ解析】

　AIの実用化における機能領域には、画像認識、音声認識のような「識別」の他に、「予測」と「実行」がある。データ解析は、この予測の機能および周辺機能を含むものである。「予測」の内容として、数値予測、マッチング、意図予測、ニーズ予測が挙げられる。

　解析作業は従来、人間が行うことが一般的であったが、AIによって、コンピュータが自動的に行うケースも増えている。IoT機器等により収集・蓄積された膨大なデータを分析することで実現しているデータ解析には、次のようなものがある。

・自然データ、人流データなどによる天候予測、混雑予測

・顧客の購買履歴から顧客が関心を抱きそうな商品を提示、いわゆる「おすすめ」をするレコメンド機能
・シェアリングエコノミーに代表される顧客と顧客、顧客と店舗、交通、宿泊施設などのマッチング機能
・需要予測、原因解明
　機械学習とIoTとの組み合わせで、データ解析の応用範囲はさらに多様になることが予想される。

【12　生成 AI（ジェネレーティブ AI）と ChatGPT】

　生成 AI（ジェネレーティブ AI : Generative AI）とは、人の指示に従って、テキスト、画像、動画、音楽などのコンテンツを生成する AI のことである。アメリカの Gartner 社は、2021 年 11 月に「戦略的テクノロジーのトップ・トレンド」において、2022 年に注目すべきキーワードの一つとして「ジェネレーティブ AI」を挙げた。同社は「ジェネレーティブ AI」を「コンテンツやモノについてデータから学習し、それを使用して創造的かつ現実的な、まったく新しいアウトプットを生み出す機械学習手法」と定義している。
　生成 AI のサービスとしては、画像生成 AI「Stable Diffusion（ステーブル・ディフュージョン）」「Midjourney（ミッドジャーニー）」、文章生成 AI「Chat（チャット）GPT」などが知られている。なかでも 2022 年 11 月に公開された ChatGPT は、一般のユーザーが簡単にその機能を使用することができるため大きな話題となり、「生成 AI」という用語も広まった。
　ChatGPT は、アメリカの研究機関である Open AI によって開発された。「GPT」とは、「Generative Pre-trained Transformer」の略である。「Pre-trained」は、「事前に学習した」という意味で、ChatGPT は、「GPT-3」という文章生成モデルがベースとなっている。GPT-3 が専門家向けのモデルであるのに対し、ChatGPT はその名が示すように、一般のユーザーが PC やスマートフォンに向かって問いかけるように質問や作らせたい文章を対話（Chat）形式で入力すると、一定の文章量の回答が表示される手軽さが人気となったといえる。また、ChatGPT は Google 等の検索サービスにとって代わるものになる可能性があるともいわれている。2023 年 1 月にはマイクロソフトの検索サービスである「Bing」への ChatGPT の搭載が発表され、それに対抗するように Google が言語生成モデル「LaMDA（ラムダ）」をベースとして開発した「Bard（バード）」

を同年 2 月に一般公開するなどの動きが見られた（その後 2024 年 2 月に「Bard」は、「Gemini（ジェミニ）」に改称された。）。

　ChatGPT をはじめとする生成 AI の利用には、文章自体に誤りがある可能性の他、情報流出、著作権抵触、不正利用などさまざまな問題点が指摘されている。2023 年 4 月現在、海外では ChatGPT の利用を一時的に禁止する国も現れ、日本でも企業が業務利用に制限を加えるケースもあり、今後の動向が注目されている。

【13　AR（Augmented Reality）】

　一般的に「拡張現実」と訳される。コンピュータが作り出した仮想的な映像などの情報を、現実のカメラ映像に重ねて表示したりすることで、現実そのものを拡張する技術のこと。

　例えば、建物の建築予定地を撮影したカメラ映像に、建物の完成予定図から作成したCGの建物を重ね合わせる、などがARの例である。他、スマートフォン向けゲーム「ポケモンGO」は、ジャイロセンサーを搭載したスマートフォンによって、現実の背景の手前にARでポケットモンスターを表示させている。

【14　VR（Virtual Reality）】

　一般的に「仮想現実」と訳される。ユーザーの動作に連動した映像や音などをコンピュータで作成し、別の空間に入り込んだように感じさせる技術のこと。

　VRは、視界全面を覆うヘッドマウントディスプレイなどを使い、現実世界を遮断して仮想世界を体験する技術で、ARやMRに比べて古くから製品化され、ゲームなどで多く利用されている。VRの利用形態は、スマートフォンを利用する簡便なタイプから専用施設まで様々である。また、VRはARやMRに比べて、対象に夢中になる没入感が高いとされている。

【15　MR（Mixed Reality）】

　一般的に「複合現実」と訳される。ARの技術を発展させ、現実の世界を使って、そこに投影されたCGに対して直接作業などが可能な技術のこと。

　　MRは、メガネ（グラス）等を通して見る視界全体のARのイメージで、複数名での同一の映像の確認ができるため、コンピュータ表示を同時に見る業務（紹介、協力作業）等に活用されている。例えば、MRによって、壁内部の配水や配電を紹介したり、整形外科手術のトレーニングをしたりすることができる。

【16　xR（Cross Reality）】

　　現実世界において実際には存在しないものを、表現・体験できる技術の総称。実用化が進んでいるxRとしては、AR（拡張現実）、VR（仮想現実）、MR（複合現実）が挙げられる。

　　他に開発が進んでいるxRには、SR（Substitutional Reality：代替現実）がある。あらかじめ準備した記録・編集済みの過去の映像を目の前で実際に起きている現実として体験させる技術である。独立行政法人理化学研究所は、VRに用いられてきた技術を応用し、あらかじめ用意された「過去」の世界を「現実」と差し替え、被験者に過去を現実と区別無く体験させる実験装置「代替現実システム（SRシステム）」を開発している。従来の実験法ではできなかったさまざまな認知心理実験での利用や、過去を現実と思い込ませたり、現実と過去を重ね合わせ、両者が区別できない状態を体験させたりする新しい表現手法としての利用が期待されている。

【17　メタバース】

　　インターネット上の仮想空間。「超（meta）」と「宇宙（universe）」を組み合わせた造語。メタバースの明確な定義は確立されていないが、総務省は、「『Web3時代に向けたメタバース等の利活用に関する研究会』中間とりまとめ（2023年2月10日）」において、メタバースを「ユーザー間で"コミュニケーション"が可能な、インターネット等のネットワークを通じてアクセスできる、仮想的なデジタル空間」としている。同とりまとめでは、メタバースは、その仮想空間に、次の①～④を備えているものとしている。

　　①利用目的に応じた臨場感・再現性があること（デジタルツインと同様に現実世界を再現する場合もあれば、簡略化された現実世界のモデルを構築する場合、物理法則も含め異なる世界を構築する場合もある）
　　②自己投射性・没入感があること
　　③（多くの場合リアルタイムに）インタラクティブである（双方向性が

　ある）こと

　④誰でもが仮想世界に参加できること（オープン性）

　また、多くの場合は 3 次元（3 D）の仮想空間として構築され、VR デバイスを必須とするものもあるが、スマートフォンなど一般のデバイスから利用可能なものもあり、ビジネス向けの一部には 2 次元で構築されるものもある。なお、次の⑤～⑦のいずれか又は全てを備えている場合もあるとしている。

　⑤仮想世界を相互に接続しユーザが行き来したり、アバターやアイテム
　　等を複数の仮想世界で共用したりできること（相互運用性）

　⑥一時的なイベント等ではなく永続的な仮想世界であること

　⑦仮想世界でも現実世界と同等の活動（例：経済活動）が行えること

　メタバースが注目を集めたのは、2021年10月の当時の Facebook 社による、メタバースの実現に向けた、「Meta Platforms .inc」への社名変更の発表であった。Meta 社は、同社のホームページにおいて、メタバースは、「ソーシャルなつながりの次なる進化形であり、モバイルインターネットの後継者です。メタバースでは、インターネットと同様に、物理的に同じ場所にいない人とつながれるうえ、実際に一緒にいる感覚にさらに近づけます。」と記している。

　メタバースとデジタルツインは、存在する空間が仮想空間であることは共通であるが、シミュレーションを行うためのソリューションという位置づけであり、実在する現実世界を再現しているデジタルツインに対して、メタバースは、その空間で再現するものが実在しているものかどうかを問わない。また、デジタルツインは、現実世界では難しいシミュレーションを実施するために使われることが多いのに対して、メタバースは、現実にはない空間でアバターを介して交流したり、ゲームをしたりというコミュニケーションが用途とされることが多い。

　「令和 5 年版情報通信白書」では、メタバースの活用事例として、以下を挙げている。

　①エンターテイメント

　バーチャル空間上で音楽ライブの視聴、アバター姿での散策、アバターを用いる動画配信など

　②教育

　バーチャル空間上での教育プログラム

　③雇用創出・多様な働き方の実現

　メタバース上での案内業務や接客業務

　距離や時間、身体的特徴を超えられるメタバースを活用することで、よ

り多くの人が働けるようになる社会の実現の可能性
④地域活性化
現実の都市をメタバースとして仮想空間上に再現し、その空間でイベントを実施して都市のタッチポイントや都市体験を拡張する試み

【18　クラウドAI】

　機械学習等のAI機能を搭載したクラウドサービスのことを指す。
　クラウドAIには、音声認識、画像認識、言語翻訳等のディープラーニング等を用いた機能のAPIが搭載されており、利用者は、必要なAPIを通じて必要な機能を扱うことができる。複雑で高度なデータによる学習・推論などの処理がクラウド上で行われるため、サーバにかかる処理の負荷を抑えることができる。通信を介するため、反応に遅延が発生するデメリットも存在し、これについてはエッジAIとの使い分けの必要が考えられる。
　Webブラウザとネットワーク接続があれば専用のPCを持たなくてもタブレットやスマートフォンから利用できるので、誰でもAI技術を使えるようになるという意味で「AIの民主化」に寄与している。
　主要なAIクラウドサービスとして、次のものがある。

- ・Google Cloud Machine Learning（Google）
- ・Amazon AI（Amazon）
- ・Azure Machine Learning（Microsoft）
- ・Watson Data Platform（IBM）

【19　エッジAI】

　前項のクラウドAIに対して、端末側に搭載されるAIのこと。
クラウドAIでは、エッジ（端末）側ではデータ収集のみを行い、エッジ端末から送られたデータを、クラウド上に搭載されたAIで学習、予測・推論処理を行うのに対し、エッジAIでは学習モデルをエッジ端末に組み込むことで、クラウドを使わずに推論が可能になる。エッジAIのベースとなるエッジコンピューティングとは、すべてをクラウドに送信するのではなくエッジ側で処理できるものを分別し、クラウドとエッジで処理を分担する技術である。
　エッジAIの特長として、通信を介さないため、タイムラグのない（リ

アルタイムの）判断が可能になることが挙げられ、自動運転、ドローン、監視カメラなどの機能に活かされている。また、通信コストの低廉化、セキュリティ面の優位性も特長である。

【20　ロボット】

　「ロボット」の統一された定義はなく、組織、業種により複数の定義が存在する。「ロボット」の意味する内容は、極めて多様であり、ヒューマノイド（人の形をしたもの）に限定した見方から、産業用の機械、コンピュータ上のソフトまで広げた見方まで様々である。経済産業省関連の「ロボット政策研究会」は、2006年の報告書で「センサー、知能・制御系、駆動系の3つの要素技術を有する、知能化した機械システム」と定義している。

　2015年に公表された日本経済再生本部の「ロボット新戦略」では、ロボットの劇的な変化として、自ら学習し行動するロボットへの「自律化」、様々なデータを自ら蓄積・活用することによる「情報端末化」、ロボットが相互に結びつき連携する「ネットワーク化」の3点を挙げ、ロボットが単体としてのみならず、様々なシステムの一部として機能することによる、IoT社会におけるロボットの重要性に言及している。

　ロボットは産業用ロボットとサービスロボットの2種類に大きく分けられる。産業用ロボットは、日本工業規格（JISB 0134：1998）で「自動制御によるマニピュレーション機能又は移動機能をもち、各種の作業をプログラムによって実行できる、産業に使用される機械」と規定されている。マニピュレーション機能とは、人間の手のように対象物（部品、工具など）をつかむ機能である。サービスロボットは、産業用ロボット以外のものをいい、ロボット掃除機、コミュニケーションロボット（ソフトバンクのPepperが代表例）をはじめとして、さまざまなものがある。

　「経済産業省におけるロボット政策」（令和元年7月9日）では、日本は世界一のロボット生産国であり、世界のロボットの6割弱が日本メーカー製（約38万台中21万台）として、ロボット産業市場における日本の優位性を説いているが、ロボットの導入台数の伸び率は低いとして、ロボット技術のさらなる進歩と普及により、生産性の低い産業の向上を図るとしている。例えば、高齢者の増加と職員の不足が顕著な介護業界では、ロボット活用を含めた新しい介護のあり方が期待されている。

　サービスロボットは、利用場所に応じて次のように分類することができる。

ロボットの分類に関する樹形図

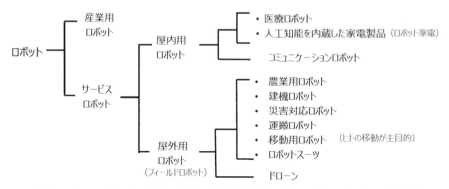

※サービスロボット内は、確立した分類基準がないため、主たる利用場所に応じた便宜的な分類

総務省「ICT スキル総合習得教材」より引用

経済産業省は、ロボットを導入しやすい環境（ロボットフレンドリーな環境）を実現するための取組みを進めている。ロボットの未導入分野への導入促進に向けては、ロボットフレンドリーな環境の実現（ロボット導入にあたって、ユーザー側の業務プロセスや施設環境を、ロボットを導入しやすい環境へと変革すること）が不可欠であり、またその実現のためには、ロボットユーザー企業とロボット SIer 企業等による連携が重要である。こうした中で、経済産業省では、「施設管理」「食品」「小売」「物流倉庫」の 4 分野を重点に、ユーザーとロボット SIer 企業らが参画するタスクフォースでの検討や予算事業等を通じた支援措置を進めている。

【21　ドローン】

IoT が力を発揮する領域のひとつであり、遠隔操作や自動操縦によって飛行する無人航空機の総称である（ただし、自動操縦機能を持つことをドローンの定義に含めるケースと含めないケースがある）。

国土交通省の「無人航空機（ドローン、ラジコン機等）の安全な飛行のためのガイドライン」では、航空法における無人航空機について、「人が乗ることができない飛行機、回転翼航空機、滑空機、飛行船であって、遠隔操作又は自動操縦により飛行させることができるもの」と定義されており、いわゆるドローン（マルチコプター）、ラジコン機、農薬散布用ヘリコプター等が該当します。」としている。ただし、マルチコプターやラジ

コン機等であっても、重量（機体本体の重量とバッテリーの重量の合計）100グラム未満のものは、無人航空機ではなく「模型航空機」に分類される。

　ドローンには、消費者向けの簡易なモデルから産業用途、軍事用途のものまで、さまざまな種類がある。空からの簡易な撮影が可能であることから、土砂崩壊、火山災害、トンネル崩落などの現場における被災状況調査、橋梁、トンネル、河川やダムなどのインフラ監視、消火・救助活動、測量、警備サービス、宅配サービスなどさまざまな分野での利用が可能であり、社会的に大きな意義があるものと考えられている。

　ドローンの利活用の実用化に向けては、その飛行地域、操縦必要性、補助者の有無によって次のレベルが示されている。

小型無人機の飛行レベル

レベル1	目視内での操縦飛行	・農薬散布 ・映像コンテンツのための空撮 ・橋梁、送電線等のインフラ点検 等
レベル2	目視内での自動・自律飛行	・空中写真測量 ・ソーラーパネル等の設備の点検 等
レベル3	無人地帯※での目視外飛行（補助者の配置なし） ※第三者が立ち入る可能性の低い場所（山、海水域、河川・湖沼、森林等）	・離島や山間部への荷物配送 ・被災状況の調査、行方不明者の捜索 ・長大なインフラの点検 ・河川測量 等
レベル4	有人地帯（第三者上空）での目視外飛行（補助者の配置なし）	・都市の物流、警備・発災直後の救助、避難誘導、消火活動の支援・都市部のインフラ点検 等

経済産業省「空の産業革命に向けたロードマップ2018〜小型無人機の安全な利活用のための技術開発と環境整備〜」補足資料を基に作成

　このレベルに関して、ドローン物流については、「現状、国や地方自治体の支援などにより離島や山間部等の過疎地域等において配送の実用化に向けた実証実験が行われている。政府は2022年度を目途としてドローンの有人地帯での目視外飛行（中略）の実現を目指すこととしており、

2021年度までを目途に機体の認証制度、操縦ライセンス制度、運行管理ルールの構築といった制度面での環境整備や社会受容性の確保に向けた取組を推進することとし、都市部でのドローン物流の展開を目指す」ことが総合物流施策大綱（2021年度〜2025年度）に記載されている。

　これを受けて、2020年の改正航空法では無人航空機の登録制度が創設され、2022年6月20日以降登録していない無人航空機の飛行は禁止され、無人航空機を識別するための登録記号を表示し、リモートID機能を備えることが義務づけられた。続いて同年12月5日には、機体認証、無人航空機操縦者技能証明、運航に係るルールが整備され、すでに実用化されていたレベル1から3の飛行に加えて、有人地帯（第三者上空）での補助者なし目視外飛行を指すレベル4飛行が可能となった。

　ドローンの飛行については航空法のほかに、小型無人機等飛行禁止法、電波法等にも規制が定められている。また、国土交通省のウェブサイトでは、ドローンの飛行ルールを示すとともに、飛行許可を得るための手続が示されている（ドローンの飛行可否を示す地図も公開されている）。

【22　自動運転車】

　AIが力を発揮する領域のひとつであり、運転操作の一部または全部をコンピュータが制御する自動車を指す。「ロボットカー」「UGV（unmanned ground vehicle）」「ドライバーレスカー（driverless car）」などともいう。

　「官民ITS構想・ロードマップ　これまでの取組と今後のITS構想の基本的考え方」では、運転自動化レベルを次のように分けている。

・レベル0：運転者が全ての動的運転タスクを実行
・レベル1：システムが縦方向又は横方向のいずれかの車両運動制御のサブタスクを限定領域において実行
・レベル2：システムが縦方向及び横方向両方の車両運動制御のサブタスクを限定領域において実行
・レベル3：システムが全ての動的運転タスクを限定領域において実行（作動継続が困難な場合は、システムの介入要求等に適切に対応）
・レベル4：システムが全ての動的運転タスク及び作動継続が困難な場合への応答を限定領域において実行

・レベル 5 ：システムが全ての動的運転タスク及び作動継続が困難な場合
　　　　　　への応答を無制限に実行

　また、レベル 1 又はレベル 2 に対応する車両を「運転支援車」、レベル 3 に対応する車両を「条件付自動運転車（限定領域）」、レベル 4 に対応する車両を「自動運転車（限定領域）」、レベル 5 に対応する車両を「完全自動運転車」という。

　経済産業省と国土交通省が設置した「自動走行ビジネス検討会」は、自動運転車を「無人自動運転移動サービス」、「高度幹線物流システム」、「オーナーカー AD/ADAS」の 3 つの軸に切り分け、取組みを進めている。

　「無人自動運転移動サービス」は、地方や高齢者等向けの公共交通などにおける取組みである。政府は、2025年度を目途に国内50か所程度で無人自動運転移動サービスの実現を目指すとしている。2023年 4 月より、日本ではレベル 4 の自動運転が一定の条件のもとで可能となった。これはレベル 4 の運行許可制度が盛り込まれた改正道路交通法の施行に伴うもので、同法ではレベル 4 の自動運転を「特定自動運行（道路において、自動運行装置（中略）を当該自動運行装置に係る使用条件で使用して当該自動運行装置を備えている自動車を運行すること（後略））」と定義して、レベル 4 の自動運転を行う者に対する都道府県公安委員会の許可の必要とその遵守事項（特定自動運行主任者の配置等）を定めている。2023年のレベル 4 の自動運転の解禁は、特定自動運行が過疎地域等における公共交通の役割を担うことが期待されている。

　「高度幹線物流システム」は、物流分野におけるトラックの自動走行と物流拠点の連携などの取組みである。物流における自動運転については、「高速道路でのトラック隊列走行技術の実証実験を実施してきたところであるが、2021年 2 月には新東名高速道路の一部区間において後続車の運転席を実際に無人とした状態でのトラックの後続車無人隊列走行技術を実現した」ことが、国交省の「総合物流施策大綱（2021年度〜2025年度）」令和 3 年 6 月15日に記載されている。

　「オーナーカー AD/ADAS」は、自家用車における、ADAS（Advanced Driver-Assistance Systems ：先進運転支援システム）と AD（Autonomous Driving ：自動運転）の開発・普及や環境整備に向けた取組みである。「自動走行ビジネス検討会」では、当面の間、レベル 2 以上 3 未満の開発・市場化が進むことを見込み、自家用車における自動運転の将来像として、2025年までに「レベル 2 〜 3 の AD/ADAS 導入促進」、2030年までに「レベル 2 〜 3 の AD/ADAS の更なる普及」と示している。

【23　ビッグデータ】

　デジタル化の更なる進展やネットワークの高度化、またスマートフォンやセンサー等IoT関連機器の小型化・低コスト化によるIoTの進展により、スマートフォン等を通じた位置情報や行動履歴、インターネットやテレビでの視聴・消費行動等に関する情報、また小型化したセンサー等から得られる膨大なデータのこと。

　「令和元年版情報通信白書」では、ビッグデータを特徴づけるものとして、「4V」という概念を示している。「volume（量）」、「variety（多様性）」、「velocity（速度）」、「veracity（正確性）」である。これらは、データが価値創出の源泉となる仕組みでもあるといえる。

　「volume」については、購入履歴を例に取ると、ある1人があるモノを1回購入した際のデータから分かることは極めて少ないが、多数の人の多数の購入履歴を分析すれば、人々の購買行動の傾向を見いだすことができる。これにより、人の将来の購買行動を予測したり、更には広告等で働きかけることにより、購買行動を引き出したりすることが可能となる。

　「variety」については、上記の例において、購入者の年齢や性別のみならず、住所や家族構成、更には交友関係、趣味、関心事項といったデータが入手できれば、より緻密な分析が可能となる。また、時間・場所・行動等に関するより細粒化されたデータは、この点の価値を更に高めることになる。

　「velocity」については、「ナウキャスト」すなわち「同時的な予測」が挙げられる。例えば、Googleは、検索データを用い、ほぼリアルタイムかつ公式な発表の前にインフルエンザにかかった人の数を推計できるといわれている。

　「veracity」について、例えば統計では調査対象全体（母集団）から一部を選んで標本とすることが行われるが、ビッグデータでは、この標本を母集団により近づけることにより、母集団すなわち調査対象全体の性質をより正確に推計できるようになる。

　なお、「4V」から「veracity（正確性）」を除いて「3V」、「4V」に「value（価値）」を加えて、「5V」をビッグ・データの特徴とする考え方もある。

　「平成29年版情報通信白書」では、個人・企業・政府の3つの主体が生成しうるデータとして、ビッグデータを以下の4つに分類している。

1）政府：国や地方公共団体が提供する「オープンデータ」

　　『官民データ活用推進基本法』を踏まえ、政府や地方公共団体などが

保有する公共情報について、データとしてオープン化を強力に推進することとされているものである。

2）企業：暗黙知（ノウハウ）をデジタル化・構造化したデータ

3）企業：M2M（Machine to Machine）から吐き出されるストリーミングデータ（「M2Mデータ」と呼ぶ）。M2Mデータは、例えば工場等の生産現場におけるIoT機器から収集されるデータ、橋梁に設置されたIoT機器からのセンシングデータ（歪み、振動、通行車両の形式・重量など）等が挙げられる。

4）個人：個人の属性に係る「パーソナルデータ」

個人の属性情報、移動・行動・購買履歴、ウェアラブル機器から収集された個人情報、特定の個人を識別できないように加工された人流情報、商品情報等も含まれる。

　データは、従来から蓄積されてきた企業等で管理する顧客データベースや業務データなどの「構造化データ」と、構造化されていない多種多様なデータ（音声、画像、映像やソーシャルメディア、センサーから取得されたデータ等）である「非構造化データ」に分けられ、後者における、生成・蓄積・流通されるデータ量の飛躍的な増大とデータを扱う技術の発達が、ビッグデータの概念を生んだといえる。

「構造化データ」「半構造化データ」「非構造化データ」に関する説明表

データ 種別	説明	データ形式 の例
構造化 データ	二次元の表形式になっているか、データの一部を見ただけで二次元の表形式への変換可能性、変換方法が分かるデータ	CSV、固定長、Excel（リレーショナルデータベース型）
半構造化 データ	データ内に規則性に関する区切りはあるものの、データの一部を見ただけでは、二次元の表形式への変換可能性・変換方法が分からないデータ	XML、JSON
非構造化 データ	データ内に規則性に関する区切りがなく、データ（の一部）を見ただけで、二次元の表形式に変換できないことが分かるデータ	規則性に関する区切りのないテキスト、PDF、音声、画像、動画

総務省「ICTスキル総合習得教材」より

【24　データサイエンス】

　情報科学、統計学等の知見を駆使したデータ分析により新たな価値の発見・創出を行う学問。データ分析に関わるスキル。ここでいうデータとは、IoT、ビッグデータ、ロボット、AI等による技術革新を背景とした第4次産業革命による産業構造の変化の進展や、5Gによる膨大なデータの収集により、より大きな価値を持つようになったデータのことである。

　データサイエンスの知見を有する人材を「データサイエンティスト」といい、多くの企業においてデータサイエンティストに対する需要が高まっており、その実践的な知見を企業活動等に反映させ、即戦力として活躍することが求められている。一般社団法人 データサイエンティスト協会は、「データサイエンティスト」を「データサイエンス力、データエンジニアリング力をベースにデータから価値を創出し、ビジネス課題に答えを出すプロフェッショナル」と定義している。また、データサイエンティストに必要とされるスキルセット（能力）として以下の「3つのスキルセット」を定義している。

- ・データサイエンス力
  情報処理、人工知能、統計学などの情報科学系の知恵を理解し、使う力
- ・データエンジニアリング力
  データサイエンスを意味のある形に使えるようにし、実装、運用できるようにする力
- ・ビジネス力
  課題背景を理解した上で、ビジネス課題を整理し、解決する力

【25　量子コンピュータ】

　「量子の物理的な動きや振舞い（原子以下の微視的な粒子が同時に複数の状態で存在できるという特性）を利用したコンピューティングシステム」を指す。AI の急速な進歩と波及によって、データ活用の高度化と拡大が進む中、量子技術は、それをさらに加速する起爆剤となり、将来のコンピューティング性能の飛躍的な向上をもたらすとされている。

　古典コンピュータでは、4 ビットの情報を示す場合、16 通りの組合せのうちの一つしか表せない（一つ一つを逐次計算しなければならない）が、量子コンピュータでの4 量子ビット*は、0 と1 の16 通りの組合せを同時に示すことが可能となり、古典コンピュータで 16 回繰り返さなければならなかった演算を1 回で実現することができる。

　＊量子ビット：一度に 2 つの状態を同時に取れるという「重ね合わせ」と
　　　　　　　　呼ばれる量子の特徴を用いた一時点で 0 と 1 を同時に示す
　　　　　　　　ことができる単位

　量子コンピュータの実現においては、並列計算を行う上で量子の重ね合わせの状態を維持することが重要となる。

　また、量子コンピュータでは、多数の可能性の重ね合わせの中からもっともらしい答えを高確率で得ることが可能であるが、古典コンピュータのように誤り訂正機能がなく、現在は、誤り率を可能な限り減らし、同じ計算を何度も繰り返し行うことで誤った解を除外する方法がとられている。

　現在、開発が進められている量子コンピュータには、主に、量子ゲート方式と量子アニーリング方式の 2 種類がある。

　量子ゲート方式は、従来から研究されている量子の重ね合わせの原理を用いた方式であり、その実用化にはまだ時間がかかるとされている。

　量子アニーリング方式は、重ね合わせの原理などの量子効果を徐々に変化させることでエネルギーの最も低い状態を最適解として得るものである。さまざまな制約のある中で最適な組み合わせを求める計算である「組合せ最適化問題」に特化した量子アニーリング方式が、すでに実用化されている。

　2023 年 3 月には、理化学研究所において量子コンピュータの国産初号機が稼働した。内閣府の統合イノベーション戦略推進会議は「量子未来社会ビジョン」において、量子技術の利活用による未来社会に向けた 2030 年に目指すべき状況として、下記の 3 点を掲げている。

・国内の量子技術の利用者を 1,000 万人に
・量子技術による生産額を 50 兆円規模に
・未来市場を切り拓く量子ユニコーンベンチャー企業を創出

構築済みAIサービス

　企業において、AI を導入する方法はいくつか考えられる。一つは、ゼロから AI を構築する方法である。企業独自のニーズに合わせて開発することで、高度なカスタマイズが可能だが、開発には多くの時間とリソースが必要となる。

　これに対して、Amazon や Google などが提供する「AI の構築環境」を利用する方法がある。これらの「提供される AI の構築環境」には、プログラミングの知識や AI の専門知識を持つ技術者や研究者向けの、プログラミング言語により AI モデルを直接記述・調整する環境である「コードベースの AI 構築環境」と、プログラミングの知識が少なくても AI モデルの構築が可能な、グラフィカルユーザーインターフェース（GUI）を介して、ドラッグアンドドロップやフォームの入力等で AI モデルを構築・調整する環境である「GUI ベースの AI 構築環境」がある。

　さらに、Amazon や Google など各社は、開発不要な「構築済み AI サービス」を提供している。「構築済み AI サービス」とは、ある特定のタスクや問題のために設計・トレーニングが完了した AI モデルのことを指し、これは、開発者や企業が特定の課題を解決するために利用することができるツールとして提供される。構築済み AI サービスを利用することにより、AI や機械学習の専門家でなくても、高度な AI 機能を、短時間でアプリケーションやサービスに導入することができるようになる。（ここまで、野口竜司「文系 AI 人材になる」を元に構成）

　ここでは、Amazon、Google、Microsoft 各社が提供する、構築済み AI サービスの一部を、企業別に記す。

※本項は 2023 年 10 月末時点の各社ホームページを元に作成しています。

【1　Amazon】

①　Amazon Rekognition

Amazon Web Services（AWS）が提供するコンピュータビジョンサービスであり、静止画像と動画に関する高度な認識・分析と処理を実行するためのプラットフォームであり、主な機能は以下の通りである。
・画像と動画分析
・顔認証
・顔比較と検索・顔検出と分析
・コンテンツモデレーション（投稿監視）
・ラベルとコンテンツ分析
・テキスト検出・動画セグメント検出

②　Amazon Polly

AWS が提供するテキスト読み上げサービスであり、テキストを自然な音声に変換するためのクラウドベースの音声合成プラットフォームであり、主な機能は以下の通りである。
・テキストから音声への変換
・自動音声合成
・多言語対応

③　Amazon Lex

AWS が提供する自然言語処理（NLP）サービスであり、音声とテキストを使用してチャットボットや音声対話インターフェースを開発するためのプラットフォームである。主な機能は以下の通りである。
・会話型チャットボットの構築
・音声認識と合成

④　Amazon Comprehend

AWS が提供する自然言語処理（NLP）サービスであり、テキストに隠れた情報を解析し、エンティティ、キーフレーズ、言語、感情といった要素を抽出・分析する機能を有している。主な機能は以下の通りである。
　・テキストデータからの意味あるインサイト（消費者の隠れた心理など）の抽出
　・エンティティ認識、感情分析、キーフレーズ抽出、言語検出

26

・テキスト中の多言語の識別と分析

⑤　Amazon Forecast

AWS が提供する、時系列予測サービスである。主な機能は以下の通りである。
・過去のデータからの予測モデルの構築
・時系列データセットのインポート
・予測変数のトレーニング

⑥　Amazon Kendra

AWS が提供するエンタープライズ検索サービスである。エンタープライズ検索とは、「企業内検索」のことで、サーバやクラウドサービスなど複数の保管場所を横断的にデータ検索することである。
　主な機能は以下の通りである。
・関連性の高い検索結果を提供するための学習能力
・テキスト文書中の情報を理解した、ユーザーの質問に対する直感的な回答の生成
・多様なデータソースとの統合（企業が保有する広範なデータソースを対象とした高度な検索機能を提供する。）

⑦　Amazon Personalize

AWS が提供する機械学習サービスで、個々のユーザーの行動履歴やアクティビティデータを基に、個別化されたレコメンデーション（推薦、お勧め）を行うことができる。主な機能は以下の通りである。
・レコメンデーションの最適化（個々のユーザーに対する個別化されたコンテンツや商品リアルタイムで推薦）
・ユーザーの過去の行動、アクティビティ、アイテムの特性、属性情報などからの学習
・顧客のターゲティング
・製品の説明、レビューなど構造化されていないテキストからのレコメンデーション生成

⑧　Amazon Textract

AWS が提供する全文抽出および解析サービスである。主な機能は以下の通りである。

- スキャンされた文書や PDF ファイルからのテキストとデータの自動抽出
- フォームデータ（アンケート、申込書、注文書、契約書など、さまざまな書類やフォームに記入される情報全般）の抽出
- 手書きのテキストの抽出にも対応

⑨　Amazon Transcribe

AWS が提供する自動音声認識（ASR）サービスで、音声をテキストに自動的に変換する。主な機能は以下の通りである。

- 音声ファイルからテキストへの変換
- 特定の単語や専門用語の文字起こし
- 異なる話者の識別

⑩　Amazon Translate

AWS が提供するニューラル機械翻訳サービスである。主な機能は以下の通りである。

- 専門的な言い回しや業界用語に対応
- リアルタイムでの高速な翻訳
- 多言語対話のサポート

【2　Google】

①　Vision Al

Google Cloud Platform（GCP）におけるビジョン AI（人工知能）を利用
した画像および動画の解析サービスである。主な機能は以下の通りである。
・画像分類
・テキスト検出
・顔検出と識別
・ラベル付け
・類似画像検出

②　Video AI

GCPにおけるビデオ解析ツールである。主な機能は以下の通りである。
・動画からの情報抽出
・ラベリング・アノテーション能力

③　Speech-to-Text

GCP における音声データをテキストに変換するサービスである。主な機
能は以下の通りである。
・高精度な認識
・多言語対応
・リアルタイム変換

④　Text- to- Speech

GCP における、テキストデータの音声データ変換サービスである。主な
機能は以下の通りである。
・多言語対応
・自然な音声合成
・カスタマイズ
・音声フォーマット
・音声適応・分野固有モデル・オンデバイス音声

⑤　Translation AI

GCP における、言語の翻訳を実行するサービスである。主な機能は以下
の通りである。
- ・多言語翻訳
- ・アプリケーションやサービスへの翻訳機能の統合
- ・ノーコードでの独自翻訳モデルの構築

⑥　Natural Language AI

GCP における、テキスト分析を目的とした API サービスである。主な機
能は以下の通りである。
- ・エンティティ分析
- ・感情分析
- ・コンテンツ分類、構文解析

【3　Microsoft】

① Azure AI Custom Vision

Microsoft Azure が提供するクラウドベースの画像認識サービスである。
主な機能は以下の通りである。
・画像認識モデルの構築、トレーニング
・画像分類
・オブジェクト検出

② Azure AI Bot Service

Microsoft Azure が提供するボット開発サービスである。主な機能は以下
の通りである。
・自然言語処理を取り入れたインテリジェントなボットの構築
・さまざまなチャネル（ウェブ、メール、Slack など）との統合

③ Azure Cognitive Search

Microsoft Azure が提供する全文検索と AI を組み合わせた検索サービスで
ある。主な機能は以下の通りである。
・大規模なコンテンツ集合に対する検索機能のアプリケーションへの組
　み込み
・画像の内容や非構造化データ内のキーフレーズの抽出

④ Speech to Text

Microsoft Azure によって提供される、音声認識の技術を基に、オーディ
オ入力からテキストデータを生成する能力を提供するクラウドベースの
API である。以下は主要な機能である。
・オーディオファイルからのテキスト抽出
・多言語と多方言に対応
・ノイズリダクションや話者の識別

⑤ Speech Translation

Microsoft Azure によって提供される、クラウドベースの自動音声翻訳
サービスである。以下は主要な機能である。
・リアルタイムの音声翻訳

- アプリケーション、ウェブサイト、ボット、IoT デバイスなどに組み込む利用が可能
- リアルタイム性と多言語対応

⑥　Text to Speech

Microsoft Azure によって提供される、人間に近い自然なプロソディ（音の上げ下げ・区切る位置・アクセントの高低・強弱など、言語の音の特徴）と明瞭な発音でテキストを音声に変換する、クラウドベースの API である。以下は主要な機能である。
- ユーザーが提供するテキストの音声変換
- 人間らしい発話の生成

⑦　Azure AI Personalizer

Microsoft Azure によって提供される、機械学習に基づいたパーソナライゼーション（情報やサポートを顧客ごとに最適化すること）サービスである。以下は主要な機能である。
- ユーザーの行動やコンテキストに応じたコンテンツやアクションの動的な提供
- 行動とその結果からの学習、予測の精度の向上

第2課題
AIの技術

Artificial Intelligence Advisor

【人工知能と機械学習】総務省 ICT スキル総合習得教材より

[1] 人工知能のイメージと定義

人工知能の大分類

◆人工知能（AI）は大きく、汎用人工知能と特化型人工知能に分類される。

- データ分析をはじめとするデータの利活用を「人工知能に代行させる・任せる」といった形で人工知能（AI：Artificial Intelligence）の活用への期待が高まっており、現在は第三次人工知能ブームとされている。
  - ・第一次人工知能ブームは1960年前後、第二次人工知能ブームは1980年代であったとされている。
- 人工知能は、表のように汎用人工知能と特化型人工知能に大別することができる。

汎用人工知能と特化型人工知能の分類

分類	説明	イメージ・事例
汎用人工知能	様々な思考・検討を行うことができ、初めて直面する状況に対応できる人工知能	将棋、炊事、掃除、洗濯といった様々な分野および初めての状況に対する思考・検討ができる。
特化型人工知能	特定の内容に関する思考・検討にだけに優れている人工知能	・将棋に関する思考・検討のみできる人工知能 ・掃除に関する思考・検討のみできる人工知能

- ・プロの棋士に勝てるほどに将棋に強い人工知能があっても、将棋以外に対応できない人工知能は、特化型人工知能に該当する。
- ・「掃除のみ」「空調のみ」に関する思考・検討ができる特化型人工知能は、市販されている一部の家電製品に格納されている。
- 人工知能は、強い AI と弱い AI という分類もあり、強い AI は意識や自我を持つ AI とされている。
  - ・強い AI と弱い AI の分類は観念的であり、強い AI は概ね汎用人工知能に対応し、弱い AI は概ね特化型人工知能に対応すると示すケースもある。

● 　人工知能学会では、人工知能研究には**「人間の知能そのものをもつ機械を作ろうとする立場」**、**「人間が知能を使ってすることを機械にさせようとする立場」**の2種類があると示し、**実際の研究のほとんどは後者**と記している。

【出所】人工知能って何？［(社)人工知能学会］
https://www.ai-gakkai.or.jp/whatsai/AIwhats.html

人工知能に関する定義とイメージ

◆人工知能（AI）には、確立した学術的な定義や合意がない。

● 専門家や研究者の間でも「**人工知能**」に関する**確立した学術的な定義、合意はない**。

・平成 28 年版 情報通信白書（P234）では「国内の主な研究者による人工知能（AI）の定義」として 13 人の研究者による定義・説明を紹介しているが、その内容は様々である。

【出所】平成 28 年版 情報通信白書［総務省］
http://www.soumu.go.jp/johotsusintokei/whitepaper/ja/h28/pdf/n4200000.pdf

● 様々な人工知能の定義・説明の中には、「**知的**」「**知能を持つ**」**という言葉が含まれる**ケースがある。ただし、「知的」「知能を持つ」という感覚は、**個々人の感じ方、考え方に依存する部分**もある。

・スマートフォンの音声アシスタントに「おはよう」と話して「おはようございます」と返事が返ってくることを「知能を持つ」と感じるかは、人それぞれである。

● 人工知能（AI）のイメージを尋ねた調査結果においても、日本とアメリカでは回答傾向が異なっており、**日本では会話を重視**しているのに対して、**アメリカでは認知・判断を重視**している。

日米における人工知能（AI）のイメージに関する最大の回答割合の選択肢

調査への回答者 ［回答者数］	複数回答における最大の回答割合となった選択肢 ［回答割合］
日本の就労者 ［1,106 人］	コンピューターが人間のように見たり、聞いたり、話したりする技術［35.6%］
アメリカの就労者 ［1,105 人］	人間の脳の認知・判断などの機能を、人間の脳の仕組みとは異なる仕組みで実現する技術［42.3%］

【出所】ICT の進化が雇用と働き方に及ぼす影響に関する調査研究
［総務省（調査委託先：株式会社野村総合研究所）］
http://www.soumu.go.jp/johotsusintokei/linkdata/h28_03_houkoku.pdf

□ この講座（総務省 ICT スキル総合習得教材）では、人工知能の厳密な定義を行わず、それぞれの人の考え方に依存する部分を含めて「人間が知的と感じる情報処理・技術」と見なす。

人工知能に含まれる分析技術

◆「人工知能」「機械学習」「ディープラーニング」には包含関係がある。

- 人工知能に関わる分析技術として「**機械学習**」が挙げられ、**機械学習の一つの技術として「ディープラーニング（深層学習）」**が挙げられる。
- **機械学習**とは「**データから規則性や判断基準を学習し、それに基づき未知のものを予測、判断する技術**」と人工知能に関わる分析技術を指している。
  - 機械学習の研究初期には「学習する」点に注目されてきたが、現在では「学習に基づいて予測・判断する」点に注目されることが多くなっている。
  - 機械学習の定義にも曖昧な面もあり、「データ分析」と概ね同義に使われるケース、人間にとって分析プロセスや判断基準が不明なものを含めて目的志向のデータ活用を強調するケースもある。
- 近年、注目されている**統計学を応用する機械学習は、統計的機械学習**とも呼ばれている。
- **ディープラーニング（深層学習）**は、より基礎的で広範な機械学習の手法であるニューラルネットワークという分析手法を拡張し、高精度の分析や活用を可能にした手法である。

人工知能、機械学習、ディープラーニングの包含関係と隆盛

【出所】グーグルに学ぶディープラーニング［日経ビッグデータ編/日経BP社］に基づき作成

[2] 機械学習の分類

機械学習の分類

◆機械学習の分類として「教師あり学習」「教師なし学習」「強化学習」の3種が挙げられる。

- 機械学習は、真実のデータや人間による判別から得られた**正解に相当する「教師データ」**の与えられ方によって分類することができる。
  - ・写真の画像から性別を分類する機械学習では、実際の性別や人間が行った判断が教師データとなる。
- 教師データの状況によって、機械学習は大きく、**教師あり学習、教師なし学習、強化学習**に分類される。
  - ・「教師あり学習」と「教師なし学習」は統計学に基づいた「統計的機械学習」が一般的な一方で、「強化学習」は、概ね統計学とは無関係である。
  - ・教師データがある標本とない標本が組み合わさったデータを利用する「半教師あり学習」という種類もある。

利用可能なデータに基づく機械学習の分類

	入力に関するデータ［質問］	出力に関するデータ（教師データ）［正しい答え］		主な活用事例
教師あり学習	与えられる	○	与えられる	出力に関する回帰、分類
教師なし学習	与えられる	×	与えられない	入力に関するグループ分け、情報の要約
強化学習	与えられる（試行する）	△（間接的）	正しい答え自体は与えられないが、報酬（評価）が与えられる	将棋、囲碁、ロボットの歩行学習

- 　「**教師あり学習**」は、回帰や分類に利用されるケースが多く、「**教師な
  し学習**」はグループ分けや情報の要約に利用されるケースが多くなっ
  ている。
- 強化学習では、**報酬（評価）** が与えられ、将棋のようなゲーム用の人
  工知能に応用されている。
  - ロボットの歩行距離に関する強化学習では、転倒せずに「歩けた距離」
    が報酬（評価）として与えられ、試行錯誤で歩行距離を伸ばすことに
    なる。

教師あり学習

◆教師あり学習は正解に相当する教師データが与えられ、主に回帰や分類に利用されている。

- 「**教師あり学習**」は、結果や正解にあたる「**教師データ**」が与えられるタイプの**機械学習**である。
    - ・写真から年齢・性別を判定するモデルでは、戸籍等に基づく年齢・性別を「教師データ」とすることもあれば、人間が見て判別した年齢・性別を「教師データ」とするケースもある。
- 教師あり学習では、**教師データを既知の情報**として学習に利用し、未知の情報に対応することができる**回帰モデル**や**分類モデル**を構築する。
    - ・回帰は講座 3-4 で示した回帰分析のように出力側の被説明変数として連続値を扱う一方で、分類の出力側は「優/良/可/不可」といった評価や移動手段の「徒歩/バス/タクシー」のような離散値となる。
- 例えば、「猫」というラベル（教師データ）が付けられた大量の写真をコンピュータが学習することで、ラベルのない写真が与えられても、「猫」を検出できるようになる。
    - ・コンピュータによる写真のラベル付けは、人間があらかじめ画像に割り当てたラベルを教師データとする「教師あり学習」に該当する。

教師あり学習のイメージ

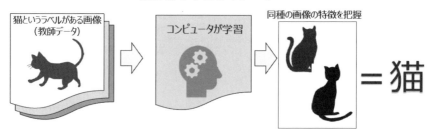

教師なし学習

◆教師なし学習には教師データがなく、データのグループ分けや情報の要約に利用される。

- **「教師なし学習」は、正解に相当する「教師データ」が与えられないタイプ**の機械学習である。
  - ・「教師あり学習」では、現実のアウトプットに関するデータや人間が判別して与えた正解に相当する「教師データ」が与えられていた。
  - ・アウトプットに関するデータや正解に相当するデータ・ラベルは与えられず、インプットに関するデータのみであっても、教師なし学習は対応可能である。
- 教師なし学習では、データの**グループ分け**や**情報の要約**などに活用される。
  - ・データのグループ分けは「クラスタリング」と呼ばれる分析手法が代表的であり、情報の要約は「次元圧縮」という分析手法が代表的である。
- 教師データに相当するラベルがない場合であっても、大量の画像をコンピュータに学習させれば、画像の特徴（例：大きさ、色、形状）からグループ分けや情報の要約が可能である。
  - ・教師なし学習では、「猫」や「鳥」というラベルは与えられていないが、形や色などが近い属性でグループ分けできる。
  - ・コンピュータがグループの名前をつけることはできず、「グループＡ」「グループＢ」といったラベルがないグループになる。

教師なし学習のイメージ

41

強化学習

◆強化学習では、試行錯誤を通じて、報酬（評価）が得られる行動や選択を学習する。

- 強化学習の例として、犬がいる部屋に「ボタンを押すと餌が出る機械」を設置した場合を考える。
  ・犬が偶然にボタンを押すと餌が出るが、一度だけの経験ではボタンと餌が出たことを結びつけられず、犬には餌が出た理由が分からない。
- 「ボタンを押す」という試行を犬が繰り返すと、犬は「ボタンを押す⇒餌が出る」ということを学習する。
  ・犬にとっては「ボタンを押す」という行動が入力であり、「得られる餌」が報酬（評価）に当たる。
- ロボットの歩行に関しても、「歩けた距離」を**報酬（評価）**として設定し、手足の動かし方を試行錯誤して歩行距離を伸ばすことが、**強化学習**に相当する。

強化学習のイメージ

犬　ボタン　餌［報酬（評価）］　ロボット　様々な手足の動かし方で歩いてみる　歩けた距離［報酬（評価）］

ボタンを押す　餌が出る　報酬（評価）が与えられる学習を反復　報酬（評価）が与えられる学習を反復

- 将棋に関する強化学習は、敵軍の王将をとることに最大の報酬（評価）として設定し、コンピュータに評価を高める指し方を反復して学習させる。
  ・将棋では、詰め将棋を除いて正解の一手という教師データはないが、勝利した場合に最大の報酬（評価）を与え、勝利に近い局面ほど高い評価を与えることが可能である。

- □　強化学習は、一般に統計的機械学習の範疇外にあるため、以降では「教師あり学習」「教師なし学習」に絞って、統計的機械学習における分析手法を示す。

機械学習の代表的な分析手法

◆ 「教師あり学習」「教師なし学習」には、それぞれ代表的な分析手法がある。

● 代表的な**教師あり学習**の分析手法として、**回帰分析**や**決定木**などが挙げられる。

・講座 3-4 で Excel の分析ツールでの実行方法を示した回帰分析は「教師あり学習」の一つの手法として位置づけられる。

代表的な「教師あり学習」の分析手法

分析手法名	分析手法・用途の概要
回帰分析	被説明変数と説明変数の関係を定量的に分析し、分析結果に基づく予測
決定木	分類のための基準（境界線）を学習し、未知の状況でデータを分類

● 代表的な**教師なし学習**の分析手法として、**k 平均法**、**アソシエーション分析**が挙げられる。

代表的な「教師なし学習」の分析手法

分析手法名	分析手法・用途の概要
k 平均法	特徴・傾向が似ている標本をいくつかのグループに分類
アソシエーション分析	同時購入の頻度等を算出し、消費者の選択・購入履歴から推薦すべき商品を導出
ソーシャルネットワーク分析	氏名が同時掲載される頻度や SNS 上での友人関係から人のつながりを分析

□ 近年、注目されている「ディープラーニング（深層学習）」は、教師なし学習、強化学習への応用もあり得るが、教師あり学習としての活用が一般的である。

43

[3] 統計的機械学習の分析手法

回帰分析（最小二乗法）

◆回帰分析（最小二乗法）は、教師あり学習の一手法でもある。

- 講座 3-4 において、Excel の分析ツールによる手順を示した**回帰分析（最小二乗法）** も**機械学習の一種**である。
  - ・回帰分析はデータの規則性に基づいて予測を行うことができ、機械学習の概念に含まれる。
- 回帰分析は、アウトプットに関するデータである**被説明変数を教師データとして利用**し、**教師あり学習**に分類される。
  - ・被説明変数と説明変数の間の規則性を回帰式として導出した後は、説明変数に新たな値を与えても被説明変数の予測ができる。
- スーパーマーケットの売上額（連続値）は、「チラシの配布数」「曜日」「天候（気温・湿度・天気)」によって説明されるという回帰式を作ることができる。
  - ・過去のデータから、これらの変数間の関係を回帰式で導出すれば、「チラシの配布数」「曜日」「天気（予報）」が与えれば、「売上高」を予測することができる。

回帰分析の分析イメージ（線形）

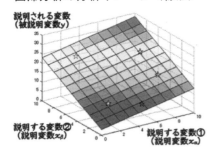

回帰分析の分析イメージ（非線形）

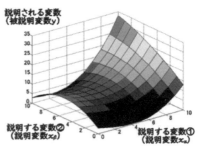

決定木

◆購入の有無などの結果（教師データ）をもとにデータを分類し、様々な要因が結果に与える影響を把握する教師あり学習の一手法である。

● **決定木**（けっていぎ）は、木の枝のような段階を経て分かれる形（**樹形図：じゅけいず**）で判別基準を設定し、データを**分類**する手法である。
　・決定木は、現実における選択や分類を教師データとして与える「教師あり学習」の一種である。
● 決定木における教師データは「商品を買う／買わない」「〇円分購入する」といった**選択**であることが一般的である。
　・「商品を買う／買わない」といった区分を分析する場合は分類木（ぶんるいぎ）、「〇円分購入する」という連続的に変化しうる値を分析する場合は、回帰木（かいきぎ）と言う。
● アイスクリームの購入が、休日や天候から影響を受ける場合は、その影響の度合いを決定木で分析できる。
　・決定木によって、どのような状況や要素が、利用者の行動を変化させるかを判別することができる。

決定木の樹形図（アイスクリームの購入選択）

k平均法（クラスタリング）

◆各標本を似たもの同士のグループ（クラスター）へ分類する教師なし学習の一つである。

- **k平均法**は標本を**グループ分け**する手法で、教師データのない**教師なし学習**である。
  - ・データ分析におけるグループは、クラスター（群）という専門用語が使われるため、グループ分けの手法はクラスタリングと呼ばれる。

k平均法の手順

(1) 分類するグループ数をk個に定め、グループの中心となる点として、k個の◆の位置をランダムに与える。

(2) 各標本●は、一番距離が近い◆に属すると考えて、各◆に属する標本●にグループ分けする

(3) グループ毎の●の座標の平均値（重心）をとって、その重心の位置に◆を移動させる。

(4) 移動させた後の◆に一番距離が近い●を取り直すことで、再び各◆に属する標本●にグループ分けする　［◆が動かなくなるまで（3）と（4）を繰り返す］

動きが分かるデモサイト

https://wish.to/km

k平均法の初期値　　　　k平均法によるグループ分けの結果

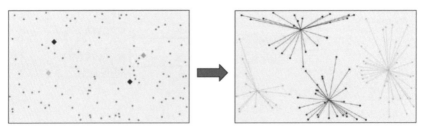

- グループ分け（クラスタリング）を用いることで、複数の観点から顧客や商品を分類することができる。
  - ・「安さを重視する消費者」「高級感を重視する消費者」とグループを分けることができれば、グループに応じた販促活動に活用できる。

アソシエーション分析

◆同時に購入される商品セットやその確率を算出する教師なし学習の一つで、ネットショッピングサイトの推薦商品の提示にも利用されている。

- **アソシエーション分析**は、「商品Ａを買っている人の〇％が商品Ｂも買っている」といった**同時購入の確率**などを導出する手法である。
  - ・アソシエーション分析の主な評価指標として「支持度（同時確率）」「確信度（条件付き確率）」「リフト値（改善率）」の３種が挙げられる。
  - ・アソシエーション分析は、講座 3-4 で示した相関係数とは異なり、３種以上の商品の組み合わせに関しても分析できる。
- アソシエーション分析で把握できた同時購入等の情報は、ネットショッピングにおける**推薦（レコメンデーション）**や実店舗における商品の陳列やセット割引きの検討にも利用できる。
  - ・Amazon.co.jp をはじめとするネットショッピングのサイトでは、「この商品を買った人はこんな商品も買っています」等のメッセージで、関連商品の購入を勧める手法でも活用されている。

Amazon の同時購入商品の推薦

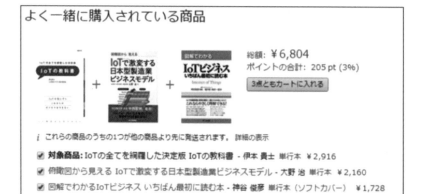

【出所】Amazon.co.jp　https://www.amazon.co.jp/

ソーシャルネットワーク分析

◆ソーシャルネットワーク分析は、人間のつながりを可視化する教師なし学習
の一つである。

- 公表資料内で氏名が同時掲載される頻度や SNS 上で友人としてのつな
  がりのデータに基づき、人のつながりの分析手法として**ソーシャル
  ネットワーク分析**が挙げられる。
- Mentionmapp Analytics では Twitter（ツイッター）の情報に基づく人
  間関係を表せる。
  ・安倍首相をはじめとして、現在 Twitter のアカウントを公に利用して
  　いる人に関する分析ができる。

安倍首相の Twitter に関する Mentionmapp Analytics の可視化

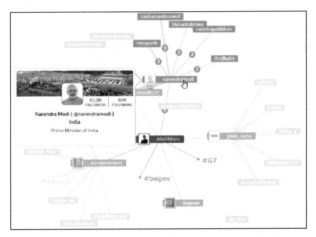

【出所】Mentionmapp Analytics

48

- Twitter における関係の強さ、よく使う言葉を可視化できる whotwi
  （フーツイ）というサービスもある。
  - 安倍首相の Twitter アカウントは、インドのモディ首相のアカウント
    との関係が強いことが示されている。

安倍首相の Twitter に関する whotwi の可視化

【出所】whotwi
https://ja.whotwi.com/abeshinzo

[4] ニューラルネットワークとディープラーニング

ニューラルネットワーク

◆ニューラルネットワークは、文字や音声の認識といったパターン認識へ応用
されている。

● **ディープラーニングの基本となるニューラルネットワークは、脳の神**
経回路の仕組みを模した分析モデルである。
　・ニューラル（neural）は「神経の」という意味がある。
● ニューラルネットワークは**入力層、中間層（隠れ層）、出力層**の3層か
ら成り立つ。
　・中間層（隠れ層）では、一つ前の層から受け取ったデータに対し「重
　み付け」と「変換」を施して次の層へ渡す。
● ニューラルネットワークの出力は教師データ等と照合され、より一致
度が高くなるように**重みのつけ方を調整**する。
　・ニューラルネットワークは、教師なし学習や強化学習にも応用される
　が、教師あり学習としての利用頻度が高くなっている。

ニューラルネットワーク（中間層が1層のケース）のイメージ

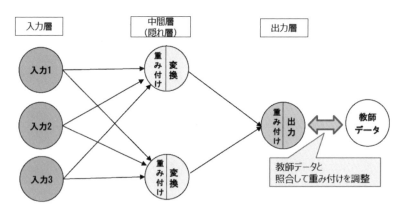

□　ニューラルネットワークは回帰、分類、画像認識、音声認識、翻訳と
いった様々な分野で応用されている。

ディープラーニング（深層学習）

◆ディープラーニング（深層学習）は、より高精度の認識などに活用されている。

● **中間層（隠れ層）を2層以上に多層化したニューラルネットワークを
　ディープラーニング**という。
　・ディープラーニングの日本語訳は「深層学習」であるが、この「層」
　　と言う言葉は「中間層が複数あること」を示している。
● 中間層が複数あることで中間層が1層の場合に比べて、**より教師デー
　タに合致する複雑な出力**をすることができる。
　・ディープラーニングの原理はニューラルネットワークと同じだが、中
　　間層が多層化することでその精度が向上した。
　・ニューラルネットワークは中間層が複数あるケースを含み、ディープ
　　ラーニングはニューラルネットワークの一種である。

ディープラーニング（中間層が2層）のイメージ

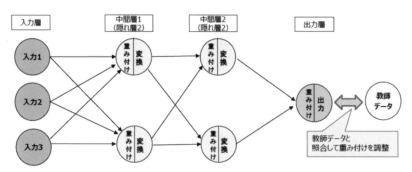

　　□　中間層（隠れ層）を多層化したディープラーニングは、教師データと
　　　　より高精度に対応づけることが可能になった。

ニューラルネットワーク・ディープラーニングの特徴

◆ニューラルネットワーク・ディープラーニングは、従来型のプログラムと異なる特徴がある。

- ディープラーニングによって、**特徴量と呼ばれるデータの中で注目すべきポイント**をコンピュータ自ら検出できるようになりつつある。
  ・画像データをプログラミングによって分類する場合、従来は「リンゴは赤い」「リンゴは丸い」といった特徴量を人間が入力、指定する必要があった。
- 人間がプログラミングすることなく、大量の教師データを与えることで、**コンピュータ自ら学習**することができる。
  ・従来型の「If-Then-Else 型」のプログラムでは「丸くて赤い物であれば、リンゴ」と出力することはできるが、同じ丸くて赤い物である「リンゴとトマトの識別」の条件設定やプログラミングは困難である。
  ・ニューラルネット・ディープラーニングは従来型のプログラムとは根本的に異なり、論理や言語で説明困難な特徴をコンピュータが自動的に習得する。
- コンピューターの判別基準は、サービス提供者にとってもブラックボックスであり、説明することができない。
  ・リンゴとトマトを高い精度で識別・ラベル付与ができるが、なぜそのように識別したのかは説明できない。
  ・識別・ラベル付与に関する信頼度合いを出力できるが、識別の基準（例：色が3割、形が7割）といった分解はできない。
- ニューラルネット・ディープラーニングは、本番同様の学習・環境設定を行わずには精度や実用性の想定は困難である。

Google の CLOUD VISION API における
画像認識のラベル付け（リンゴとトマト）

【出所】CLOUD VISION API〔Google Cloud Platform〕
https://cloud.google.com/vision/?hl=ja

52

A Neural Network Playground

◆「ニューラルネットワーク」「ディープラーニング」のイメージを確認できるウェブサイトもある。

- 「A Neural Network Playground」は、画面左上の再生ボタンを押すことで、画面右側の青とオレンジの点を塗り分けを行う「ニューラルネットワーク」「ディープラーニング」の確認サイトである。
  - ・「A Neural Network Playground」は、Daniel Smilkov 氏と Shan Carter 氏によって、主に教育目的で制作された。
  - ・右側の画像の上にある「Test loss」や「Training loss」は、それぞれテスト用データと学習用データで正しく塗り分けることができなかった割合を指す。
  - ・機械学習においては、入手したデータをモデル構築用の学習用データと構築したモデルの精度を検証するテスト用データに分けることがある。
- 再生ボタンを押して 10 秒程度待つと、学習用データに合わせて重みを調整することで、loss（ロス）が小さくなる。
  - ・画面上に[Epoch]と表示されているのが、教師データに合わせて重みを調節し直した回数に該当し、再生時間に応じて増加する。
- 画面左側の画像で模様を複雑にしたり、Noise（ノイズ）を大きくすることで、塗り分けをより難しくできる。

「A Neural Network Playground」の画面

【出所】A Neural Network Playground
http://playground.tensorflow.org/

隠れ層が 1 層の場合（ニューラルネットワークのイメージ）

◆隠れ層が 1 層のケースが、ディープラーニングではないニューラルネットワークに該当する。

- HIDDEN LAYER（隠れ層）が 1 層となっていると、ディープラーニングではないニューラルネットワークのイメージとなる。
  - ・HIDDEN LAYER（隠れ層）の左側の「＋－」をクリックすることで、中間層を増減させることができる。
- 下の画像の例では、初期設定からノイズを増加させ 30 とし、各層におけるユニット数は 5 個としている。
  - ・各層の上側にある「＋－」をクリックすることで層内の神経細胞にあたるユニット数を増減させることができる。

隠れ層が 1 層のニューラルネットワークのイメージ

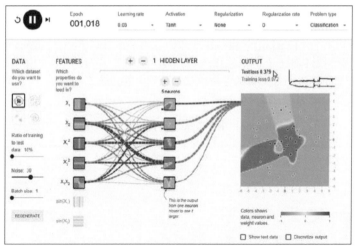

【出所】A Neural Network Playground
http://playground.tensorflow.org/

- 約 1,000 回重みの調整をした段階における Test loss が 0.379、Training loss が 0.072 と算出され、画面右の画像により塗り分けられない部分の割合を確認できる。
  - ・A Neural Network Playground では、画面左下の「REGENERATE」をクリックすると点が再生成されるため、実行ごとに微妙に結果は異なる。

隠れ層が２層以上の場合（ディープラーニングのイメージ）

◆隠れ層を増やし、ディープラーニングに対応する形にすると、loss が低下する傾向がある。

- HIDDEN LAYER（隠れ層）が２層以上となっているのが、ディープラーニングのイメージである。
- 下の画像の例では、隠れ層を３層として、各層のユニット数はニューラルネットワークと同じ５としている。

隠れ層が３層のディープラーニングのイメージ

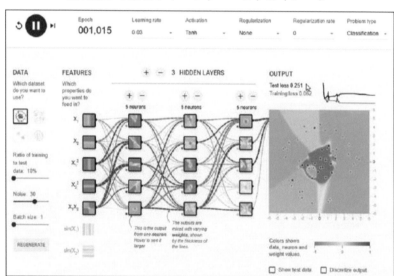

【出所】A Neural NetworkPlayground
http://playground.tensorflow.org/

- 約 1,000 回重みの調整をした段階における Test loss が 0.251、Training loss が 0.062 と算出され、塗り分けられない部分の割合は隠れ層が１層のときと比較して減っていることが分かる。

□　ディープラーニングを利用することで、より高精度の分析や判別が可能となってきている。

人工知能サービスに関するクラウド・API の利用

◆クラウド・API を利用することで、安価に高精度の人工知能サービスを利用できる。

- 「教師あり学習」の人工知能サービスの精度を高めるためには、より多くの教師データが必要である。
  - ・教師データの形式が不統一であったり、教師データに誤りがあったりすると、高精度の人工知能サービスの構築ができない。高精度の人工知能サービスの構築には、まず人間が講座 3-1 に示した「データ形式を標準化」「データクレンジング」を行うことで、教師データを整備することが必要である。
- 世界規模のクラウドプラットフォームでは、相対的に高精度の人工知能サービスを提供している。
  - ・講座 2-2 に示した Amazon が運営する AWS（Amazon Web Service）、Microsoft が運営する Azure、Google が運営する Google Cloud Platform の三大クラウドプラットフォームに加えて、IBM が運営する IBM Cloud の Watson では、世界規模で人工知能サービスを提供している。

世界規模でのクラウドプラットフォーム・人工知能サービスを提供しているブランド

Amazon Web Servicesは、米国その他の諸国における、Amazon.com, Inc.またはその関連会社の商標です。

Microsoft Azureは、米国Microsoft Corporation およびその関連会社の商標です。

© 2017 Google LLC All rights reserved. Google および Google ロゴは Google LLC の登録商標です。

IBM Watson is a trademark of International Business Machines Corporation, registered in many jurisdictions worldwide.

- 世界規模のクラウドプラットフォームは、検索サービスを提供しているなど、人工知能サービスの精度向上に必要な教師データを収集しやすい環境を持っている。
- クラウドが提供している人工知能サービスを一時的に借りる方法として、API の利用が挙げられる。
  - ・講座 1-5 において示したように、インターネットを経由して人工知能に関するサービスを利用できる API もある。
  - ・ディープラーニングは、並列計算による高速化の余地が大きく、講座 2-5 に示した GPU クラウドコンピューティングも活用されている。

ニューラルネットワーク・ディープラーニングの応用例

◆ニューラルネットワーク・ディープラーニングのビジネス面への応用には代表例がある。

● ニューラルネットワーク・ディープラーニングを用いた人工知能サービスの代表例として、**画像認識**、**音声認識**、**音声合成**、**テキスト処理**、**翻訳**が挙げられる。

画像認識	画像データから、連想されるキーワードを出力したり、顔の画像を検出したりできる。 応用例：・顔画像から性別や年齢を推定 　　　　・手書き文字画像のテキスト変換
音声認識	音声データから、人間の発声を言葉として認識し、テキストとして文字起こしできる。 応用例：・声の抑揚に基づく強調点の抽出 　　　　・声から健康やストレスの検出
音声合成	テキストデータから、自然に聞こえる人間の発声を合成し、文章として読み上げることができる。 応用例：・歌を歌う（ボーカロイド） 　　　　・特定の人物の発声を真似る
テキスト処理	テキストデータから、内容を要約したり、内容に基づく文章の採点・分類をしたりできる。 応用例：・議事録から議事要旨の作成 　　　　・口語体から文語体への変換
翻訳	テキストデータから、経験豊かな翻訳者が訳したような正確かつ自然な翻訳文を作成できる。（多言語翻訳にも対応） 応用例：・特定の翻訳者の訳し方を反映した翻訳

複数機能の組み合わせによる高度な活用も可能

◆ 「画像認識＋音声認識」を組み合わせることで、複数の知覚に基づく高精度の認識

◆ 「音声認識→テキスト処理→音声合成」を組み合わせることで、人間と対話できるコンピューターの構築

ニューラルネットワーク・ディープラーニングのサービス例

◆ニューラルネットワーク・ディープラーニングは、画像認識や翻訳に活用されている。

- Microsoft Azure では、ディープラーニングに基づく画像認識をウェブブラウザを使って体験できる。
  ・Azure の Computer VISION API のデモでは、利用者が指定したウェブ上の画像やアップロードした画像に対して連想されるキーワードを表示している。

Microsoft Azure のデモサイトにおける画像認識

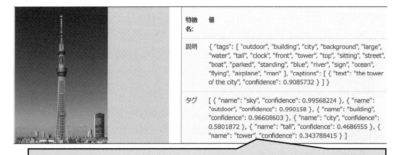

東京スカイツリーの画像を指定すると、sky（空）、outdoor（野外）、building（建物）、city（都市）、tall（高い）、tower（塔）といった連想されるキーワードを出力する。

【出所】Computer VISION API ［Microsoft（Azure）］
https://azure.microsoft.com/ja-jp/services/cognitive-services/computer-vision/

- Google 翻訳は、2016 年 11 月の「ニューラルネットに基づく機械翻訳（Neural Machine Translation）」の導入により翻訳精度が向上した。
  ・Google の翻訳チームは「過去 10 年の開発の歴史を振り返っても、それを大きく上回る飛躍的な前進」と記している。

【出所】Google 翻訳が進化しました。［Google Japan Blog］
https://japan.googleblog.com/2016/11/google.html

□　人工知能の分析技術のニューラルネットワーク・ディープラーニングは、様々なサービスにおける活用が期待されている。

出典：
総務省 ICT スキル総合習得プログラム 講座 3-5
（https://www.soumu.go.jp/ict_skill/pdf/ict_skill_3_5.pdf）を加工して作成

※本資料に記述のある「講座○-○」は、以下の「総務省 ICTスキル総合習得プログラム」の講座名を示します。

「講座1-5」
「コース1（データ収集）」「1-5 APIによるデータ収集と利活用」
https://www.soumu.go.jp/ict_skill/pdf/ict_skill_1_5.pdf

「講座2-2」
「コース2（データ蓄積）」「2-2 クラウドのサービスモデル・実装モデル」
https://www.soumu.go.jp/ict_skill/pdf/ict_skill_2_2.pdf

「講座2-5」
「コース2（データ蓄積）」「2-5 多様化が進展するクラウドサービス」
https://www.soumu.go.jp/ict_skill/pdf/ict_skill_2_5.pdf

「講座3-1」
「コース3（データ分析）」「3-1 ビッグデータの活用と分析に至るプロセス」
https://www.soumu.go.jp/ict_skill/pdf/ict_skill_3_1.pdf

「講座3-4」
「コース3（データ分析）」「3-4 相関と回帰分析（最小二乗法）」
https://www.soumu.go.jp/ict_skill/pdf/ict_skill_3_4.pdf

第3課題
AI開発の仕事を取り巻く環境

Artificial Intelligence Advisor

1　ドメイン知識とドメインエキスパート

第3課題から第5課題では、ドメインエキスパート、つまり特定の業界や分野において高い専門知識（ドメイン知識）を持つ人々の役割が、実際のビジネスの現場では、クライアントのプロジェクト担当や、その開発を請け負う側の営業担当者の役割となるであろう現実を踏まえて、このポジションをドメインエキスパートとする前提で記述を進める。

ドメイン知識とは、特定の分野や業界に関する専門的な知識や理解のことであり、その分野における主要な概念、トレンド、プロセス、問題、および成功の鍵を含む、その分野に関する包括的な情報のことを指す。

ドメインエキスパートとは、ドメイン知識を実際に有する者のことであり、その分野における課題を理解して、それを解決するための意思決定に必要な専門的な情報を提供することが期待される。医療分野でいえば医師や看護師であり、製造業でいえば、工程管理者か工場長が該当する可能性がある。これらのエキスパートは、その分野において幅広い経験と洞察力を持ち、その知識をビジネスの成功に活かすことができる。

ビジネスにおいて AI の開発を受発注する視点に立った場合、クライアント側、開発会社側を問わずそれぞれの営業担当者が、ドメインエキスパートとしての役割の多くを担うことになる。営業担当者は、ドメイン知識とビジネスへの洞察を結びつけ、AI というツールを使ってビジネスの目標を達成する立場にある。クライアント、開発会社双方にとって、ドメインエキスパートの役割はプロジェクトの成果に深く関わり、その成功にとって不可欠といえる。ここでは、開発者側の営業担当者を例として、ドメインエキスパートの役割について記す。

まずドメインエキスパートは、ビジネスの要件を深く理解している必要がある。これは AI という領域に限られたことではないが、ドメインエキスパートであれば、クライアントのビジネス要件を深く理解するだけでなく、その要件を AI のプロジェクトに落とし込む必要がある。クライアントの要望を開発者に円滑に伝えると同時に、現場レベルでのプロジェクトの目標として明確に設定する必要がある。

ドメインエキスパートは、次にソリューションを提案する。クライアントごとに異なる、特定の業界のニーズに合致した AI ソリューションを提供しなければならない。クライアントのニーズを把握しそれにカスタマイズしたソリューションを提案することができれば、ビジネス全体のプロセスの最適化にもつながる。

ドメインエキスパートは、次に成果物を評価する。AI の成果がクライ

アントの期待に応えているかを、あくまでもビジネスの視点に則って、クライアントと協力して評価する必要がある。成果物の品質と適合性を確認し、必要に応じて調整や改善するための運用まで担う必要があり、この姿勢がプロジェクトの継続受注につながる。

　最後に信頼関係の強化が必要である。ドメインエキスパートとしての意識を明確に持つことが、プロジェクトの成功のカギとなる。ドメインエキスパートとしての専門知識とビジネスへの洞察によって、その AI プロジェクトがビジネスとしての価値を発揮し、クライアントとの信頼関係を築く助けとなる。クライアントは自社のビジネスを理解し、ビジネスの課題を共有できる相手を求めており、営業担当者がドメインエキスパートとしての知識を提供することで、信頼感が高まり、協力関係は強化される。

　営業担当者がドメインエキスパートとしての役割を果たすことは、AI プロジェクトの成功に向けた重要な要素になる。営業担当者は、ドメインエキスパートとしての意識を強く持ち、ビジネスに取組むことで、ビジネスと技術をつなぎ、プロジェクトに対してビジネスとしての価値を提供し、その競争力を高めることができる。

2　メンバー

　AI の開発に必要なメンバーとして、ドメインエキスパート、データサイエンティスト、機械学習エンジニア、ソフトウェアエンジニア、プロジェクトマネージャーが挙げられる。

・ドメインエキスパート
　前述の通り、ドメインエキスパートは、特定の業界や分野に深い知識を持つ専門家である。どのようなビジネスの分野においてもドメインエキスパートになり得る者は存在する。AI を導入する際は、ビジネスプロセスや業界のニーズに精通する者に AI が業界にどのような価値をもたらすかを理解させ、その役割を担わせることが重要である。ドメインエキスパートたりうる者の協力によって初めてプロジェクトのニーズの定義、ビジネス目標の設定、評価が可能になる。

・データサイエンティスト
　データサイエンティストは、データの収集、前処理、分析、モデルの設計、およびトレーニングに関する専門知識を持つメンバーである。データサイエンティストは大規模なデータセットから洞察を得たり、モデルを構築して問題を解決する。ここでいうモデルとは、収集したデータを数学的な理論に基づいて自動的に正解データと比較、成否を判定し、か

つその制度を高めていこうとするコンピュータプログラムのことである。

・機械学習エンジニア

　機械学習エンジニアは、データサイエンティストが構築したデータやモデルを実際にシステムに実装し、トレーニングして、数値上の性能を評価するスペシャリストである。機械学習エンジニアによって実装されたモデルは、そのパフォーマンスを最適化する。

・ソフトウェアエンジニア

　ここでいうソフトウェアエンジニアとは、データサイエンティスト、機械学習エンジニアが、あくまでもビジネスの視点からモデルの精度とその評価に主眼を置くのに対し、モデルを本番環境に反映し運用開発することに主眼を置くエンジニアのことである。ソフトウェアエンジニアによって、AI モデルを初めて実際のソフトウェアやアプリケーションに統合され、エンドユーザーにとって使いやすく、実用的なソフトウェアが開発される。

・プロジェクトマネージャー

　プロジェクトマネージャーは、これらの AI の開発メンバーを統括する。スケジュール、予算、リソースの管理を担当し、プロジェクト全体を調整、進行状況を追跡し、目標を達成するために必要な措置を指示する。

　また、プロジェクトを成功させるためには、組織外のクライアントなどのビジネスステークホルダーの存在も必要である。ここでいうビジネスステークホルダーとは、そのプロジェクトに関与し、その成果から直接利害を受ける者、または組織のことを指す。ビジネスステークホルダーはビジネス目標と要件を明確に定義し、プロジェクトが期待通りに進行しているかを監視する。

　AI プロジェクトでは、これらのメンバーが連携し、ドメイン知識、データ分析、アルゴリズム開発、つまり、そのシステムにとって有益と思える数学的理論の選定と実装、そしてソフトウェアエンジニアリングなど、それぞれの役割や専門的な知識を持ち寄り、協力してプロジェクトを進め、ビジネス課題を解決する最適な AI ソリューションを構築する。クライアントやビジネスステークホルダーがビジネス目標を明確に伝え、プロジェクトの進捗を監視し、ドメインエキスパートは、その業界や分野の知識を提供し、ビジネス目標の達成に向けた方向性を示し、他のメンバーと連携して最適な AI ソリューションを実現する必要がある。ビジネスステークホルダーの期待に応えつつ、AI の力を活用してビジネスの競争力を向上させるための協力体制が重要となる。

3　カンファレンスとサーベイ

　AI の分野では多くのカンファレンスが開催され、最新の研究や技術が発表される重要な場となっている。AI で課題解決が必要となった場合、このようなカンファレスから、有効な手法を取得することもできる。実際の作業は、データサイエンティストや、マシンラーニングエンジニアが担当することになるが、ドメインエキスパートとしても、彼らが目をつけた手法が、ビジネスに即したものであるかを確認する必要がある。以下は、代表的な AI カンファレンスである。

・NeurIPS（Conference on Neural Information Processing Systems）
　https://nips.cc/
　機械学習とディープラーニングのカンファレンスで、世界中から研究者やエンジニアが集まる。最新の研究成果の発表やワークショップが行われ、機械学習とディープラーニングの分野におけるトレンドを把握するのに適している。

・ICML（International Conference on Machine Learning）
　https://icml.cc/
　機械学習分野のカンファレンスで、広範なトピックをカバーしている。機械学習の理論やアプリケーションに関する最新情報が提供される。

・CVPR（Conference on Computer Vision and Pattern Recognition）
　https://cvpr.thecvf.com/
　コンピュータビジョンの分野で有名な CVPR は、画像認識やパターン認識に関するカンファレンスである。コンピュータビジョンとは、コンピュータや機械を使って、視覚的な情報、つまり画像や動画を理解し、処理する技術および分野のことを指す。画像系のサービスでの AI の活用の情報の取得に適している。

・ACL（Association for Computational Linguistics）
　https://2023.aclweb.org/
　自然言語処理に焦点を当てた ACL で、言語処理の最新の成果を発表する場として知られる。

　カンファレンスから手法を探す具体的な手順、調べ方は、一般的にサーベイと呼ばれる。「サーベイ（Survey）」は一般的に、広範なトピックや領域について詳細な情報を収集し、概要や要点を把握するための調査や調査活動を指す。ラテン語の「supervidere」に由来する言葉で、

「supervidere」は「上から見る」とか「詳しく調べる」ということを指す動詞である。特定のトピックに関する文献や情報を収集して要約し、その分野における最新の知識を提供するために行われる。「サーベイ」は、以下の手順で行われる。

・トピックの選定

　サーベイを行う前に、課題に即したと考えられるトピックを選定する。例えば、深層学習、自然言語処理、コンピュータビジョンなどが挙げられる。

・文献調査

　選定したトピックに関する研究論文や記事を収集する。これにはカンファレンスの発表論文やジャーナルの記事が含まれる。

・文献整理

　収集した文献を整理し、関連性の高いものを選定する。トピックに関する基本的な概念から最新の研究までをカバーするよう努める。

　場合によっては選んだ文献をもとに、独自の調査結果を執筆することも考えられる。各トピックの説明や、関連研究も交え、その分野の進歩や未解決の課題に言及する。その場合、図やグラフなどを使用して、複雑な概念を視覚化することが推奨される。最後に引用した文献のリストを提供する。

　これらのステップを踏んでサーベイを行うことで、特定の AI トピックについて包括的な知識を獲得し、その分野での貢献や研究を深めることができます。サーベイは AI 研究の基盤となり、新たな洞察やアイディアを生み出す手助けとなる。

第４課題
AIプロジェクトの流れ
～課題の落とし込みからチューニング

Artificial Intelligence Advisor

1　ビジネス課題の落とし込み

　ここからは，ビジネスの課題をどのように AI のプロジェクトに落とし込んでいくかを、最も活用されるケースが多い機械学習を例に見ていく。

　ビジネスの問題を機械学習で解決するプロセスは、仮説検証を中心に展開される。この過程で、問題解決のための具体的な目標を設定し、それに向かって進むための戦略を練る。ここでは e コマースにおけるプロセスを例として挙げる。

・問題の定義

問題解決のプロセスはビジネスの現実的な課題を定義することから始まる。e コマースビジネスにおける問題としては、顧客の購買意向の予測が困難さ、非効率な商品の在庫管理、カートの放置率が高さなどが挙げられる。

・データ収集

問題を解決するための関連データを収集する。これには、顧客の購買履歴、ウェブサイトのトラフィックデータ、在庫データ、競合他社の価格情報などが含まれる。

・仮説と検証

課題のネックを推測し、それを解決するためにどのような手段を講じればよいかという仮説を立て、その検証を行う。例えば、「購買履歴とウェブサイトのアクセスデータから、個別の顧客の購買傾向を予測できる AI モデルを開発すれば、在庫管理をもっと最適化できる」との仮説を立て、検証する。仮説は、有力と思われるいくつかの説を機械学習以外の手法も含めて入念に検証する。

　仮説検証をする上で、特にドメインエキスパートにとって重要な役割は、成功の指標（KPI : Key Performance Indicator）を設けることである。KPI とは、ビジネスやプロジェクトの成功を評価するための数値や指標のことであり、ビジネス目標や成果を定量的に測定し、評価するために使用される。KPI の例としては、e コマースの場合、売上高や利益率、カートの放置率、平均購買単価、新規顧客獲得率などが挙げられる。KPI はビジネスの成果を追跡するための大切な指標であり、目標達成に向けた進捗を確認するのにも役立つ。そして、例えば「カートの放置率を 20%削減することで、購買額を 10%増加させることができる」といった KPI をこの段階で持つことができれば、効果的な仮説を立てることに役立つ。

　一方、ドメインエキスパートの重要な役割として、できあがったシステムが課題解決に適しているかを検証し、場合によっては、破棄することも

　必要となる。機械学習は、ビジネスにおいて非常に有望なテクノロジーで
あり、多くの成功事例が存在する一方、通常のシステム以上に技術的負債
が蓄積しやすいという現実がある。機械学習を用いるシステム構築の難し
さには、さまざまな理由が挙げられるが、一番の問題は、入力データの傾
向が変化することである。例えば、テキストを扱うことを考えた場合、
「スイカ」という言葉があり、それが当初果物の「スイカ」の意味だった
にも関わらず、その後、電子マネーを意味する場合が急激に増えるといっ
たケースがあり得る。このように用法のトレンドが変化したり、新語が登
場した場合、特徴量を再検討するなどして予測モデルのメンテナンスを行
う必要がある。機械学習のアルゴリズムには、確率的処理が含まれている
ため、その挙動を人のルールベースに当てはめることはできない。さらに
機械学習は大量のデータの自動処理を期待されるため、それらあらゆる
データの挙動を確認することができないため、想定できない予測結果が出
ることもある。かつて Google フォトが人種差別的な画像認識をして社会
問題となったことなどは代表的な例である。このような意図しない予測結
果が出た場合に備え、後づけで介入することができる仕組みを用意してお
く必要もある。
　元来、機械学習は、大量のデータの複雑な判定を高速かつ安定して実行
できることが第一に求められる代わりに、一定の間違いは許容されると
いった課題の解決に適している。人間は疲労により判断を誤ることがある
が、機械はどんなに大量なデータであっても、同じ基準で判断し続けるこ
とができる。一方、機械学習の精度が 100%になることはあり得ない。こ
の点は、ビジネスにおいても誤解されがちな点であり、注意が必要である。
　このような問題に対処するために有効な方法として、MVP（Minimum
Viable Product）の作成が挙げられる。MVP とは、「最小限の実現可能な
プロダクト」の意味で、最小限の機能を持つプロトタイプまたは製品のこ
とである。このプロトタイプは、新しいアイデアや製品の概念を検証し、
実際のユーザーに提供して、フィードバックを収集するために使用される。
機械学習における MVP の例として、男女、年齢などのユーザーの属性を
使って、ユーザーをいろいろなパターンにセグメント分けして、それらに
レコメンドを掛けてみること、既存のシステムの持つ類似文字検索機能を
使ってレコメンドしてみることなどが挙げられる。何か簡単なコンテンツ
を作ることも有効で、これらの組み合わせで課題が解決することも多い。
　機械学習の仮説検証のサイクルは、一般的なコンピュータシステム開発
時の検証よりも長くなる場合が多く、そもそも根本的な解決の方向に間違
いがあった場合、システム構築からテストまで終えた段階で最初の問題設

定まで出戻ることもある。そのため、クライアントが本当に求めているものは何か、コンセプトは正しいのかを常に顧みることは、通常のプロジェクトよりも重要になる。必要であれば機械学習を使わない方向に舵を切ることを恐れてはならない。機械学習システムは、専門的知識を備えたスタッフや高度の開発リソース、複雑な運用環境を必要とするため、結果が伴わなければ、多大な損失を被ることがあることも認識しておく必要がある。

2　システムの設計と組込み

　開発の実務についてはエンジニアの役割であるが、ドメインエキスパートであり、また営業担当を担う者にとっては、仕事の流れと大まかな内容について理解しておくことは必要である。また、仕事の流れと大まかな内容を知ることで、開発から運用、評価の中で、実務以外で自分がどのような役割を果たすべきか、またそれはどのタイミングかを知ることができ、この工程をある程度把握することで、見積もりや工期を算出することができる。

　システムを設計していく上でまず最初に気をつけるべきこととは、予測した結果をシステム全体の中でどのように統合するべきか、ということと、誤りをどこで吸収するかということである。誤りを吸収するということについては、機械学習が 100%期待通りの答えを出さないという前提に立って、その間違いをどこで、どのようにカバーするのかを考慮することである。すべてをシステムに任せず、人によって確認する必要があるのであれば、人間の目で確認するフェーズを用意しておくべきであり、実サービスでそれを試すことを想定するのであれば、稼働中のサービスで、それを行ったとして、その影響が最小限に留まる場所に見当をつけておく必要がある。予測結果の統合については、サービスの特徴によっていくつかの種類に分けられるので、ここではサービス対象を Web アプリケーションと想定して、パターンごとに記す。

①バッチシステムにおけるバッチ処理で特徴量を抽出、学習、予測、予測
　結果を DB 経由でサービスに統合するパターン

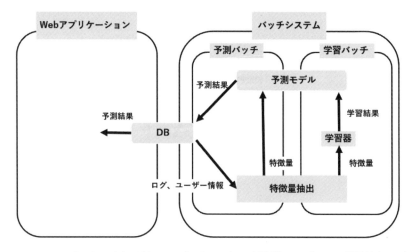

　ここでいうバッチ処理とはいわゆるバッチ学習のことで、学習用のデー
タを一括で学習することととらえてよい。これの対義語に当たるのが、常
時流れてくる、例えばセンサーデータやログデータを遂次処理する遂次学
習である。
　学習バッチでは、定期的なバッチ処理で特徴抽出器に蓄積された過去の
データから学習モデルをトレーニングする。学習データはバッチ処理に
よって収集、前処理され、学習モデルがアップデートされる。予測バッチ
では、アップデートされたモデルを元に、新しいデータに対する予測が行
われる。予測結果はデータベースに保存される。
　サービス統合の際は、Web アプリケーションは DB と連携し、予測結果
を取得してユーザーに提供する。ユーザーの要求に応じて定期的なバッチ
処理による、最新の予測結果がもたらされる。
　このパターンは、ユーザーの行動に応じて即時に予測を返す必要がなく、
データの特性があまり変化しない場合に適している。予測は DB を介して
アプリケーションに統合されるため、アプリケーションと機械学習の開発
言語の違いを考慮する必要がない。機械学習を最初に試すパターンに適す
るといえる。

②バッチ処理で学習、リアルタイム処理で予測、予測結果を API 経由で
サービスに統合するパターン

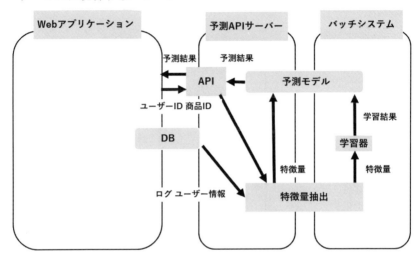

　API とは、目標とする機能をその外部から使う際の決まりごとのことで
あり、その際の窓口のことととらえてもよい。バッチシステムで、定期的
バッチ処理によって特徴量を抽出、学習、予測と進むところまでは①と同
じであるが、予測フェーズでは、予測結果は API を介して提供される。
　サービス統合の際は、Web アプリケーションは API を呼び出し、リア
ルタイムで予測結果を受け取ることができるので、ユーザーに迅速なレス
ポンスを返すことが可能である。このパターンの場合、迅速に予測結果を
提供できる一方、API サーバーを準備したり、ユーザーの待ち時間の短縮
も考慮する必要があるので、技術的な難易度は高くなる。

③バッチ処理で学習、エッジのリアルタイム処理で予測するパターン

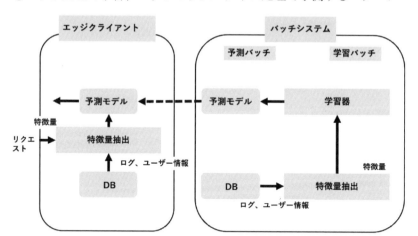

エッジは、サーバーなどの中央のコンピュータとやり取りしないで、端末に近いところで処理するという考えを表す「エッジコンピューティング」という言葉に由来する。ここでいうエッジデバイスとは、スマートフォンのようにインターネットに接続できるさまざまな端末のことを指すが、ここではスマートフォンとして考える。

バッチ処理で学習モデルがトレーニングされる。学習はバッチシステム内でなされ、予測モデルはエッジデバイスにデプロイ（プログラムを実行可能な状態にして、適切な場所に配置する）される。

エッジデバイス側では、独自のユーザー情報と特徴抽出器を元にデプロイされた予測モデルによってリアルタイムで予測を行う。つまり、学習環境と予測環境が大きく異なることになり、学習モデルはエッジデバイスにデプロイされているため、低遅延での予測が可能となる。

サービス統合の際は Web アプリケーションはエッジデバイスと通信し、リアルタイムで予測結果を取得する。このパターンは、今後ますます普及することが考えられるが、多様なエッジデバイスへの対応が求められるため、システムの管理や配信の難易度は高くなる。

このほかにリアルタイムで学習を行い、新しいデータが入力されるたびにモデルが更新され、学習済みモデルもまたリアルタイムで新しいデータに対する予測を行うパターンがある。これは主に金融取引やカスタマーサポートにおけるリアルタイム対応のチャットや自動運転で活用されている。

　機械学習をシステムに組み込む適切なアプローチは、サービスの性質や要件に依存し、さまざまなパターンが存在する。ビジネス目標とニーズに合わせて、適切な機械学習システム構成を選択することが重要になる。

3　教師データを得るためのログの設計

　機械学習の場合、アプリケーションログやユーザーの行動ログなどを集めて、そこから特徴量を抽出するのが一般的である。

　アプリケーションログとは、システム上で動作しているさまざまなアプリケーションの動作やアプリケーション上でのユーザーの操作などの記録のことを指す。ユーザーの行動ログとは、同じようにシステム内でのユーザーの行動の記録のことである。ログは DB のデータなどと異なり構造的でない場合があり、記録していなければ原則的に取得することはできない。また、例えばユーザーID をログとしようとした場合、Web サービスごとに ID が異なることもあるため、あらかじめ必要な情報やデータを、可能な限り準備しておく必要がある。機械学習の学習用、つまり教師データに利用できる可能性がある主な情報には、

- ユーザー情報（サービスを登録する際の、ユーザーの属性についての情報）
- コンテンツ情報（そのページの更新の日付や、そこで取り扱った、例えば具体的商品といった、コンテンツそのものに係る情報、アプリケーションログもこれに含まれる）
- ユーザーの行動ログ（ユーザーがアクセスしたページ、購入したもの、起こしたイベントのログ）

などがある。

　特にユーザーの行動ログは購買の成果に直接つながることが多いので、そのデータは教師データに適している。このデータは量が多く、利用頻度も高いため、必要に応じてデータ管理システムを事前に設計し、実装しておく必要がある。

　最適な特徴量を見つけることは困難な作業である。そのため、ここで挙げたような情報は、あらかじめ設定しておくことが望ましい。KPIはできるだけ少なくすることが望まれるが、機械学習に使う情報は多いほうがよい。ユーザーの情報とその多様性を把握すればするほど、それによって良質な教師学習用のデータを作ることができる。これらのデータは、前もって分析的な視点を持たずに運用されていた場合、往々にして破棄されているケースも少なくない。仮にそれらがそろっていたにしても、トレンドの

変化を意識して、新しい情報によって学習する必要が生じることもある。ログの設計は常に試行錯誤と根気を要する作業であるということは認識しておく必要がある。

4　学習用データの作り方

　教師データを準備する方法は、プロジェクトのニーズに応じて、以下のパターンがある。

①公開されたデータセットを使う

　教師データそのものがない場合にとる方法である。よく知られているところでは以下が挙げられる。

■アメリカ
- UCI Machine Learning Repository
  カリフォルニア大学アーバイン校が公開している各種データセット
- ImageNet
  アメリカ・スタンフォード大学の研究者を中心とした研究グループが管理する、カラー写真の教師ラベル付き画像データベース
- COCO（Common Object in Context）
  Microsoft が開発した、物体検出、意味分割、画像説明文などに利用することができる画像データセット
- SNLI（The Stanford Natural Language Inference）
  スタンフォード大学による、自然言語推論（NLI）のための標準的なベンチマークデータセット。日本語に翻訳された、日本語SNLI(JSNLI)データセットもある。

■日本
- e-Stat
  各府省等の参画の下、総務省統計局が整備し、独立行政法人統計センターが運用管理を行う日本の政府統計の総合窓口である e-Stat では、国勢調査、労働力調査、産業統計など、多岐にわたる統計情報を提供しており、機械学習プロジェクトでの利用が可能である。
- 気象庁情報カタログ
  気象庁が保有・提供する各種気象情報のカタログで、一般財団法人気象業務支援センターを通して、気象情報が提供されている。
- 青空文庫
  著作権が切れた文学作品などを集めたデータベース。テキストデータ

は一般に利用可能で、自然言語処理の研究にも使用される。
公開されたデータセットは大規模で多様なデータを提供しているため、時間とリソースの節約が可能であるが、一般性に欠けることがあり、プロジェクト固有のデータに適していない場合もあるので注意が必要である。

②開発者自身が教師データを作成する

　既存のデータでは必要な学習ができないない場合、開発者が自ら教師データを作らなければならないこともある。特にどのデータを特徴量にするかは性能に直結するため、開発者が自分で教師データを作ることは重要である。まず最初に決める必要があることは、課題の解決策を分類にすべきか回帰にすべきかの判断である。機械学習の判断の基準には、分類と、回帰という2種類の手法が存在する。

　例として、ソーシャルブックマークサービスのカテゴリ予測をするモデルに学習させるための、教師データを作る場合を考えてみる。ソーシャルブックマークサービスとは、お気に入りのサイトを共有できるサービスで、カテゴラリは自動で付与される。まず「政治」「芸能」「スポーツ」「テクノロジー」のようなカテゴリ分けと、その定義を決める。この場合、既定のカテゴリを予測するので「分類」となる。最低でもカテゴリ別に1000件程度のサイト、コンテンツが必要となる。その選定方法そのものが、正解データの判断基準になるが、例えば、特定のキーワードを基準にしてもよい。機械学習が対応すべき判断や認識は、人間で分かることがほとんどであり、人間がどのような基準でカテゴリ分けをしているのかを、教師データを作りながら注意深く洞察すべきである。

　人間の目で見ても曖昧なデータが出てくることもある。例えば、モータスポーツのF1における持続可能燃料採用の記事は、「スポーツ」「テクノロジー」「環境」いずれに振り分けることができる。この場合、分類を更新する必要があることも考えられる。このような試行錯誤を通し、判断基準、つまり特徴量が絞られ、カテゴリの定義が決まる。この定義は記録しておく必要がある。言葉のトレンドは刻一刻と変化しているため、モデルの更新する必要が生じた場合に、定義の記録が必要になる。

③第三者（同僚・友人）に依頼する

　この方法は手軽で費用がかからず、外部の専門家を採用するよりもコミュニケーションがスムーズという利点がある。しかし同僚や友人に部外秘の情報を提供することにもなるので慎重に作業を進める必要がある。簡便な方法としてはスプレッドシートに正解の判断対象となるデータを列挙してもらう方法がある。Googleのスプレッドシートを使えば、緩

やかな取り決めで、重複を最低限に抑えて作業を進めることが可能である。スプレッドシートでは、画像の場合など、作業上の限界もあるので、そのような場合、専用のツールを使う必要がある。

　複数名での作業において注意する点としては、判断基準を正確に共有するとが挙げられる。また、分類の場合には判断が難しいデータも存在するため、同じデータに対して複数名で正解を付与する方がよい。作業者間の正解の一致の割合をみることで、課題の難易度がわかる。人間同士で5割の一致がなければ、そもそも機械学習で解くのも難しいといわれている。また、他者が出した結果を知った場合、それがバイアスとなって、偏ったモデルとして学習されてしまう恐れがあるため、作業者それぞれが出した結果は、作業者間で共有しないことが重要である。

④クラウドソーシングを使う

　クラウドソーシングを使うと大規模なデータセットを比較的迅速に用意でき、コストも抑えることができる。クラウドソーシングは、ひと昔前までは、ランサーズやクラウドワークスなど、コンペ型の作業のことを指したが、現在では Amazon Mechanical Turk や Yahoo クラウドソーシングなど、マイクロタスク型と呼ばれる、データ入力などを短時間でできる単純作業の依頼形態も存在する。マイクロサービスと機会学習の相性はよく、クラウドサービスを使って教師データを付与するケースも増えている。これに加え最近は Google AI Platform Data Labeling Servics や Amaon SageMaker Ground Truth などの、彼らのクラウドサービスの一部として簡単にオーダーできるアノテーション（教師データに正解を付与すること）サービスも登場している。このようにクラウドソーシングは、教師データを作る上で大変有効な手段であるが、品質を担保できないというデメリットもある。複数の担当やサービスにソーシングして、その内容を吟味するといった冗長性を持たせたり、事前に練習問題を出題する、アンケートに答えさせ業者を選考するといった工夫も必要になる。

　またそもそもすべての解答データのチェックは不可能なため、どのように結果を評価するかを事前に考慮しておく必要がある。この場合、一般的にはカテゴリ別に少量のデータをサンプリングして、適切であるかをチェックするという手法を取ることが多い。

⑤既存のサービスに組み込んでユーザーに入力させる

　既存のサービスに組み込んでユーザーに入力させる方法の利点は、サービスをよく知るユーザーに協力を得られるという点である。教師

　　データを作る上で必要なデータ収集の仕組みをサービスの中に埋め込み、それに対するユーザーのアクションがユーザーのメリットとなるようなインセンティブを設計し、得られたデータを例えばアノテーションとして活用する。代表的なものとしては画像の中の文字を読ませるreCAPTCA や Amazon が、検索結果のフィードバックをユーザーからの報告という形で得るためのフォームを設けて、そこからのフィードバックを積極的に活用している例などがある。

　　データ収集方法を選択する際には、プロジェクトのスコープ、コスト、スケジュール、品質基準、プライバシー規制などの要因を考慮して、最適なアプローチを選択する必要がある。データの品質と多様性は機械学習モデルの性能に最も大きな影響を与えると言って過言ではなく、データ収集の段階に時間とリソースを投入することがプロジェクト成功の鍵となるといえる。

5　データの前処理からモデルの選定とそのチューニング

①データの前処理

　　前処理とは、教師データとするデータから不要な情報を削ぎ落とすなどして、実際にそのデータを機械学習のプログラムで使用可能な形にするプロセスである。「データクレンジング」ともいい、データレコードの重複、データ内の誤記、表記の揺れなどを修正・統一することでデータの品質を高めることである。例えば、画像や、Web のアクセスログなどの生データをそのまま教師データとして使用することはできない。機械学習のプログラムで入力される段階の教師データは、テンソル（多次元の数値データを格納できるデータ構造）などの構造化されたデータである必要がある。また、仮にそのような形式に整えても、一部欠損したデータの処理、不適切な数値を示すデータの除外、プログラムが計算しやすいデータへの変換などの作業が必要となる。

　　適切なモデルを選択しても、データが正しく用意されなければ期待された結果を得ることはできないため、開発の中でも多くの時間をデータの前処理で使うことになる。

②モデルの選定

　　サーベイなどで、その課題解決に適したモデルを選定する。この際、データの特性を知るために、クラスタリングなどの教師なし学習や散布図行列に掛けて事前に可視化し、変数の相関関係を見てどのような解決

方法が適しているかを考え、実際に少量のサンプルを使ってシンプルな
モデルで学習させることも有効である。

③チューニング

　モデルが決定したら、学習を開始する。機械学習の性能の特性を調整
することができる有効なパラメーターを探し出し、それを調整すること
で、モデルの改善を進める。ここでは、データには一部正常でないもの
が往々にして含まれている点に注意する必要がある。そのため、最初は
シンプルなモデルで試してみることが推奨される。また、初めての予測
で、いきなり99.9%のような高い性能を示した場合も、ミスを疑う必要
がある。多くの場合、学習時のデータに過剰に適合してよい精度を出す
ものの、未知のデータに対してはよい精度を出すことができなくなる
「過学習」の状態になっていたり、本来知り得るはずのない正解データ
が教師データに紛れていて、予測性能が不当に高くなっている可能性も
ある。パラメーターの調整の際は、誤判断した予測結果を実際に見て、
何が誤りの原因になっているのか、共通項は何かを見極めながら、分析
する。ここでうまくいかなかった場合は、モデルの選定からやり直すこ
とになる。

第5課題
AIプロジェクトの流れ
〜運用と効果検証〜

Artificial Intelligence Advisor

1　運用

　機械学習による予測は、教師データによってふるまいが変わる。同じ学習済みのモデルを使い続けることができるということは、教師データの特性が、学習時と予測時において大きな差がなく、特徴量も同じく一致しているということになるが、長期的なサービスにおいては、この条件を満たさないことも多い。その場合、定期的に新しい教師データを用いて、予測モデルを更新する必要がある。予測モデルの更新の際は、新しい教師データを用意するだけでは十分ではなく、モデルそのものを改修する必要が出てくる場合がある。モデルそのものの改修には多くの時間と手間がかかるため、計算時間の低減も欠かすことのできない取組みとなる。システムの長期的な維持のためには、自動化可能なところは極力自動化するなどして、継続的にモデルを再学習し、正しい予測結果を提供し続ける基盤を作る必要がある。しかし機械学習の開発運用体制は、個々のスタッフのスキルや役割分担、環境によって同じものはないといってもよく、共通の基盤を整えるにはさまざまな視点に立つさまざまな工夫が必要となる。以下はその一例である。

①開発環境に継続性を持たせる

　機械学習の開発体制は属人化しやすく、引き継ぎが困難なことも珍しくない。属人化を回避するために、開発環境や、予測モデルの学習履歴、それに使用したツールなどバージョンも含めて管理できる仕組みを作っておくことが求められる。

②予測モデルのプログラム化とサービスへ反映させる仕組みの確立

　さらに予測結果をスムーズに提供するために、予測モデルをプログラムとして実行可能な状態にして、適切な場所に配置するデプロイを行い、なんらかの手段でそれをサービスに反映させる仕組みも確立しておく必要がある。この作業には、データサイエンティストやマシンラーニングエンジニアではなく、ソフトウェアエンジニアのスキルが重要となる。

③ワークフローエンジンの活用

　前処理のコードは、さまざまな処理が密接にからみ、タスクが複雑な依存関係を持つなどして、見通しが悪いケースが多く、これを自前で管理することは困難である。機械学習の分野には、これらを管理するさまざまなワークフローエンジンがある。ワークフローエンジンとは、運用の効率化とシステムの監視分析のために、コンピュータ上の一定の作業を定義して自動化するシステムのことである。ワークフローエンジンには、タスクの完了ごとに、その結果に応じて設定した次のタスクが実行され

るような管理、タスク実行後の通知の送信、ステータスの履歴の保存、エラー発生時におけるエラーの条件の自動検出などの機能があり、確認だけでなくエラーの再発防止に役立つ。

④新たな学習モデルに付随するシステムの自動的、継続的提供の仕組み作り

システムの自動的、かつ継続的な提供の仕組み作りのために、各動作単位で細かくそれらの動きを確認することが必要となる。この場合、できるだけ手動のオペレーションを避ける工夫も必要となる。モニタリングや定期的なテストの継続的な実行も欠くことができない。それぞれ、通常のコンピューターシステムとは異なり、機械学習ならではの癖や難しさがあるため、指標を正しく設定し、確実に実施することが求められる。

2　モデルの適応に関するガイドラインの設定

機械学習システムの運用にあたっては、前もって各作業ごとにガイドライン、特にモデルの更新に関するガイドラインを作っておくことが推奨される。モデルの更新に関するガイドラインとは、機械学習モデルを実際の環境で適切に使用するための指針や原則のセットのことである。これらのガイドラインは、モデルを開発しトレーニングした後に、それを実際に稼働しているシステムやアプリケーションに統合する際に役立つ。モデルの更新に関するガイドラインとしては、以下が挙げられる。

①データの更新に係るガイドライン

モデルが、トレーニングデータとは異なるデータに対してどのように適応するかを考慮する必要がある。データに対するドメイン適応（そのプロジェクトに適した反応を示しているか）、データの変化に対するモデルのロバスト性（頑強性：そのモデルが外部の変数や異常な状況に対してこれまで通り頑健であるか）、予測可能で信頼性の高い動作を維持しているかを確認する。

②モデルのハイパーパラメータの確認と状況に応じた調整に係るガイドライン

新たに学習したモデルを実用サービスに統合する場合、ハイパーパラメータ（モデルの挙動を制御するための設定値）を新しい環境に合わせて調整する必要が出てくることがあるため、新しいデータに適したハイパーパラメータの設定を見つけるためのテストを事前に行う必要がある。これらのパラメータはモデルの学習プロセスに直接影響を与えず、モデルの学習時には調整されない値である。ハイパーパラメータは、モデルの構造やトレーニングプロセスを調整し、最適な性能を達成するために

手動で選択または調整される。一般的なハイパーパラメータには、学習
率、エポック数、バッチサイズ、隠れ層のユニット数などがある。

③モデルそのものの評価に係るガイドライン

モデルの性能を新しい環境で評価し、必要に応じて再トレーニングや微
調整を行う。性能指標や品質基準を定義し、これらを使用してモデルの
適応度を確認する。

④エスカレーションと監視に係るガイドライン

モデルを新しい環境で実際に運用する際には、モデルのパフォーマンス
を監視し、問題が発生した場合に適切に対処できるエスカレーションプ
ロセスを設ける必要がある。エスカレーションプロセスとは、監視活動
に関連して使用される用語で、システム、プロセス、あるいはイベント
の異常を検出し、それをより高度なレベルの監視スタッフや専門家に通
知するプロセスを指す。例えば、セキュリティ監視の環境では、異常な
ネットワークアクティビティを検出した場合、それをセキュリティエキ
スパートにエスカレートし、対応策が講じられる。

　これらのモデルの更新プロセスと関連する意思決定を文書化し、共有す
ることにより、モデルの更新過程が透明で追跡可能なものとなる。モデル
の更新に関するガイドラインは、モデルのライフサイクル管理の重要な部
分であり、実際の運用において問題を最小限に抑え、持続可能な性能を確
保するために役立つ。

3　ビジネスの指標

　ドメインエキスパートとして、機械学習を活用した実績を評価するには、
正しい評価の指標が必要となる。代表的な指標としてはKPI、つまりビ
ジネスやプロジェクトの成功を評価するための数値や指標が挙げられる。

　業態の枠を超えた共通の指標としては ROI（投資対効果）が挙げられ
る。e コマースのようにユーザーのフィードバックを元に継続的なモデル
の再学習を必要とする場合、モデルの学習や統合、パフォーマンス監視と
いった一連の仕組みやスタッフを維持するには一定のコストがかかる。機
械学習プロジェクトへの投資とビジネスへの収益との関係を ROI を指標
にして監視することは、重要である。

　その他には、機械学習のモデルや性能を評価するために使われる重要な
手法として、仮説検定と AB テストが挙げられる。

・仮説検定

仮説検定は以下のステップで行われる。
①仮説の設定

帰無仮説（Null Hypothesis）と対立仮説（Alternative Hypothesis）の二種類の仮説を用意する。帰無仮説は、通常、その現象に特別な効果や差異が生じていない状態での仮説です。対立仮説は研究者が証明しようとする効果や関係性が生じている場合の仮説である。

②データの収集

検定に必要な実験または観測を行ってデータを収集する。例えば2つの異なるモデルの性能を比較する場合、それらのモデルを実際に実行し、結果を得ることを指す。

③統計学的テストの実施

収集したデータを使って統計学的テストを実施する。これには、T 検定、カイ二乗検定など、適切な統計的手法を選択することが含まれる。

④統計的テストの結果の解釈

統計的テストの結果を解釈し、帰無仮説を採択するか、棄却するかを決定する。帰無仮説が棄却された場合、対立仮説が採択され、研究者は効果や関係性が存在すると結論づける。

⑤結論の導出と報告

これらの結果を受けて最終的な結論を導出し、報告する。この結論に基づいて、モデルやアルゴリズムの性能が評価される。

・AB テスト

AB テストは、機械学習以外にもウェブサイトやアプリケーションの最適化や改善を行うのによく用いられる実験デザインである。

①システムのベースラインの設定

対象となるシステムのベースライン、つまり既存のバージョンを設定する。これは変更前の状態である。

②仮説の立案

改善したい要素や変更を行うことで求めるべき結果が得られるという仮説を立案する。Web サイトや、アプリケーションのケースでいえば、ボタンの色を変更することが売上に影響を与えるかどうかという仮説を立てる。

③実験群と対照群の想定

ユーザーに実験群と対照群の2つのグループを想定する。実験群は新しい仮説に基づく変更が適用されるグループで、対照群は変更前のベースラインを維持するグループである。実験群に新しい変更を適用し、対照群は変更前の状態を維持する。実験の期間やサンプルサイズ

は計画通りに行う。

④データの収集と結果の比較

　実験の期間中にデータを収集し、結果を比較する。特定の指標、例え
ばコンバージョン率、売上、クリック数などを使用して、実験群と対
照群のパフォーマンスを評価する。

⑤仮説の検証

　収集したデータを分析し、仮説の検証を行う。新しい変更がベースラ
インに比べて有意な改善をもたらした場合、その変更を採用する。

　成果の良い変更が確認された場合、それを実際のウェブサイトやアプリ
ケーションに展開する。また、AB テストは継続的なプロセスであるため、
結果の監視と新たな仮説のテストを繰り返し実施することが求められる。

　AB テストは、データに基づいた意思決定を支援し、ビジネスの最適化
に役立つ。これにより、ユーザーエクスペリエンス（ユーザーのそのサー
ビスに対する印象の向上や収益の増加）などの目標を達成するために、
データを積極的に活用する、より実践的なサービス改善のアプローチが可
能となる。

第6課題
企業・団体のAI導入事例

Artificial Intelligence Advisor

第6課題の「企業・団体のAI導入事例」の出典とした各社のプレスリリース等に記載されている情報は発表時のものであり、本資料の内容は、最新の情報と異なる場合がありますのでご了承下さい。

1．企業・団体のAI導入事例－製造業

【1　六花亭製菓の製造ラインの故障をAIで予知する実証実験】

　六花亭製菓株式会社・IMV株式会社・NTTテクノクロス株式会社は、振動データとAIを活用して、工場内設備の予知保全に関する実証実験を2018年10月に開始した。飲食の製造ラインにおいて、設備の突発的な故障は商品の生産計画に大きな影響を与えるが、これまでは、故障防止の手段は定期的な設備点検や部品交換が主であり、故障の予兆を検知し効率よく対処するまでには至っていなかった。

　本実証実験では、IMVが持つ振動計測に関するノウハウとNTTテクノクロスが提供するAI・見える化技術を活用している。オーブンのモーターとファンに振動センサーを取り付け、収集したデータをAIエンジンに学習させることで、設備機械が故障する予兆を検知する「見える化」を図り、設備の予知保全を検証する。

　期待する効果として、①人手による巡回型の点検稼働の削減、②データにもとづく故障予兆検知による点検精度の均一化、③設備故障による製造ロスの削減が挙げられている。

　　　　出典：NTTテクノクロス株式会社　プレスリリース（2018年10月17日）

【2　オークマ・NECのAIを活用したドリル加工の診断技術】

　オークマ株式会社と日本電気株式会社（以下NEC）は、AI（ディープラーニング）を活用し、工作機械が自律的にドリル加工の診断を行う技術「OSP-AI加工診断」を共同開発した。OSPとは、工作機械に指令を与える、オークマ開発の数値制御装置のことで、NEC開発のAI技術「NEC the WISE」の一つである「RAPID機械学習技術」が搭載されている。

　従来、工作物の素材や工具の質のばらつきなどで生じる突発的な工具破損の防止は困難であり、さらにドリルの摩耗が原因で生じる不具合対策として、寿命の6～7割でドリルを交換するなど、コストの増加につながることもあった。

　「OSP-AI 加工診断」により、突発異常の検出や摩耗状態の可視化が可能となる。ドリル加工の異常を検知し、破損する前に加工を停止し、工具を退避させ工具と加工物のダメージを最小限にとどめ、また、ドリル摩耗

状態をグラフで可視化しドリル交換を最適化させ、工具費の大幅削減をもたらすとしている。

出典：オークマ株式会社　ニュースリリース（2018年10月29日）

日本電気株式会社　プレスリリース（2018年10月29日）

【3　FUJI・ALBERTのプログラミングフリーのAI多関節ロボット】

　株式会社FUJI・株式会社ALBERTは、FUJIの多関節ロボット「SmartWing」において、ALBERTのAI・ディープラーニング技術を用い、ティーチングやプログラミングを必要としない扱いやすい多関節ロボットの実現に向け、共同技術開発を進めていると発表した。

　近年、製造業では、カメラで対象物の形状を認識し、作業を行う多関節ロボットの必要性が高くなっており、部品の搬送や整列、加工、組み立て等での活用が期待されている。

　通常、カメラを用いて多関節ロボットを動かすためには、対象物の形状認識やロボットの動作をプログラミングする必要があるが、これらは煩雑で、スキルの高いプログラマが必要となり、多くの現場でロボットの導入を困難にする要因となっている。

　今回、共同開発の第一段階として、SmartWingの部品認識機能にAI・ディープラーニング技術を活用した学習済みモデルが搭載され、初めて見る部品であってもAIで自動認識し、プログラミングなしで部品認識ができるようになった。これによりSmartWingのティーチングフリー技術と合わせ、SmartWingの立ち上げ時間のさらなる短縮、柔軟な製造品種変更が可能になった。さらに、単眼カメラのみで対象物の三次元姿勢を推定し、部品の姿勢に応じた正確なピッキングが可能となる。また、色味や影等の撮像環境の変化の影響を受けにくいため、さまざまな環境下でロボットを使用できるようになるともされている。

出典：株式会社ALBERT　ニュースリリース（2018年12月23日）

【4　東京エレクトロン デバイスの外観検査用AIプラットフォーム】

　東京エレクトロン デバイス株式会社（以下TED）は、生産現場における外観検査のためのAIプラットフォーム「TAiVIS（タイビス）」を、

2019年6月より受注開始した。

　生産現場では、不良品の流出防止のため、さまざまな検査システムが導入されているが、判定精度の継続的な向上や過検出などが課題となっており、これらの対策として目視検査が併用されている。

　「TAiVIS」は、エッジでの推論に特化した外観検査アプリケーションを搭載している。ディープラーニングの識別技術を生かし、カメラで撮影した検査対象物の画像の特徴から良品・不良品の判定を自動で行うため、個体差がある製品の検査や、汚れや色ムラを見る官能検査、過検知の判断など、これまで目視検査に頼っていた判定を自動化する。AIによる学習を繰り返すことで、不良品の判定精度も向上していく。学習用素材の収集には、カメラ画像のキャプチャ機能が用いられている。

　複数の検査対象物を個別に推論処理するTEDの独自技術により、複数の製品が流れてくるラインで検査が可能になり、システム導入や運用のコストの削減と、検査効率の向上に寄与する。2台のカメラにより複雑な物体の判定も可能となっている。不良品の流出を防ぎ、過検知の軽減を実現するAI検査システムを、低コスト、短期間で導入することで、生産効率の向上とコスト削減を可能にするとされている。

出典：東京エレクトロン デバイス株式会社　ニュースリリース

（2019年6月27日）

【5　YE DIGITALのオンプレミス版AI画像判定サービス】

　株式会社YE DIGITALは、2020年10月、クラウド利用が制限される環境等に向けて、オンプレミス版「MMEye BOX」を販売すると発表した。2018年11月以来販売をしているクラウドサービスのAI画像判定「MMEye」のさらなる販売拡大を目指している。

　大手製造業の工場では自動化が進み、検査工程に画像を利用している例が多く見られる。一方で、工業製品のように、欠けや傷の有無などで明確に良否を判定できない食品製造業などのような業種では、検査は人による目視検査に頼らざるを得ず、工場の自動化が進んでいない。そのような状況のなか、YE DIGITALは2018年10月に「MMEye」を提供開始した。

　「MMEye」はクラウド上にデータを蓄積し、AIを用いて学習させることで判別モデルを作成している。それから、現場にあるGPU搭載のエッジPCに作成した判別モデルをダウンロードすることで、高速判別を可能

としている。

　社外（クラウド）にデータを持ち出せない顧客には使用できなかったり、さまざまな判別モデルを試したくとも、モデル作成回数には上限があったりなど、多様なニーズに応えられない課題があったが、オンプレミス版により、次の価値を顧客に提供できるとしている。

・社外にデータを持ち出す必要がなく、社内のクローズした環境で判別モデル作成ができる
・判別モデルの作成には回数制限がなく、多様な視点で検証可能
・手軽に複数製品の検証ができる
・製造業以外の対象物についても、好きなだけトライできる

　　　　　出典：株式会社YE DIGITAL　2020年新着情報（2020年10月21日）

【6　ユーハイムのバウムクーヘン専用AIオーブン「THEO」】

　株式会社ユーハイムは、画像センサーを搭載し、職人の技術を機械学習する、バウムクーヘン専用AIオーブン「THEO（テオ）」を開発し、2021年より実証実験を開始した。

　ユーハイムは2020年に、菓子製造工程に添加物を使わないため、材料メーカーとともに、加工材料から添加物の排除を実践する「純正自然宣言」を行っている。この純正自然の菓子作りを進めながら、生産性を高めるためには、添加物のなかった頃の職人の技術の復活や継承、新たな職人の育成が欠かせない。その時間も手間もかかる過程のブレイクスルーとして、IoTやAIの技術を活用した。バウムクーヘン専用AIオーブン「THEO」は、職人が焼く生地の焼き具合を、各層ごとに画像センサーで解析することで、その技術をAIに機械学習させデータ化して、無人で職人と同等レベルのバウムクーヘンを焼き上げることを可能とする。

　ユーハイムではこのバウムクーヘン専用AIオーブンをアバターイン社と共同開発することで、今後、菓子店間の遠隔操作や、消費者によるアバターを通じた焼成体験などの実証実験を行い、従来の流通体系とは異なるスタイルの販売ネットワークづくり、職人の技術継承、地位向上などを模索していくとしている。

　　　　　出典：株式会社ユーハイム　ニュース（2020年11月30日）

【7　ブレインパッドのAIによる不良品検知プロダクト】

　株式会社ブレインパッドは、伝統工芸品「熊野筆」を生産する株式会社晃祐堂とともに、熟練した職人が実施してきた筆の穂先の検品工程を自動化する「不良品検知プロダクト」を開発・導入した。

　職人による手作りの熊野筆は、筆先の大きさや膨らみなどがひとつひとつ微細に異なるため、これまでは、晃祐堂の熟練の職人が目視で検品作業を担っていた。しかし、一人前の職人を育てるには大変な時間と労力がかかるうえ、判断が難しい場合に良品・不良品の判定が人によって異なることもあるため、晃祐堂は、AIによる画像認識を活用することで、より正確な検品体制を構築したいと考えた。

　ブレインパッドは、熊野筆の良品サンプル約300本の画像を360度から撮影するところから着手し、データサイエンティストがAIに「良品」の判断基準を学習させた。延べ約5,000枚に及ぶ撮影画像から不良品検知アルゴリズムを開発した結果、不良品の判定精度を90%以上にまで高めることに成功し、検品工程の1次スクリーニングとして十分な精度を確保した。開発された「不良品検知プロダクト」は、「ITや機械に不慣れなスタッフでも簡単に取扱いできるもの」との要望を満たすべく、穂首が360度回転する間に内蔵カメラが約20枚の画像を自動で撮影し、AIがこの画像を解析・認識することで良品・不良品の判別をわずか数秒で行うことに成功した。

　ブレインパッドは、AIを使った「不良品検知プロダクト」の開発により、筆の生産工程の負荷を軽減するとともに、日本が誇る伝統工芸品の後世への技術継承にも貢献するとしている。

　　　　出典：株式会社ブレインパッド　ニュースリリース（2020年12月17日）

【8　5GとAIを活用した映像伝送・解析で、工場の作業を見える化】

　住友電気工業株式会社（以下住友電工）とソフトバンク株式会社は、スマート工場の実現に向けた取組みの一環で、5G（第5世代移動通信システム）を活用した映像伝送とAIを用いた映像解析により、工場の作業を自動的に、かつリアルタイムに見える化する実証実験を行った。

　住友電工はソフトバンクの協力を得て、スマート工場の実現に向けて、5GやAI、IoTを活用した工場での作業者の行動分析など、DXで工場の生産性を向上させる取り組みを進めている。生産性の向上を図るには作業を

見える化して分析する必要があるが、従来は人が手動で作業内容を記録し作業時間を計測した上で、作業の分類別にデータを集計しており、人的リソースがかかることや、実態の把握までに時間がかかることが課題となっていた。

　今回の実証実験では、住友電工の工場内に高精細カメラを4台設置して作業の様子を撮影し、その映像をソフトバンクの5Gネットワークを利用して住友電工のデータセンター内のクラウドサーバーに伝送した。伝送された映像をAIが解析し、作業の分類や時刻との照合などを行った上で、作業を自動的かつリアルタイムに見える化することができた。

　実証実験の結果、手動での作業時間の計測・集計や作業の分類にかかっていた人的リソースを大幅に削減できたほか、作業者は目標時間と実際の作業時間の差分を確認し、効率性を意識して作業に取り組むことが可能になった。また、作業時間のグラフをクリックすることで、該当する日付の作業映像を再生し、作業の遅延が発生した箇所を特定して原因を分析できるため、速やかに作業の改善や効率化を図ることができ、工場の生産性の向上につながっている。両社は、5Gを活用したソリューションビジネスの展開により、社会課題を解決するための取り組みを共同で進めていくとしている。

出典：住友電気工業株式会社　ソフトバンク株式会社
プレスリリース（2021年6月9日）

【9　NECソリューションイノベータの「NEC AI・画像活用見える化サービス」】

　NECソリューションイノベータ株式会社は、良品画像の学習のみでAI技術により良品・不良品（2級品）を検出・分類する機能を追加したクラウドサービス「NEC AI・画像活用見える化サービス／生産管理・検査支援」を主に食品製造業向けに提供を開始した。

　従来のサービスでは、良品・不良品のそれぞれの画像を学習することで良品・不良品の検出・分類を行なってきたが、今回の「NEC AI・画像活用見える化サービス／生産管理・検査支援」は、独自アルゴリズムの追加により、収集した良品画像のみを学習するだけで良品・不良品の検出・分類を行うことを可能とした。例えばサバの加工ラインにおいて、サバ以外の魚種を想定できずあらかじめ画像を準備できない場合、良品（検出したいサバ）の画像のみを収集し学習することで、良品・不良品の検出・分類

が可能となる。これにより、良品の多い検査対象物においても、発生頻度の低く画像の収集が難しい不良品や異物の検出が可能となり、対象物の状況に合わせた検査の実施と生産現場における検査業務の更なる改善が支援される。

　また、併せて提供される「NEC AI・画像活用見える化サービス／学習モデル作成ツール」では、専門知識がなくともブラウザの画面上で学習モデルの作成や評価などの動作確認、学習モデルのクラウド環境への登録が可能となる。これにより、ユーザ自身で検査対象物の追加や判定条件の変更を行うなど、柔軟な対応が可能となる。

出典：NECソリューションイノベータ株式会社　プレスリリース
（2021年8月17日）

【10　NIMSの最少の実験回数で高い予測精度を与える汎用的AI技術】

　国立研究開発法人物質・材料研究機構（以下NIMS）、旭化成株式会社、三菱ケミカル株式会社、三井化学株式会社および住友化学株式会社は、化学マテリアルズオープンプラットフォーム（以下化学MOP）からなる水平連携において、強度や脆さといった材料物性を機械学習で予測する際に、材料の構造から得られる情報を有効に活用し、少ない実験回数で、予測値と実値の誤差を小さくできる（予測精度の高い）AI技術を開発した。

　これまでのマテリアルズ・インフォマティクス研究は、材料組成や加工プロセス（温度や圧力など）のパラメータから材料物性を機械学習で予測することで、材料開発を加速してきた。一方で、プロセス加工後の構造が材料物性に強く影響する場合、高い予測精度を実現するためには、構造情報を提供するX線回折（XRD）や示差走査熱量測定（DSC）等の測定データの利用が有効であるが、これらの測定データは、プロセス加工した材料に対して測定しないと取得できない。したがって、構造情報を利用して予測精度を向上させるには、研究者が設定可能な材料組成といったパラメータと、実測でしか得られないパラメータの異なる2つのパラメータを扱う必要がある。

　本研究では、XRDやDSC等の実測でしか得られないデータを用い、なるべく少ない材料作製回数で正確に材料物性が予測できるように、作製すべき材料を適切に選定するAI技術を開発した。作製すべき材料をベイズ最適化などの手法で選定し、測定したデータを加えて、AIによる材料選定を繰り返す。その結果、AI技術の利用により、無作為に材料作製を進

める場合と比べて、作製回数を少なくしても機械学習による材料物性の予
測精度を向上することができるようになった。
　本技術を利用して精度の高い予測が実現できれば、材料の「構造」と
「物性」の関係が明らかになり、物性の発現起源の明確化・材料開発指針
の決定が可能となる。

※MOP…マテリアルズオープンプラットフォーム。物質・材料研究機構
　が中核となって形成される、同業多社間の事業で共通している部分は協
　働する「水平連携」体制により、イノベーション創出力を強化するプ
　ラットフォームのこと。現在「化学」の他に医薬品関連、全個体電池、
　磁石の領域のオープンプラットフォームが運営されている。

出典：国立研究開発法人物質・材料研究機構　ニュースプレス
（2021年10月25日）

【11　キリンビールのAIを活用した仕込・酵母計画システム試験運用】

　キリンビール株式会社は、ビール類を製造する「仕込」・「発酵」工程に
おいて、AIを活用して最適な仕込・酵母計画を自動で立案するシステム
を株式会社NTTデータと共同で開発して国内全工場で試験運用を開始した。
　ビール醸造は、主に「仕込」→「発酵」→「貯蔵」→「濾過」→「保管」
の5つのプロセスで進められる。商品のパッケージング・出荷を見越し、
醸造における「仕込」→「発酵」の工程で、原材料を仕込み、どの液種を
どのタンクに移していくかを計画する仕込・酵母計画が、今回のAI化の
対象となった。
　ビール類の原材料を仕込み、発酵する工程の「仕込・酵母計画業務」は
熟練者の知見に頼る複雑な作業で、さまざまな条件を勘案しながら立案す
るため、作業に時間がかかり、技術伝承が難しい業務の一つでもある。今
回導入された仕込・酵母計画システムは、NTTデータと共同して各工場
熟練者へヒアリングを行うことでさまざまな制約を洗い出し、制約プログ
ラミング技術を活用することで、熟練者の知見を顕在化させ、標準化した
ものである。NTTデータは、本システムに関する業務・システム要件の
整理や、制約プログラミングエンジンの開発・チューニングなどを実施した。
　熟練技術者のノウハウが取り込まれたシステムの導入により、「仕込・
酵母計画業務」の属人化を防ぎ、熟練技術の伝承の実現が可能となった。

　また、業務の効率化により、システム導入前に比べて全工場合計で年間1,000時間以上の時間創出を見込む。

　　　　　出典：キリンビール株式会社　ニュースリリース（2021年11月29日）

【12　NEC、サントリーにAIを活用した異常予兆検知システムを提供】

　日本電気株式会社（以下NEC）は、サントリービール株式会社に、AIを活用した設備の異常予兆検知システム「NEC Advanced Analytics‐インバリアント分析」を提供すると発表した。本システムは、サントリー〈天然水のビール工場〉京都に新設される缶充填ラインにおいて稼働を開始する。

　従来、大量生産を行う製造現場の生産ラインでは、現場担当者が設備のセンサーデータを活用してしきい値による監視を中心に行っている。しかし、個々のデータの微細な変化を捉えるには経験やノウハウが必要になり、これらの継承が課題となっている。

　当システムでは、設備に設置されている多数のセンサーから大量の時系列データを収集・分析し、センサー間の不変的な関係性（インバリアント）をモデル化するとともに、ここから予測されるデータの変化と実際のデータを比較することで「いつもと違う」状態を予兆段階で検知する。また、ホワイトボックス型である当AIの特長を生かし、どこがどのような理由で異なるのかといった、保全現場でのアクションに必要な情報を提供する。

　NECは、缶充填ラインにおいて、制御システムで管理する電流値や電圧値などのセンサー情報からセンサー同士の関係性を自動的に発見し、本関係性に変化が起きた際にアラームを出すことで、設備の異常を予兆段階で検知し、早期対処を支援する。

　また新たな試みとして、充填機の設置されている部屋内にマイクを設置し、いつもと違う音の特徴を見ることで早期の異常検知が可能かを検証する。これにより、人による属人的な保全業務の脱却や作業負荷の軽減、早期の異常検知を目指す。

　NEC は、本システムの提供を通して、熟練者のノウハウや経験の継承、また、熟練者でも気づきにくい異常を検知することで設備の安定稼働を支援し、生産ラインの DX 加速に貢献するとしている。

　　　　　　　　日本電気株式会社　プレスリリース（2022 年 2 月 18 日）

【13　アビストの生成AIとAEIを組み合わせた品質・生産性向上サービス】

　機械設計・システム・ソフトウェア開発を行う株式会社アビストは、AI・自然言語処理といった各種テクノロジーのソリューション提供・開発等を行う株式会社 pluszeroと共同で、生成AI技術と、pluszeroが特許を保有している「AEI（Artificial Elastic Intelligence）」を組み合わせることにより、製造業全体の品質向上や生産性向上を実現するサービスの開発を本格化する。「AEI」とは、pluszeroの提唱する「特定の限られた業務の範囲において、人間のようにタスクを遂行できるAI」のことを指す。

　近年協業を進めてきた両社は、同サービスにおいて、製造業の品質検査で用いられているチェック項目の文章自体をAEIで解析し、会社固有の表現や曖昧な言い回しの標準化を行う。この標準化により、テスト工程において、作業者固有の知識に依存することなく、ミスを低減し、品質向上に寄与する。当機能は、品質チェックの自動化に含まれる一機能であるが、業種や企業を問わず、全製造業に適用可能である。そのため、チェック項目の標準化機能として、製造業向けにツールとして提供する予定である。また、AEIはテスト項目の標準化だけでなく、テスト項目の言葉と実際の図面、3D-CADの内容を正確に紐づけることにより、高いレベルの品質チェックの自動化を実現することができるという。

本件の総括

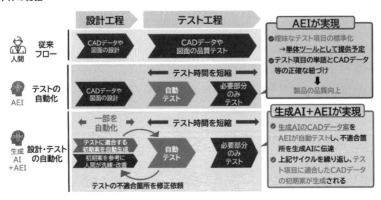

　AEIの適用によって品質チェックを自動化できる部分が増えていく中で、生成AIの技術を適用することにより、品質チェックに適合した 3D-CAD設計の初期案を自動生成することが可能となる。この技術を通じて、設計全体の生産性向上を推進していくという。

株式会社アビスト　ニュースリリース（2023年6月14日）

２．企業・団体のAI導入事例－自動車

【１　TRUST SMITHのドライブレコーダー映像から個人情報を取り除くAI】

　　TRUST SMITH株式会社は、「ドライブレコーダー映像から個人情報を取り除くAI」の開発に成功した。この技術は、筑波大学大学院の坂本航太郎氏が中心となって考案・開発に成功したもので、大きく以下の２つの特徴を持つ。

１．オンプレミスでの映像処理が可能

　　既存の映像処理技術では困難だったオンプレミスでの処理が可能となり、ドライブレコーダーで撮影される映像に対して、リアルタイムで個人情報を特定し、取り除くことができる。

２．高精度での映像処理が可能

　　最先端の技術を活用した独自のライブラリにより、情報量の多い高精度の映像に対しても高速に処理することができる。１枚の画像に多くの人物と自動車が含まれていても、その顔とナンバープレートがモザイク処理される。

　　ドライブレコーダーに記録される映像には、顔や表札、車のナンバープレートなど、多くの個人情報が含まれており、事業者の個人情報の取り扱いの規制が厳格化する傾向にあるなか、今回開発に成功した映像データから個人情報を取り除くAIが社会に普及すれば、個人情報の取り扱いの観点で使用が制限されるあらゆる場面において、ドライブレコーダーの映像の取得が可能になるという。

　　　　　　　　　出典：本田技研工業株式会社　ニュースリリース（2020年9月1日）

【２　本田技研工業のHonda SENSING Elite 搭載　新型「LEGEND」】

　　本田技研工業株式会社（以下Honda）は、「Honda SENSING Elite（ホンダ センシング エリート）」を搭載した新型「LEGEND（レジェンド）」を2021年3月5日に発売した。

　　「Honda SENSING Elite」は、Hondaの安全運転支援システム「Honda SENSING」の中でもElite：精鋭・優れた技術の象徴として命名された。特に「トラフィックジャムパイロット（渋滞運転機能）」はHondaが国土交通省より自動運行装置として型式指定を取得した自動運転レベル３：条件付自動運転車（限定領域）に適合する先進技術であり、

これにより高速道路渋滞時など一定の条件下で、システムがドライバーに代わって運転操作を行うことが可能となった。車両制御においては3次元の高精度地図や、全球測位衛星システム（GNSS）の情報を用いて、自車の位置や道路状況を把握し、多数の外界認識用センサーで周囲360度を検知しながら、車内のモニタリングカメラでドライバーの状態を見守る。こうしてさまざまな情報をもとにメインECUが認知・予測・判断を適切に行い、アクセル、ブレーキ、ステアリングを高度に制御して上質でスムーズな運転操作を支援するとされている。

　　　　　出典：本田技研工業株式会社　ニュースリリース（2021年3月4日）

【3　豊田通商の高速道路におけるトラックの後続車無人隊列走行技術】

　豊田通商株式会社は、経済産業省および国土交通省から受託した「トラックの隊列走行の社会実装に向けた実証」の一環として、2021年2月22日に、新東名高速道路の遠州森町PA〜浜松SA（約15 km）において、後続車の運転席を実際に無人とした状態でのトラックの後続車無人隊列走行技術を実現した。

　後続車無人システムとは、ドライバーが運転する先頭車トラックが、通信で連結された運転席無人の複数台のトラックを電子的に牽引する隊列走行を実現するシステムで、有人の先頭車の走行軌跡を、無人の後続車が自動で追従する制御（先頭車追従制御）と、隊列内への一般車割り込みを防止するため、隊列内の車間距離を常に5 mから10 m以内にする制御（車間距離維持制御）の2つの制御を使用している。今回の実験は、後続車助手席に、保安要員が乗車した状態で実施された。

　　　　　出典：豊田通商株式会社　プレスルーム（2021年3月5日）

【４　大和ハウス工業他のAI搭載自動運転フォークリフト】

　大和ハウス工業株式会社とイオングローバルSCM株式会社、花王株式会社、株式会社日立物流、株式会社豊田自動織機の５社は、経済産業省資源エネルギー庁公募事業である令和３年度「AI・IoT等を活用した更なる輸送効率化推進事業」において、物流施設でのAIを搭載した自動運転フォークリフト等を活用し、トラック運行と連携させることで、荷役効率化・物流効率化・省エネ化に取り組む共同事業の提案が採択され、2021年９月16日に交付決定された。５社はサプライチェーン全体の効率化・省エネ化に取り組む実証事業を2021年９月より行う。

　令和３年度は核となるトラックの積卸しの自動化技術の確立を目指して活動する。令和４年度には、共通システムとの連携・積卸しにおけるスワップボディコンテナ（車体と荷台が分離でき、分離中に荷役作業の実施が可能な車両）の有効活用、AIを搭載した自動運転フォークリフトの前後の工程にパレタイジングロボット（荷積み（パレタイズ）や荷卸し（デパレタイズ）の作業を行うロボット）を活用し自動化の範囲を広げることで、さらなる効率化を図る。令和５年度には、AIを搭載した自動運転フォークリフトを活用した効率化、省エネ技術が広く普及するよう実証や検討を進める。

　実証事業のポイントは、以下の３点である。

1．自動運転フォークリフトを用いた物流施設の「入荷」と「出荷」の自動化
2．サプライチェーン全体の効率化を実現するための事業者間のデータ連携
3．発着荷主間でのトラックの待ち時間短縮による効率化、エネルギー削減

　物流施設内の業務においては、荷物のピッキングや無人搬送車（AGV）等、一部の自動化は進んでいるものの、物流施設の「入荷」と「出荷」においては作業が複雑なため、未だに大半が人手作業で行われている。同実証実験の背景には、サプライチェーン全体の輸送の効率化を進めることによる省エネ化、労働力不足解消のための物流施設内での省人化と発着荷主間で連携した輸送の効率化、物流施設の「入荷」と「出荷」のタイミングにトラック運行を連携させることによる待機時間の削減等のさらなる効率化等の必要性が挙げられる。

大和ハウス工業株式会社　ニュースレター　（2021年９月17日）

【5　SUBARUの高精度AIモデルによるエンジン部品研削加工工程の品質保証】

　株式会社SUBARUは、富士通株式会社と共同で開発してきた、エンジン部品加工工程における研削加工の品質を高精度に判定するAIモデル、および製造現場でのAIモデルの管理を支援する富士通の「FUJITSU Manufacturing Industry Solution COLMINA 現場品質 AI 運用管理パッケージ」（以下「COLMINA現場品質AI」）の本格稼働を、2022年1月末より開始した。

　SUBARUでは、IoTやAIなどのデジタル技術を活用した生産工場のさらなるレベルアップを推進する取り組みを実施している。その一環として、AIモデル構築技術を保有する富士通と共同開発してきたAIモデルを用いた実証実験を群馬にて行っていた。加工プロセスを監視することでカムシャフトの表面粗さや表面形状などの加工品質を高精度に判断し保証するものである。

　さらに、量産運用を想定した「COLMINA 現場品質 AI」の開発・実証を実施し、点在する複数の設備に組み込まれたAIモデルのリアルタイムな稼働監視や、長期的なAIモデルの品質維持を実現しつつ、AIモデルで加工中の全カムシャフトの品質をリアルタイムに推測可能なことを確認し、このたび本格稼働に至った。

　AIモデルの本格稼働により、全カムシャフトの研削加工時の品質保証を高精度かつリアルタイムに実現した。また、「COLMINA現場品質AI」によるAIモデルの一元管理や、劣化検知～再学習～構成管理～展開までのライフサイクル管理により、効率的なAIモデルの運用や、AIモデルの品質を継続的に維持した運用を実現。合わせて、SUBARUにおけるリアルタイムデータを活用した、品質保証レベル向上に向けたAI活用基盤を確立した。

　両社は、本AIモデルや、取り組みを通じて確立したAI活用基盤、ノウハウについて、他部品や工場全体への展開を推進し、さらなる生産性や品質の向上を目指すとしている。

　株式会社SUBARU　富士通株式会社　プレスリリース（2022年2月9日）

【6　ソフトバンクの自動運転関連業務をAIで完全無人化する実証実験】

　ソフトバンク株式会社は、持続性が高い自動運転サービスの早期社会実装を目指して、自動運転の走行経路の設計や遠隔監視の運行業務などをAIで完全無人化する実証実験を、2023年1月に東京都港区の竹芝エリアで開始した。

　2023年4月の改正道路交通法の施行に伴い、自動運転の「レベル4（17ページ参照）」が一定の条件下で可能となる。自動運転の実用化には、サービスの提供に多くの機能やシステムが必要となり、導入のコストや維持費の高さが課題として挙げられている。この実験は、自動運転のレベル4の解禁とそれに伴う課題解決を見据えたものである。同実験では、自動運転のシステムに関する検証と運行の最適化に関する検証が行われる。

　自動運転のシステムに関する検証は、自動運転の「レベル4」で配置が義務づけられる、運用や緊急時の対応を担う特定自動運行主任者が、自動運転の遠隔操作を行うためのシステムの検証である。監視者が同時に複数の車両の周辺環境を把握して、リアルタイムに変化に対応することは困難なため、監視者が対応する上で必要な情報を自動で取得・編集する遠隔監視のAIを開発して、そのAIを活用した検証を行う（車外の遠隔監視AIによる自動化）。また、自動運転では、従来ドライバーが担っていたさまざまな業務に対応する必要がある。人の有無や転倒検知など車内の状況をセンシング技術などで自動的に分析し、分析の結果に応じて音声案内や遠隔監視者との連携を行うなど、複数の機能を搭載した運行支援システムを開発し、これらのシステムを車外の遠隔監視のAIと連携させながら、タクシーや小型マイクロバスなどを対象に、さまざまなMaaSのユースケースを想定して、省人化された環境でも適切に対応できるように開発を進める（自動運転車内の運行支援システムの開発）。

　運行の最適化に関する検証は、走行コースを自動運転システム（ADS）で学習して運転を実現するために運行設計領域（ODD）を策定し、自動運転の運行システムの品質向上のために、的確なフィードバックを行うものである。ODDの策定には、走行経路の交通環境や危険な場所など特定の環境や条件を把握することが必要で、デジタルツインによる仮想空間と、事故データや交通データ、人流データなどを活用して、シミュレーションによる走行経路の効率的な分析を行い、最適な走行経路を自動的に算出する技術の検証を実施する（シミュレーションによる経路設計の自動化）。また、実際に自動運転車の走行時に発生する事象を、道路上の交通環境の特性を正確に捉えてプラットフォームに集約してシナリオ化し、さまざま

な自動運転の運行システムの品質向上を支援するための検証を実施する（運行システムへのフィードバック）。

　今回の実証実験における自動運転の運行システムには、アメリカの自動運転ベンチャー企業であるMay Mobility Inc.（メイモビリティ）のADSなどが使用される。

※MaaS（Mobility as a Service）・・・地域住民や旅行者一人一人のトリップ単位での移動ニーズに対応して、複数の公共交通やそれ以外の移動サービスを最適に組み合わせて検索・予約・決済等を一括で行うサービス。

※ADS（Autonomous Driving System）・・・自動運転のソフトウエアを組み込んだコンピューター、およびLiDARなどの各種センサーで構成される自動運転システムの総称。

※ODD（Operational Design Domain）・・・運行設計領域。自動運転のシステムを開発・設計する上で、それぞれのシステムが作動する前提になる走行環境の条件。

　　　　　　ソフトバンク株式会社　プレスリリース（2023年3月10日）

3．企業・団体のAI導入事例－農林水産業

【1　オプティムによる作付け確認業務支援の実証事業】

　株式会社オプティムは、2019年7月、長崎県五島市において日本で初めて、農地作付確認業務に固定翼ドローン「OPTiM Hawk」とAIによる判別を使用した実証事業を開始した。本事業は、内閣府地方創生推進交付金・五島市ドローンi-Landプロジェクトの一環である。

　本事業の目的は、①人による現地確認作業がドローン及びAIに置き換えられた場合の業務効率向上の効果測定、②本格導入に向けたコストメリット及び法規制等の課題整理、③AIによる判別精度の検証、④保存された農地確認画像記録の再確認業務への活用の検証であり、対象作物及び範囲は水稲、麦・牧草である。対象作物の作付け後、数週間程度～数か月経過後に農地の作付け状況を固定翼ドローン「OPTiM Hawk」を用いて画像で取得した。その後、取得した画像を確認用のAIエンジンを用いて解析し、作物が間違いなく作付けされているかの判別を対象農地区画ごとに行った。

　今まで人が現地まで足を運び、判別及び記録していた作物の作付け情報を、ドローンで記録し、AIが判別することになる。これにより、人が行うのは、AIの解析結果から精査が必要と判断された農地に限り、取得画像を用いて詳細な確認を実施することのみとなった。

　本事業を通じて、可能な限り現地確認作業をドローン及びAIが実施し、人が行うべきサービスなどに、より人員を拡充できるように効率化の推進を進めていく、としている。

　　　　　　　　出典：株式会社オプティム　プレスリリース（2019年7月18日）

【2　AGRISTのピーマン自動収穫ロボット】

　農業ロボット開発のAGRIST株式会社は、2021年に自社で開発したピーマン自動収穫ロボット「L」の実証実験を大分県、及び大分県のピーマン農家と実施した。「L」は、高齢化により収穫の労働力不足が要因で収益率が下がるという農業課題に対して、構造も機能もシンプルにすることで低価格での提供を実現し、取りこぼしや木の弱体化を軽減することで収穫量と農業所得の向上を目指して開発された。

　従来の農業用ロボットは、地面を走行するモデルが多く、ぬかるみや落

ち葉などの障害物でロボットが動かなくなる問題があったが、「L」はハウス内に設置されたワイヤーに吊り下げられて移動することで移動の問題を解決している。さまざまな状態のピーマンの画像データを収集・蓄積することで、将来的にAIがデータを分析し、病害の警告や収穫量の予測などを行うサービスの提供を目指している。

出典：AGRIST株式会社　プレスリリース（2020年1月15日）

【3　静岡大学・Happy QualityのAI制御による高糖度トマトの生産】

　国立大学法人静岡大学、株式会社Happy Qualityは、AIの判断にもとづく灌水制御によって高糖度トマトを高い可販果率で生産することに成功したと2020年2月に発表した。

　トマトなどの植物では、栽培過程で適度な水分ストレスを付与することで高糖度な果実を栽培できることが知られているが、緻密な灌水制御を必要とするため熟練した技術を要した。静岡大学情報学部峰野研究室では、2017年度に、植物の水分ストレスは植物のしおれ具合から把握できると仮定し、低解像度の草姿画像と、温度、湿度、明るさという比較的収集の容易なデータを使用して、植物の茎の太さ（茎径）の変化量を高精度に予測するAIの研究開発に成功した。2018年度に、Happy Qualityとの共同栽培実験で、AIの判断にもとづく灌水制御によって高糖度な中玉トマトを低負担かつ大量安定生産できることを実証した。2019年度には、さらなる研究開発と実証実験の結果、AIの判断にもとづいた灌水制御で高糖度トマトを、バラつきを抑えて容易に栽培できることが示された。また、急な天候変化に追従した適切な灌水制御によって、従来の日射比例による灌水制御に比べ果実の裂果を大幅に減らし、高糖度トマトを高い可販果率（95％）で生産できることも確認できた。

　今後、IoTデバイスの教育教材化を進めていくだけでなく、本技術の実用化を目指し、企業と連携し、長年の経験と勘にもとづいて習得したノウハウの効率的な継承や、AIとの協働による負担軽減、持続可能な地域社会の実現を目指していくとしている。

出典：国立大学法人静岡大学　プレスリリース（2020年2月5日）

【4　電通のマグロ品質判定AI「TUNA SCOPE」】

　株式会社電通と株式会社三崎恵水産は、マグロ品質判定AI「TUNA SCOPE」による認定を受けたマグロの輸出事業を行っている。同事業は水産庁の「令和元年度水産物輸出拡大連携推進事業」に採択され、三崎恵水産は、日本の熟練仲買人によるマグロ尾部断面からの「目利き」の技を継承した、電通開発のAI「TUNA SCOPE」を商品仕入れフローに導入し、米ニューヨークとシンガポールの店舗において、最高品質と認定された「TUNA SCOPE認証マグロ」を提供する。

　「TUNA SCOPE」は、電通と、電通国際情報サービス（ISID）が開発した、マグロの尾の断面から品質を判定するAIである。マグロの尾の断面には、味や食感、鮮度、脂のノリなどの魚体の品質を示す情報が詰まっており、日本の市場における数少ない熟練の職人は、長い修業を経てこの断面による目利きをマスターし、マグロの買い付けを行っている。電通、ISIDは、双日株式会社の協力のもと、収集した5,000点を超える大量の尾の断面画像と、職人の品質判定データをもとに、それまで職人自身も言語化することが難しい暗黙知であるとされた目利きの技術をAIに継承させることに成功した。

　　　　　　　　出典：株式会社電通　ニュースリリース（2020年4月24日）

【5　九州林産他各社の自治体向け森林資源の見える化サービス】

　九州電力株式会社、九電ビジネスソリューションズ株式会社、九州林産株式会社の3社は、ドローンによる測量技術とAIによるデータ分析技術を活用した自治体向けの森林資源の見える化サービスの提供を開始した。

　森林資源の見える化サービスは、ドローンによる3D測量データを、AIを使って分析する。AIの分析は、森林資源を可視化するもので、高精度なレーザー測量とAI技術により、森林の地形や境界を地図上に表示するほか、樹木の本数、樹種の識別、樹高、直径、材積、材価などの資源量分析などが可能となる。これまで多くの労力を要していた森林調査を省力化することで、林業のスマート化を図り、森林経営管理制度の運用支援や、適切な森林経営による林業の活性化及び土砂災害のリスクの低減などに寄与するとしている。

　　　　出典：九州電力株式会社・九電ビジネスソリューションズ株式会社・
　　　　　九州林産株式会社　プレスリリース（2020年9月1日）

【6　ウミトロンのスマート魚体測定システム「UMITRON LENS」】

　ウミトロン株式会社は、AI・IoT技術を活用し、ポータブルの撮影用カメラとスマートフォンアプリでの操作によって、水中にいる魚のサイズを自動で測定し、クラウドでのデータ管理が可能な水産養殖向けスマート魚体測定システム「UMITRON LENS®」を開発した。

　「UMITRON LENS」は小型のステレオカメラとAIを活用して、水中の魚のサイズを自動計測し、通信機能によってクラウドとデータ連携することで、魚の成長確認を容易にした。従来は、ユーザービリティーを高めるために小型ステレオカメラ活用をする場合、測定精度の低さが課題であったが、独自の解析アルゴリズムを開発し、高い測定精度を実現した。

　魚の成長サイズは水産養殖における重要な経営指標であるが、手作業での計測は労務の負荷が高く、計測中に魚を傷つけることで資産価値が落ちるといった課題があり、これまで十分な魚の数・頻度で計測することが困難であった。同システムの開発は、養殖業における労働の省力化や収益性の向上、経営安定性に貢献するとしている。

　　　　　　　　出典：ウミトロン株式会社　ニュース（2020年12月10日）

【7　コーンテックの養豚農家向けAIカメラ「PIGI」】

　株式会社コーンテックは、養豚農家向けにAIカメラ「PIGI（ピギ）」のベータ版を公開した。同社は、監視カメラやセンサーを施設導入することで人の目を代替して豚の行動を解析した。「PIGI」によって、新規に施設を建築したり大きな設備投資をしなくても、IoT・AIを活用した家畜管理ができるようになり、独自の解析データにもとづき、豚の個体数や体重測定・健康状態の把握のほか、施設の気温・湿度を監視し、データ管理やアラート通知を行い、これらの推移データを出荷予測などにも活用することが可能になるという。

　畜産業界では勘と経験に依存した管理や台帳記入などアナログな業務管理が多く、旧来の体重測定・管理方法では豚の体重を1頭ずつ計測して台帳に記入するなど、人が介在し多くの時間をかけてきた。「PIGI」は、このような問題の解決に向けた畜産のDX化をサポートするとしている。

　　　　　　　　出典：株式会社コーンテック　ニュース（2021年6月15日）

【8　プレナス、スカイマティクスの葉色解析サービスをスマート農業に活用】

　株式会社プレナスは、海外の「ほっともっと」、「やよい軒（YAYOI）」などに国産米を輸出するため、2021年２月より埼玉県加須市に農地を借り受け、田の整備、種子の準備を進めてきた。５月には、最先端技術の活用やさまざまな栽培方法を導入したスマート農業による田植えを行い、７月現在、「プレナス加須ファーム」の12の圃場は、順調に生育している。

　さらに、ドローンを使って水田を上空から撮影し、生育具合の目安となる葉色の色ムラを把握した後、必要箇所に重点的に肥料を投下する新たな取り組みを開始した。株式会社スカイマティクスの葉色解析サービス「いろは」の活用である。上空からの視点で水田の隅々の生育状況を見える化できるだけでなく、より精度の高い生育状況の確認も可能となる。また、生育状況を把握したうえでドローンによる追肥を行うことは作業時間や追肥コストの削減につながるとされている。

出典：株式会社プレナス・ニュースリリース（2021年7月6日）

株式会社スカイマティクス・導入事例（2021年7月13日）

【9　オプティムのピンポイントタイム散布】

　株式会社オプティムは、圃場別デジタル解析による適期防除が可能な「ピンポイントタイム散布」サービスの提供を開始した。

　オプティムでは、ドローン空撮画像から圃場内の雑草や害虫の発生場所をAIが特定し、必要な箇所に農薬を散布する「ピンポイント農薬散布」、追肥が必要な箇所のみに必要な量の追肥をおこなう「ピンポイント施肥」のサービスを提供してきた。これらのサービスには、無人ヘリなどの共同防除で適期に農薬を撒けていないという課題が存在していた。そこで、生育予測技術と病害虫発生予察技術による防除の適期判定と、ドローンパイロットシェアリングサービス「DRONE CONNECT」の「ドローン農薬散布防除サービス」を通して培った散布ノウハウを組み合わせ、「ピンポイントタイム散布」サービスの提供を開始することとした。

出典：株式会社オプティム　プレスリリース（2021年11月30日）

【10　大阪ガスとイオンアグリ創造のAI技術による収穫量予測】

　大阪ガス株式会社とイオンアグリ創造株式会社は、大阪ガスが開発した農作物の収穫量を高精度に予測する新手法を用いて、イオンアグリ創造の千葉県と島根県のイチゴ農場において実証実験を開始した。同手法は、農作物の収穫量に影響を与える光合成量を算出するモデル（以下「光合成モデル」）と人工知能（以下「AIモデル」）を組み合わせた予測手法で、農作物の流通の安定性、フードロスの削減等に貢献するとしている。イオンアグリ創造は、全国各地の直営農場で生産した農作物を、イオングループ各店舗に供給・販売する企業である。

　大阪ガスが開発した新手法は、日射量・二酸化炭素濃度・湿度等から光合成量を算出する「光合成モデル」と、光合成量・樹齢等から収穫量を予測する「AIモデル」を組み合わせたものである。AIを活用した農作物の収穫量予測は従来からあったが、新手法では農作物の生育のもととなる光合成量を予測するモデルと組み合わせることで、高い予測精度と汎用性を実現するという。

　イチゴの計画的な販売を行うためには、10日程度先までの出荷量を把握する必要があるが、収穫量の予測は、気温や日射量等の気象の影響を受ける上、経験・ノウハウに基づく作物の生育に関する知識が必要となる。予測結果と実際の収穫量に差異が生じると、不足時には追加調達・欠品、余剰時には商品価格低下・廃棄ロス等が発生するおそれがあり、収穫量予測の精度向上が求められている。

　　　　　　　　　　大阪ガス株式会社　プレスリリース（2023年2月28日）

4．企業・団体のAI導入事例―健康・医療・介護

【1　倉敷中央病院とNECによる健診結果予測シミュレーション】

　公益財団法人 大原記念倉敷中央医療機構 倉敷中央病院（以下倉敷中央病院）と日本電気株式会社（以下NEC）は、倉敷中央病院が2019年6月にオープンする「倉敷中央病院付属 予防医療プラザ」（以下「予防医療プラザ」）において、「自分のいのちの未来を見よう」をコンセプトに、AIを活用した予防医療に向けた共創活動の開始を発表した。近年の高齢化に伴い、受診希望者が年々増加している倉敷中央病院では、さらなる予防医療の充実と受診体制の整備が必要となっており、予防医療プラザにおいて予防医療や市民の健康増進に向けた取り組みを推進していくこととした。

　倉敷中央病院とNECは、NECのAI技術を活用したソフトウェア「NEC健診結果予測シミュレーション」を用いて、倉敷中央病院に蓄積されている健康診断データを分析し、健診結果の予測の精度向上に取り組む。さらに診療データも組み合わせて分析し、生活習慣と診療データの関連性を検証することで、発症予測まで視野に入れた技術検証を進め、予防医療プラザで利活用することも検討している。

　「NEC健診結果予測シミュレーション」は、「異種混合学習技術」を活用し、健康診断データや生活習慣データをもとに、生活習慣病の判定に関係の深い9種類の検査値を数年後まで予測することができる。また、対象者が生活習慣を見直した際の将来的な検査値のシミュレーションを行うことで、対象者の行動変容を促すことが可能であるとしている。

　　　　　　　　　出典：日本電気株式会社　プレスリリース（2018年8月22日）

【2　オリンパスのAI搭載内視鏡画像診断支援ソフトウェア】

　オリンパス株式会社は、大腸の超拡大内視鏡画像をAIで解析し、医師の診断を補助する内視鏡画像診断支援ソフトウェアを2019年3月から国内で発売すると発表した。本製品は内視鏡分野において国内で初めて薬事承認を取得したAI製品である。

　大腸がんは、死亡数・罹患数ともに近年増加傾向にある。大腸内視鏡を用いて早期がんや前がん病変である「腫瘍性ポリープ」を切除することで、大腸がんの死亡率減少に寄与することが海外の研究で報告されている。ポリープには、腫瘍性ポリープの他に、切除する必要のない「非腫瘍性ポ

リープ」も存在するため、医師は検査中に両者を的確に判別する必要がある。

　内視鏡画像診断支援ソフトウェアは、オリンパスが開発した超拡大内視鏡で撮影された大腸の超拡大内視鏡画像をAIが解析し、検査中にリアルタイムで「腫瘍性ポリープ」または「非腫瘍性ポリープ」の可能性を数値として出力し、医師の診断をサポートするものである。

　また、NBI（狭帯域光）観察モード・染色観察モードの２種類を搭載しているため、検査中のさまざまな場面においてAIによる診断支援が可能である。NBI観察で得られる血管像や、染色観察で得られる細胞核の画像をAIが解析し、腫瘍・非腫瘍の可能性を数値で表示することで、より確信度の高い診断をサポートするとしている。

出典：オリンパス株式会社　ニュースリリース（2019年2月25日）

【３　京大・九大・東京医療センターのAIによる介護技術習熟度評価システム】

　京都大学・九州大学・東京医療センターの研究グループは、JST戦略的創造研究推進事業において、「優しさを伝える介護技術」として知られている「ユマニチュード」の技術をAIで評価する手法を開発した。

　認知症の人が増えるにつれ、その介護問題、特に人材の不足や介護者の疲弊が社会問題となっている。これに対し本研究グループは、認知症の介護者／被介護者の負担感を減らすために、画像認識やセンシングといった技術を使い、AIを用いて解析することで、「優しい介護技術」の技術のコツを見出し、介護の初学者や家族介護者が、自動的に評価された技術レベルをもとに自己学習できるようにする手法の開発を目指してきた。

　ユマニチュードの初心者／中級者／熟練者それぞれの介護動作中の目線や頭部の動きを、頭部装着カメラで撮影したデータをもとに、顔検出技術、アイコンタクト検出技術などを使って、介護者と被介護者の間のアイコンタクト成立頻度や頭部の姿勢／距離などを検出する。その結果、初心者／中級者／熟練者の間で、アイコンタクトの成立頻度や顔間距離、顔正対方向の角度において大きな差があることを見出し、介護者の動作スキルの評価がAIによって行える可能性を示した。「優しい介護技術」を学ぼうとする人が自分の介護技術を客観的に見ることができる。

　今後は、本成果にもとづいて、よりよい介護技術を学習できるシステムの開発を目指すとしている。

出典：京都大学・「最新の研究成果を知る」（2019年7月11日）

【4　中外製薬とFRONTEOの創薬支援AIシステム】

　中外製薬株式会社と株式会社FRONTEOは、創薬支援AIシステムの利用に関するライセンス契約を締結した。

　本ライセンス契約にもとづき、FRONTEOが独自に開発した自然言語解析AI「Concept Encoder（conceptencoder®）」を用いた論文探索AIシステム「Amanogawa」（2021年11月特許取得）および、疾病に関係するさまざまな分子や遺伝子等の情報を客観的に解析し、その情報をパスウェイ状に可視化することのできる新規システム「Cascade Eye」が、中外製薬の創薬プロセスに活用されることとなった。

　両社の技術を掛け合わせることで、個別化医療や、アンメットメディカルニーズ（有効な治療方法が見つかっていない病気に対する、新しい治療薬や治療法への強い要望）の高い疾病に関するイノベーションの創出につながるとされている。

　また中外製薬は、疾患理解の深化、これまで見つからなかった病気の原因やバイオマーカーの同定にFRONTEOのAI技術を最大限に活用することにより、革新的な新薬の創出に向けて期間の短縮、成功確率の向上、プロセス全体の効率化を推進していくとしている。

出典：中外製薬株式会社　ニュースリリース（2020年5月29日）

【5　SOMPOホールディングスの新しい介護のあり方を創造するプロジェクト】

　SOMPOホールディングス株式会社とSOMPOケアは、2019年2月に「人間」と「テクノロジー」の共生による新しい介護のあり方を創造するプロジェクト「Future Care Lab in Japan」を始動した。開設した研究所が、厚生労働省が推進する「介護ロボットの開発・実証・普及のプラットフォーム構築事業」におけるリビングラボとして選定された。

　リビングラボとは、実際の生活空間を再現し、利用者参加の下で新しい技術やサービスの開発を行うなど、介護現場のニーズを踏まえた介護ロボットの開発を促進するための拠点である。開発中の介護ロボット製品評価や介護施設における検証を希望する開発企業を支援するとしている。

　開設した研究所においては、「食事」「入浴」「排泄」などの介護業務に関するテクノロジーの研究開発・実証・評価が行われている。ICTやロボット、AIを駆使してケアスタッフの負荷を軽減し、そのゆとりを、対話をはじめとする人にしかできないケアに転換していく「新しい介護のあ

り方」を追求している。

　高齢者が増加する一方で、人材確保が難しい介護業界では、今後ますますテクノロジーの活用が必要不可欠になっていく。現場の理解を得ながら、効果的なテクノロジーの導入を促進していくために、厚生労働省では①施行実証施設でモデルを構築し、②介護現場での実証を経て、③全国へ普及するという3つのステップで、着実なテクノロジー普及を目指すこととしている。

出典：SOMPOホールディングス株式会社ニュース・トピックス

（2020年7月29日）

【6　TAKAO AIの自動点訳エンジン「∷doc（てんどっく）」】

　高専発のベンチャー企業 TAKAO AI株式会社は、画像データから自動で点字に翻訳する点訳エンジン「∷doc（てんどっく）」の開発、実用化に成功し、2021年10月より試用版Webサイトの無料体験サービスを開始した。

　従来の点字翻訳は、点字の技術を有する専門家による作業が必要であったため、時間や高いコストがかかっていたが、「∷doc」を使えば、スマートフォンやパソコンのブラウザ上に撮影した写真をアップロードするだけで、数秒後には点訳結果が画面に表示される。ディープラーニング等の手法を用いることで、画像の認識精度の向上、処理時間の高速化、さらに読み取った文字・写真やレイアウト情報から要約文章の生成や一部の代表的な情報を重点的に点訳するなど、視覚に訴える情報のコンテキストを反映した自動点訳を実現している。「∷doc」により、視覚障害者は他人を介すことなく、日常的に受け取る学校からの手紙や地域イベントのお知らせ、周辺スーパーチラシの特売情報 などの印刷物も他人を介することなく、タイムリーに情報へアクセスすることができるようになる。

　文書の中には図表が含まれていることも多く、二次元にレイアウトされた情報を点字で伝えることは非常に困難だが、視覚障害者に最大限の情報を伝える努力も社会の合理的配慮に含まれるべきであると考える同社では、今後とも当点訳エンジンの実用化・普及推進に向けて活動する、としている。

出典：TAKAO AI株式会社　プレスリリース　（2020年10月21日）

【7　パラマウントベッドの行動を検知・予測するAIアルゴリズム】

　　パラマウントベッド株式会社は、ギリア株式会社と共同で、画像検出技術と過去に得られた医療・介護に関する知見を組み合わせ、ベッド上の利用者の動作認識や転倒転落などの行動を検知・予測するAIアルゴリズムの開発に着手したと発表した。

　　当AIアルゴリズムは、医療・介護用ベッドに設置されたカメラによる画像情報から、AIを用いて時系列に起きた事象を把握することで、利用者の状態や動作認識のほか行動予測を行う。動作認識や行動予測された情報は、モニターなどの端末画面に表示される。居室ではなくベッドにカメラを設置するため、医療・介護スタッフは環境を選ばず、利用者の状態把握が可能になる。当AIアルゴリズムは、ベッドからの離床などの行動も予測するため、転倒転落事故のリスク軽減に貢献するとしている。

　　今後、より精度の高い行動予測を行うことで、利用者の安全性の向上と医療・介護スタッフの業務効率化が図れるよう研究開発を進めるとしている。

出典：パラマウントベッド株式会社　お知らせ（2020年10月28日）

【8　アクセンチュアと国立国際医療研究センターの生活習慣病予測モデル】

　　アクセンチュア株式会社は、国立国際医療研究センター（以下NCGM）と2021年2月から行っている共同研究で開発された、生活習慣病の将来発症リスクを予測しスコア化する予測モデルを、KDDI株式会社が新機能を追加した健康管理アプリ「ポケットヘルスケア」（以下本アプリ）に提供したと発表した。歩数・体重などの「健康データ」の管理機能や、健康データと健康診断・採血検査の結果データをもとに生活習慣病の発症確率を提示する「健康スコア」など、さまざまな機能が搭載されている。

　　上記共同研究において、約12万件の匿名化された健康診断データを活用して予測精度と解釈性を両立させながら、NCGMの監修のもと、生活習慣病の発症確率を提示するアルゴリズムが開発され、本アプリに組み込まれている。糖尿病、がん、循環器疾患といった生活習慣病は、国内の医療費の約3割、死亡数の約5割を占めると言われ、効果的な生活習慣病予防による日本人の健康増進、ならびに医療財源逼迫の解消が期待されている。

出典：アクセンチュア株式会社　ニュースリリース
（2021年5月24日、2021年2月12日）

【9　ウェルモのケアマネジャー向けケアプラン作成支援AI】

　株式会社ウェルモは、ケアプラン作成支援AI「ミルモぷらん」を、居宅介護支援事業所のケアマネジャー向けに、2021年3月より発売を開始した。
　「ミルモぷらん」は、自然言語処理技術にもとづくAIであり、ケアマネジャーのケアプラン（居宅サービス計画書）作成業務を支援するクラウドサービスである。アセスメントデータを入力すると、AIが医療知識やケア事例を探して提案したり、疾患一覧から医療知識を検索することもできる。さらに、AIが学習したアセスメントとケアプランのデータから、ケアプラン第二表作成時の文章候補を提案する。
　また、ウェルモが展開する地域ケア情報見える化サイト「ミルモネット」と連携しており、事業所の提案など、利用者のニーズに応じた介護保険内サービスの選択肢を提案する、としている。
　高齢化が進むなか、社会保障費の増大や介護人材不足などの課題に対し、介護の質を担保しながら生産性を高めていくことが社会的な要請となっている。ケアマネジャーは地域包括ケアシステムのハブ（拠点）となる重要な存在であるが、業務量は膨大で、必要な知識も多岐にわたり、業務負担の軽減が急務となっている。
　「ミルモぷらん」は、AIの活用によって、座学研修やOJT以外に経験や知識の差をカバーする手段を提供し、併せて情報収集や事務処理時間の短縮にも寄与する。「ミルモぷらん」を活用することによって、ケアマネジャーがケアマネジャーにしかできない"利用者に寄り添う相談援助業務"に注力できる心と時間の余裕を生み出し、利用者により喜ばれる介護の実現につながることを目指すとしている。

出典：株式会社ウェルモ　press release（2021年3月17日）

【10　塩野義製薬のAIを用いたマルチターゲット創薬に関する共同研究】

　塩野義製薬株式会社は、InveniAI LLC（以下InveniAI社）との間で、InveniAI社が有するAI創薬プラットフォームである「AlphaMeld®」を用いた、精神・神経系領域におけるマルチターゲット創薬に関する共同研究契約を締結した。
　InveniAI社が有する「AlphaMeld®」は、過去10年以上にわたって培われたデータセットをもとに構築された機械学習アルゴリズムであり、特定の疾患に関連する標的分子を選定するだけでなく、その疾患に関連する周

辺の因子を可視化することで、関連する複数の標的やその標的に対する既存薬の提唱を可能とするAI創薬プラットフォームである。InveniAI社が「AlphaMeld®」を用いて選定し、その関連会社であるBioXcel Therapeutics社が開発している化合物において、臨床での有効性が確認されている。

この契約締結により、塩野義製薬は「AlphaMeld®」による中枢・神経系領域の特定の疾患に対する創薬標的の探索が可能となる。特に複数の因子が絡み合う中枢・神経系疾患においては、標的探索や評価系の構築、ツール化合物の探索に膨大な時間とコストが必要となるが、今回の提携により、標的およびその組み合わせを効率よくかつ網羅的に探索できるようになることから、これらの課題解決に要するリソースの軽減と、創薬の迅速化が期待されるとしている。

出典：塩野義製薬株式会社　プレスリリース（2021年4月28日）

【11　NECのAIによる大腸内視鏡画像解析技術】

日本電気株式会社（以下NEC）は、大腸がんの早期発見を目指して従来から開発に取り組んでいるAIによる大腸内視鏡画像解析の技術を発展させ、大腸の病変が腫瘍性である可能性を判定する技術を新たに開発していたが、これが病変の鑑別を支援する機能としてCEマーキング（製品がEUの基準に適合していることを表示するマーク）表示の要件に適合することとなった。AI診断支援医療機器ソフトウェア「WISE VISION™ Endoscopy」に本機能を搭載し、2021年以内に欧州において販売を開始すると発表した。

既存の内視鏡機器に接続することで、内視鏡検査時に撮影する画像から、病変候補部位が腫瘍性である可能性を高い場合、低い場合と判定し、解析結果を表示する。導入することで、内視鏡医による病変の鑑別支援と患者の負担軽減に貢献するとしている。

大腸がんは、欧州域内で2番目に患者数が多いがんと言われており、日本国内では最も患者数が多いがんである。内視鏡検査において医師による目視確認で病変の腫瘍性／非腫瘍性を鑑別するのは難しいケースがあることを背景として、生体検査（生検）や不要な非腫瘍性病変の切除などを行うことがあり、患者の身体への不必要な負担があることが特に欧州では課題として挙げられている。この課題解決に貢献するため、内視鏡画像を専

門医の所見と併せてAIに学習させた。

　なお、国立研究開発法人国立がん研究センターとNECは2016年から連携し、大腸の病変が疑われる部位を内視鏡検査中に自動検知する技術を開発し、NECは2021年1月に本技術を搭載した「WISE VISION 内視鏡画像解析AI」の販売を開始している。今回の機能追加により、医師と患者の負担軽減に貢献することを目指すとしている。

出典：日本電気株式会社　News Room（2021年7月14日）

【12　ATR・東京大学・AMEDの脳画像ビッグデーター般公開】

　株式会社 国際電気通信基礎技術研究所（ATR）、国立大学法人 東京大学、国立研究開発法人 日本医療研究開発機構（AMED）の研究グループは、多施設にて統一されたプロトコル（方法）で撮像した複数精神疾患のfMRI（機能的磁気共鳴画像）データおよび、施設の影響を評価するために一人の被験者が多施設で撮像した「旅行被験者データ」を合わせてデータベース化し、これらビッグデータをオンラインプラットフォーム上で公開したと発表した。

　近年、AI技術の発展と、ビッグデータ収集の環境整備により、さまざまな分野でAIが活躍している。医療分野でも、脳のfMRIにAI技術を活用することで、疾患の診断に用いる試みが盛んになっている。この技術の実用化には、多施設において共通の撮像方法で複数疾患の患者から集めたビッグデータが必要となるが、これまで整備されていなかった。

　統一プロトコルで撮像された多施設・複数疾患データと、旅行被験者データを合わせて公開することで、「測定方法の違いによる施設間差」のみを除去するハーモナイゼーション（調整）が可能となり、多施設から集めた脳画像データに対してAI技術である機械学習法を適用することが可能となる。精神疾患の脳回路マーカーの開発等に使用可能な公開データセットとして、精神疾患と発達障害の診断および治療に貢献することが期待されるとしている。

出典：株式会社 国際電気通信基礎技術研究所　プレスリリース（2021年8月30日）

【13　伊藤忠商事が医療・健康データ分析におけるAI解析サービスの提供開始】

　伊藤忠商事株式会社は、子会社であるエイツーヘルスケア株式会社を通じ、AIプラットフォームのリーディングカンパニーであるDataRobot, Inc.と国内の医薬品開発業務受託機関初となるパートナー契約を締結して、医療・健康データ分析における医薬品・医療機器企業向けAI解析サービスの提供を開始した。

　高度な技術力を必要とせずに短時間で精度の高い機械学習モデルを構築し、ビジネスへ適用するためのAIプラットフォームを提供しているDataRobot社のAI解析サービスは、ウェアラブルデバイス等で得られる逐次的なデータや遺伝子解析のような大量のデータ等を扱うことが可能になり、疾患の状態変化等の関連性を解き明かす、より精度の高いモデルを構築することが可能である。これにより、医薬品とその効果・副作用、リスク因子等との既知の因果関係をさらに強め、これまで解明されていなかった因果関係を明らかにでき、疾病に対して効果的な予防や、治療法を見出すことが可能になるという。

　　　　　出典：伊藤忠商事株式会社　プレスリリース（2022年8月10日）

【14　生成AI等を用いた医療リアルワールドデータの収集と医療DXの加速】

　新医療リアルワールドデータ研究機構株式会社（以下「PRiME-R」）は、電子カルテに蓄積された医療情報等の非構造データに関し、生成AI等の新たな技術を用いて構造化し、自社が提供するCyber Oncology®をはじめとするCyber Rシリーズに収集・蓄積する取組みを進める。こうして収集・蓄積した医療リアルワールドデータ（以下「RWD」）の活用により、医療の質の向上、臨床研究や医薬品開発の促進に寄与するという。

　PRiME-Rは、臨床現場におけるがん薬物治療に関するデータを標準化／構造化してデータベース化するCyber Oncology®を開発・発展させるとともに、医療機関が行う各種研究において、Cyber Oncology®を用いた医療情報の収集を支援してきた。

　この取組みは、さまざまな医療情報を構造化して収集・蓄積（①）するとともに、構造化されたRWDを患者の治療目的での活用はもちろん、臨床研究や医薬品開発等の用途に合わせた最適な形式で活用（②）するために、生成AI等の新しい技術の開発・導入を目指すものである。医療情報は、各医療機関において厳格に管理・運用されており、基本的に電子カル

テのネットワーク外に持ち出すことはできないものであることから、ここで活用する生成AI等についても、オンプレミスで構築するなど、情報セキュリティに十分配慮した形態での利用となる。

①データ収集・蓄積においては、電子カルテに記載されたさまざまな臨床情報や、患者への説明や院内カンファレンスにおける音声データ等から、収集すべき臨床項目に合致するデータを探索し、適切な形式で収集し構造化データとして蓄積する。さらに、収集されたデータの適正性について検証し補正すべきデータやデータ欠損についてアラートを発する等により、高品質なデータ収集を実現するとともに、データ収集に係る医療従事者の稼働を軽減する。

②データ活用においては、RWDとして保有する治療効果や有害事象の発生状況等のAI解析に基づく診療方針案を臨床現場にフィードバックし、より良い医療の実現に貢献するとともに、各種報告等に必要となるドキュメントの自動生成を可能とすることにより、医療分野のDXに大きく貢献する。さらに、研究機関や製薬企業等の要望に基づくデータ抽出やデータ解析を効率的に行い、臨床研究や医薬品開発の促進に貢献する。

PRiME-Rは、こうした取組みを通じ、医師及びメディカルスタッフの追加的な負担なく、RWDを収集し利活用するスキームを作り上げることにより、次世代医療の発展に貢献するという。

新医療リアルワールドデータ研究機構株式会社　ニュースリリース
（2023年6月6日）

5．企業・団体のAI導入事例－金融

【1　損保ジャパンの責任割合自動算定システム】

　損害保険ジャパン日本興亜株式会社（現：損害保険ジャパン株式会社）は、ジェネクスト株式会社とドライブレコーダーによって撮影・取得された衝突時の映像とGPS位置情報から事故状況を正確に分析することによる、自動車交通事故における責任割合を自動算定するシステムを共同開発することに合意した。

　ドライブレコーダーの普及に伴い、事故の責任割合の判断に交通事故発生時の映像の活用が増えている一方で、ドライブレコーダーで撮影された映像から衝突した車両の速度や相対的な距離など、事故原因の究明と事故の責任割合の判断につながる情報を正確に分析するには、専門の知識と技術が必要であり、多くの時間を要している。そこで同社は、ジェネクストと共同で、ドライブレコーダーの映像を自動的に分析するシステムの開発に着手した。

　従来のドライブレコーダーは広角レンズで映像を撮影するため、映像に歪みが生じるが、ジェネクストは、そのような映像からでも正確な速度、相対的な距離、位置情報を分析できる特許技術を保有している。この技術と、映像における車両挙動・道路形態を認識し判定するAI技術を組み合わせることで、衝突時の映像から事故に至る双方の車両の動きや道路状況など、多岐に渡る情報を正確に読み取ることが可能になることから、読み取った情報と損保ジャパンが蓄積してきた事故に関する知見などを基に、確度の高い責任割合の判定を自動かつ迅速に行うことができるとしている。

　　出典：損害保険ジャパン日本興亜株式会社 ニュースリリース（2019年2月8日）

【2　SMBC日興証券とHEROZの「AI株式ポートフォリオ診断」】

　SMBC日興証券株式会社とHEROZ株式会社は、ともに開発した日本初のAIを活用した個人向け株式提案サービス「AI 株式ポートフォリオ診断」を、顧客向けに提供を開始した。このサービスは、現代ポートフォリオ理論に基づく効率的な複数銘柄での運用を、HEROZの持つ最新AIの技術を活用・実用化することで、インターネットを通じて、顧客に資産運用を幅広く利用してもらうという顧客本位の業務運営を具現化するサービスとして開発した。「AI株式ポートフォリオ診断」は、AIにより顧客の資金や保有株式およびリスクの許容度に合わせて提案できる「AIによる個別株式

ポートフォリオ提案」と、ディープラーニング手法を用いて学習させて株価予測AIにより期待収益性をスコア化する「AIによる銘柄スコア予測」を行うことができる。

　「AIによる個別株式ポートフォリオ提案」には、AIが顧客の選択した銘柄と相性の良い銘柄を提示してより効率的なポートフォリオの提案を行う顧客のニーズに合わせた「新規ポートフォリオの提案」と、顧客の既存保有銘柄を診断して、より効率的な運用を行うためにポートフォリオのリバランス提案をする「保有するポートフォリオのリバランス提案」がある。

　また「AIによる銘柄スコア予測」では、ディープラーニング手法を用いて決算データや株価データを学習させた株価予測AIが、国内株式上場銘柄の一か月先の期待収益性を予測してスコア化することができる。

出典：SMBCグループ ニュース リリース（2019年 3 月25日）

【3　大阪シティ信用金庫のAIを活用した「お客さま資金ニーズ予測AI」】

　大阪シティ信用金庫と株式会社NTTデータは、効率的な業務運営と高度なサービスの提供を目的とした顧客の資金ニーズ予測を、大阪府内の信用金庫で初めて、AIを活用したシステムの実証実験に2018年 6 月から取り組んできた。この実証実験において、渉外活動におけるAI技術活用の第一段階の「お客さま資金ニーズ予測AI」の実証実験が完了し、その有効性が確認できたとしている。

　今回構築した「お客さま資金ニーズ予測AI」システムは、共同研究開発をしているNTTデータが開発したシステムをもとに、大阪シティ信用金庫が持つ各種データをAIが学習し、資金ニーズが見込まれる顧客をAIが予測してリスト化するシステムである。

　大阪シティ信用金庫では、このシステムを渉外活動において利用し、顧客一人ひとりに最適な商品を、最適なタイミングで提案することができるようになるとしている。

出典：大阪シティ信用金庫 ニュース リリース（2019年 7 月12日）

【4　FRONTEOの「KIBIT–Connect」を横浜銀行が導入】

　株式会社FRONTEOは、横浜銀行が、自然言語処理AIエンジン「KIBIT（キビット）」をAPIとして提供する「KIBIT–Connect（キビット コネクト）」を導入したことを発表した。横浜銀行では、日々大量に作成される営業応接記録をCRMシステム上に保管し、記録内容がコンプライアンスの観点から問題ないかをモニタリングしており、モニタリングの工数が膨大である上、重要な取引をいち早くチェックすることが求められるため、人のみのチェックには工数や網羅性などの点で課題を抱えていた。

　この課題に対し、KIBITを活用して営業応接記録を解析し、重要度の高い順に記録を並び替えることで、業務の効率化や網羅性を高めることが可能とした。KIBITは、過去の例や経験者の勘・感覚といった「暗黙知」をもとに選んだ文書を「教師データ」として与え、文書の特徴を学習させることで、その判断軸に沿って見つけたい文書を効率よく抽出するAIエンジンである。KIBITは教師データが少量であっても、大量のデータを軽量な動作で短時間のうちに解析し、仕分けることを特徴としている。「KIBIT– Connect」はこのKIBITをAPIを通じて提供し、顧客の業務システムとの連携や外部開発パートナーによるAIアプリケーション開発を可能とする。

　横浜銀行は、この「KIBIT– Connect」を導入することにより、システム上でデータの収受がスムーズに行われ、記録の解析、スコアリングが可能となるため、モニタリング担当者のチェック業務の運用フローをこれまでよりさらに短縮でき、システム上であらかじめ設定した閾値を超えた記録をモニタリング担当者が特に重点的に確認し、対応の判断をしていくことで、モニタリングの網羅性を高めた上で早期に適切な対応を行うことを実現するとしている。

出典：株式会社FRONTEO プレスリリース（2020年4月2日）

【5　だいこう証券ビジネスのAI不公正取引検知アルゴリズム「AIFIX」】

　株式会社だいこう証券ビジネスは、株式会社DSB情報システムが開発した、AIによる不公正取引検知アルゴリズム「AIFIX」（AI for financial Integrity on eXchange / アイフィックス）を利用した売買審査業務を開始した。「AIFIX」は、だいこう証券ビジネスおよびDSB情報システムが東京大学松尾研究室（松尾豊 東京大学大学院工学系研究科 技術経営戦略学

専攻 教授）と産学提携による共同研究を行い、研究成果を基にDSB情報システムが売買管理システムTIMSユーザーの協力を得ながら開発したAIである。

　「AIFIX」の技術は、AIの異常検知技術である密度比推定をベースにしており、数多くの人工知能技術がある中、金融商品市場における多様な相場形成と膨大な注文発注・訂正・取消・約定および取引の高度化・巧妙化等を踏まえ、とりわけ発見が難しいとされている相場操縦における、いわゆる「見せ玉（売買を成立させる意思なく大量の注文を繰り返すなど第三者を誤解させる不正行為）」を発見するのに最適な技術であるとしている。

　また、証券会社の審査に係る注意喚起の売買事例も高い精度で検知・検出できることも確認しており、現行の売買審査プロセスにこの「AIFIX」検知・検出ロジックを組み込むことにより「教師なし学習」を行い、証券会社がルールベース基準で抽出した売買の約70%を自動的に"白"と判断して売買審査業務を大きく効率化できる。

　さらに、ルールベース基準とは別に、金融商品市場における相場の異常を上場銘柄ごとに検知・検出することができるため、顧客売買と突き合わせることにより、証券会社をまたがる相場操縦の疑いがある売買の発見の手掛かりをつかむこともできる。

出典：株式会社だいこう証券ビジネス ニュース リリース（2020年12月29日）

【6　大同生命保険の医務査定業務におけるAIモデル】

　大同生命保険株式会社は、アクセンチュア株式会社と共同で開発し、2020年4月に導入した医務査定業務におけるAIモデルの特許を取得した。同社では、これまでも医務査定業務の効率化・自動化に取り組んできたが、医務査定は、顧客の告知や過去の検査結果等の多種多様な情報を参照し、医学的な知識と経験をもって引受可否を判断する必要があり、一律での自動化が極めて困難な領域であるため、アクセンチュアと共同して、過去数年分の約10万件にあたる保険加入時の申込情報・健診表などのデータ分析を基に独自のAIモデルを構築、AIによる検査予測と専門人材に、一層の効率化を実現した。

　今回のビジネスモデルの特許は、次の3つである。
　①査定予測の表示

死亡保障・医療保障などの商品ごとに引受の可否や保険料等の契約条件をAIが予測し、査定担当者の参考情報として提示する。
②AIの予測に影響を与えた因子（病名・検査数値等）の表示
予測に与えた因子を提示し、従来の汎用的なAIソリューションでは困難であったAIによる判断プロセスを可視化して、予測モデルの継続的な精度向上に繋げる。
③類似案件の抽出
過去数年分の蓄積情報から、申込条件が類似する契約案件を抽出し、査定担当者に提示することで、AIの査定予測にプラスして、査定担当者の人的判断を支援する。

出典：大同生命保険株式会社 ニュース リリース（2021年2月4日）

【7　PKSHAのアルゴリズムモジュール】

　株式会社PKSHA Technology（以下PKSHA）の提供するアルゴリズムモジュール「PREDICO for Financial Intelligence」が、株式会社ジャックスのクレジットカード事業における不正利用検知システムに導入される。
　本取組みは、PKSHAが保有するアルゴリズムモジュールである「PREDICO for Financial Intelligence」を、株式会社インテリジェントウェイブが提供している、ジャックスの不正利用検知システムに合わせてカスタマイズし、導入するものである。
　この「PREDICO for Financial Intelligence」は、PKSHAが展開する機械学習を用いた予測エンジン「PREDICO」を金融サービス向けに特化させたアルゴリズムモジュールであり、様々なユースケース向けにカスタマイズすることで、与信スコアリングや融資判断、マネーロンダリング対策、生損保の不正請求対策、EC等非対面決済の不正対策など、金融サービスのデジタル化を幅広く支援することができるため、常に最新の不正手口を学習し続けることで、攻撃者側の変化にスピーディに対応し、高い精度で不正利用を抑止することができる。
　今回導入されるPKSHAのトレンド追従型アルゴリズムは、日々変化する不正手口に自動的に適応することで高い精度を実現し、従来技術では検知できなかった不正利用も誤検知率を高めることなく検知できるとしており、近年の不正利用履歴のパターン認知は監視すべきデータが膨大であることから、顧客の利便性を損ねることなく、不正対策の強化が可能とる。
　クレジットカードの不正利用の被害額は年々増加しており、手口も巧妙

化していることから、人間には難易度が高い業務となっており、この問題の解決のため今回のシステムを導入することにより、高次元の不正利用パターン認識をアルゴリズムに委ねることで、検出の精度を上げ、クレジットカード犯罪件数を減らすことができるとしている。

出典：PKSHA Technology ニュース（2021年2月4日）

【8　SBI証券のAIによるインサイダー取引の審査業務】

　株式会社SBI証券は、日本電気株式会社（以下NEC）と共同で、国内で初めてインサイダー取引の審査業務にAIを導入し、2020年度から実証を行い、判定理由を明示した上で高精度にインサイダー取引の疑い度合いのスコアリングを実現し、一次審査にかかる時間を約90%短縮できることを確認した。

　近年、金融サービスのデジタル化に伴い不公正取引の手口は複雑化・巧妙化しており、金融サービス提供者が行う不公正取引の監視業務にも負荷がかかっている。SBI証券は、2019年12月に「NEC AI 不正・リスク検知サービス for 証券」を導入することで相場操縦取引に対する審査の高度化を進めるなど、デジタルトランスフォーメーションによる不公正取引の監視・防止を強化してきた。

　今回、SBI証券とNECは、審査観点が多岐にわたるため審査対象の絞り込みが難しく多くの審査時間を割いていたインサイダー取引にAIを活用することで、審査業務の更なる高度化・効率化に取り組むとしている。

　具体的には、SBI証券が保有する数年分のインサイダー取引に関する取引データや重要事実データ等を学習したAIモデルを生成し、インサイダー取引の疑い度合いをスコアリングすることで審査業務を支援する。AIには、NECの最先端AI技術群「NEC the WISE」の1つであり、分析結果の根拠を可視化できる説明可能なAI「異種混合学習技術」を活用している。これにより、一定の基準のもと抽出した取引データから不公正取引の疑いのある取引を絞る一次審査を効率化できるため、審査担当者は二次審査などのより詳細な審査やより深度ある調査・分析に注力することが可能になる。

　また、人間では気づきにくいリスクをAIが検知・可視化することで、新たな観点から不公正取引の防止に寄与することも期待できる。

出典：日本電気株式会社 News Room（2021年9月14日）

【9　モビルス、SBI生命にAI電話自動応答システムを提供】

　モビルス株式会社は、SBI生命保険株式会社にAI電話自動応答システム「MOBI VOICE（モビボイス）」を提供した。「MOBI VOICE」は、音声認識・音声合成エンジンを活用し、電話での問い合わせに24時間365日、自動で応答できるシステムである。

　従来SBI生命保険では、生命保険料控除証明書の再発行の『受付』は、お客様コンタクトセンターにて人による電話対応をしており、顧客は、営業時間内に電話する必要があった。導入された「MOBI VOICE」では、管理画面へのログイン後、最短5分で電話自動応答サービス公開が可能で、注文や手続きの一次受付、オリジナルで作成したシナリオの自動音声対応や、自動発信で電話をかけ情報発信するなどアウトバウンドコールも実現される。これにより、SBI生命保険株式会社では、時間を問わずいつでも生命保険料控除証明書の再発行の受付が可能となり、「MOBI VOICE」が自動でヒアリングし書き起こした内容をRPA（ロボティックプロセスオートメーション）と連携して、生命保険料控除証明書の再発行を受付から後処理までを完全に自動化した。

　このサービスは、生命保険料控除証明書の再発行の申し出が多い10月から3月にかけて提供される予定で、今後も「MOBI VOICE」を活用して、電話が集中した際などオペレーターに繋がらない「あふれ呼」や営業時間外の問い合わせ一次受付の自動応対を検討していく。

出典：モビルス株式会社 プレスリリース（2021年9月16日）

【10　SBI生命保険のコールセンター業務への「Amazon Kendra」の導入】

　SBI 生命保険株式会社は、業務効率と顧客サービスの向上を図るため、AWS（アマゾン ウェブ サービス）の機械学習の技術を活用したインテリジェント検索サービスである「Amazon Kendra（ケンドラ）」を社内のコールセンター業務に導入した。

　同社では、社内のコールセンター業務への Amazon Kendra の導入を通じて、約款、パンフレット、Q&A、規程類等を対象とした検索の完全自動化を実現した。これにより、コールセンターのオペレーターは直感的な言葉で検索を行うセルフボット機能を活用して、保険商品や契約保全サービスに関する情報を簡単に見つけられるようになった。顧客とのスムーズなやり取りを実現しつつ、オペレーターの教育期間の短縮化等を通じた運用コストの削減も見込まれる。

　今後は AWS のクラウド環境上で運用している自社開発のコールセンターシステムと Amazon Kendra を連携し、顧客対応に加えて代理店サポートといったサービスに対象範囲を拡充していく予定である。

SBI 生命保険株式会社　PR 情報（2023 年 7 月 6 日）

【11　東京海上日動の保険領域に特化した対話型AIの開発および活用】

　東京海上日動火災保険株式会社は、株式会社PKSHA Technology、日本マイクロソフト株式会社の２社と連携し、ChatGPTに代表される大規模言語モデル（大量のテキストデータを事前に学習したモデル）を用いて保険領域に特化した対話型AIを開発しており、保険業務における試験活用を開始する。

　対話型AIは、文章の理解力と回答生成能力があり、保険業界においても社内の業務効率化や顧客対応品質の向上など、多くの業務で活用できる可能性がある。一方で、保険業界では専門用語を含む複雑な内容のやりとりも多く、実務における対話型AI活用には一定のハードルがあり、同社はこの課題の解決に向けてPKSHA、日本マイクロソフトと連携し、大規模言語モデルを用いて保険領域に特化した独自の対話型AIを開発し、保険実務における活用を進めていく。

　保険実務における活用の第一歩として、同社が保有する大量のマニュアルや保険商品約款等の情報を用い、保険領域に特化した対話型AIを開発した。保険の補償内容・手続き方法といった社内における各種照会に対して、対話型AIが回答案を自動生成するツールを開発し、2023年6月より同社内における照会応答のサポートツールとして活用する。

　AIの開発には日本マイクロソフトが提供するMicrosoft Azure OpenAI Service を利用し東京海上日動独自の開発環境を整備することで、入力情報の二次利用を防止するなど情報セキュリティ面に十分配慮し開発を進める。AIの利用に際して、情報流出のリスクを避けるため特定の契約情報や個人情報の取扱いのルールを設定し、利用者全員に対して周知・徹底する。

　同社は、保険領域に特化した対話型AIの活用を通じて業務効率化および高度化を進めていくとともに、創出された時間を活用して、人にしかできない対応・創造的な発想など新たな価値創出につなげるとしている。

東京海上日動火災保険株式会社　ニュースリリース
（2023年4月19日）

【12　みずほと富士通のシステム開発・保守に生成AIを活用する共同実証実験】

　　株式会社みずほフィナンシャルグループと富士通株式会社は、富士通が有する生成AIの活用を通じて、〈みずほ〉のシステム開発・保守フェーズにおける品質向上やレジリエンス向上を目指す実証実験を、2024年3月31日まで共同で実施する。

　　〈みずほ〉では、システム開発・保守フェーズにおける品質向上やレジリエンス向上に継続して取り組んでおり、富士通では、2023年6月9日より、AIプラットフォーム「Fujitsu Kozuchi (code name) - Fujitsu AI Platform」を通じて生成AIコアエンジンを提供開始している。両社は〈みずほ〉のシステムの開発プロセスにおいて、設計書の記載間違いや漏れを生成AIで自動検出し、システム開発の品質を向上させることを目指す。今回の実証実験で活用する生成AIは、生成AIコアエンジンに富士通が保有するエンジニアの知識とノウハウを組み合わせたものとなる。

　　また、両社は、生成AIを活用することで改善された設計書からテスト仕様書を自動生成する技術も共同で開発していく。さらに、従来は人間にしかできないと思われていたソースコードの生成やシステムの開発、保守に関連する作業について、生成AIを活用した技術による品質・レジリエンス向上を目指して検証していく予定である。

　　両社は、富士通が国立大学法人東京工業大学、国立大学法人東北大学、国立研究開発法人理化学研究所と進めている、スーパーコンピュータ「富岳」を活用した大規模言語モデル（Large Language Model, LLM　大量のデータを用いて事前学習された、数億〜数十億以上のパラメータを持つ巨大なニューラルネットワークのことを指す。）に関する研究成果を、2024年度に、産業界での応用研究として〈みずほ〉のシステムに広く適用していく予定である。これにより、同システムのさらなる高品質化と効率化を目指すとしている。

株式会社みずほフィナンシャルグループ　富士通株式会社
プレスリリース（2023年6月19日）

【13　京都銀行の地域金融機関初となる生成AI「ChatGPT」の試行導入】

　京都銀行は、業務の効率化、生産性向上、行員のAIスキル向上等を目的に、生成AI「ChatGPT」の試行導入を決定した。

　同行では、事務や管理に関する業務の削減・効率化を図るとともに、企画業務や営業分野に関する生産性の向上を進めている。今回の試行導入により、行員は「ChatGPT」に質問することで、文章の作成や要約、プログラム・コード作成などをチャット形式で簡単に行うことが可能となる。これにより、情報収集、ドラフト作成などにかかる時間が削減でき、生産性の向上が期待できるほか、行員のAIスキル向上にもつなげる。利用業務は、「業務上の文書作成、要約、翻訳、情報収集、マクロやプログラム等のコード作成、アイデアの創出等」としている。

　同システムは、日本マイクロソフト株式会社のクラウドサービスであるMicrosoft Azureの同行専用環境上に、同社が提供する「Azure OpenAI Service」を活用して構築する。「Azure OpenAI Service」は、生成AIをクラウド上で利用できるサービスで、厳格なセキュリティ基準のもと運用されており、入出力情報を適切に管理して二次利用されることなくAIを活用することができる。また、「ChatGPT」を利用するためのガイドラインを定めるとともに、顧客情報や機密情報等の取り扱いについて、法令・諸規定を順守のうえ、厳格に対応するとしている。

　　　　　　　　株式会社京都銀行　プレスリリース（2023年6月27日）

６．企業・団体のAI導入事例－物流

【１　CBcloud の AI とブロックチェーン技術を採用した動態管理サービス】

　荷主と配送ドライバーを直接マッチングするサービス「PickGo」を提供するCBcloud株式会社は、動態管理サービス「イチマナ～AI動態管理～」（以下イチマナ）を無料で提供開始した。動態管理サービスの無料提供は物流業界初の試みであり、サービス利用料だけでなく、専用機器や初期費用も不要なため、手軽に導入することができる。

　「イチマナ」は、動態管理の領域に初めてブロックチェーン技術やAIを活用しており、AIを活用することによって、ドライバーの操作負担を軽減させ、ブロックチェーン技術を用いたセキュリティの強化や複数企業間でのリアルタイムでの情報共有、伝達コストの大幅な削減等が実現できるという。開発段階から実証実験を共にしていた株式会社ロジネットジャパンが、グループの一般貨物車両870台へ2018年9月より「イチマナ」を順次導入していくことを決定した。

　「イチマナ」は、物流業界に根付く「アナログ管理」をデジタル化することで、ドライバーと管理者双方の負担を減らし、物流現場の業務を円滑に進めることを目的に開発された。CBcloudは、物流業界の90％を支える中小企業が導入しやすいように無料で提供することで業務効率化の実現に寄与し、ドライバーにとって働きやすい環境を構築することで、業界の大きな課題である人手不足の解消に貢献したいとしている。

出典：CBcloud株式会社　プレスリリース（2018年8月9日）

【２　日本通運の倉庫向け協働型ピッキングソリューション】

　日本通運株式会社は、Rapyuta Robotics株式会社とプラスオートメーション株式会社とで実証実験を進めてきた、自律協働型ピッキングロボット（Autonomous Mobile Robot：AMR）の稼働を開始した。このAMRは、既存の倉庫でもレイアウト変更を必要とせず導入可能で、導入目的であるピッキング作業の効率化・生産性向上、作業者の負荷軽減を図るなどの効果が得られることが確認されている。また、改良を重ねたことで簡易な操作性・見やすい画面表示となり、作業の可視化も実装されたことから、誰でも簡単に作業を行える環境が整備され、作業者への業務教育の時間短縮

など、間接的な効果も図られる。

出典：日本通運株式会社　ニュースリリース（2020年8月26日）

【3　OKIのAIを用いた最適化技術によるルート配送計画自動化】

　沖電気工業株式会社（OKI）は、物流関連事業を展開する株式会社ロンコ・ジャパンの協力を得て、物流分野におけるルート配送の効率化に対するOKIのAI技術の有効性を実証実験により確認した。OKIが開発した「コスト最小型ルート配送最適アルゴリズム」により配送計画の最適解を算出した結果、車輌13台の配送総走行距離を、人手で策定した配送計画より1日当たりで約300km削減し、コスト最小化への有効性が確認された。燃料代は年間約360万円のコスト削減となり、走行距離の最適化および短縮により、年間約440kgのCO_2排出量削減が可能となる。

　「コスト最小型ルート配送最適アルゴリズム」は、1拠点に1台で一括配送するケースから複数車輌で荷物を分割して配送するケースまで、多様な配送パターンの条件をAIが自動で分析しながら、走行距離・コストが最小となる最適解を算出できることが特長である。従来も、車両の配送ルートを最適化するサービスはあったが、複数車輌で荷物を分割配送するような複雑なケースでは人手に頼らざるを得ず、計画の出来にも優劣が生じていたという。

出典：沖電気工業株式会社　プレスリリース（2021年3月15日）

【4　アルフレッサ・ヤマト運輸のヘルスケア商品共同配送スキーム構築】

　アルフレッサ株式会社、ヤマト運輸株式会社は、2020年に「ヘルスケア商品」の共同配送スキームの構築に向けた業務提携を行い（提携時はヤマトロジスティクス株式会社）、業務提携の第一弾として、ビッグデータとAIを活用した、配送業務量を予測するシステムと適正配車を行うシステムを開発した。

　「配車業務量予測システム」では、アルフレッサがこれまでに蓄積した「販売」「物流」「商品」「需要トレンド」などのビッグデータをAIで分析し、顧客毎の配送業務量（注文数、配送発生確率、納品時の滞在時間など）を予測する。AIが学習していくことで各種予測の精度が向上し、より効

131

率的な配車計画を作成することができる、という。システムの導入効果として、①配送生産性の向上、②走行距離およびCO2排出量の削減、③医療機関における対面作業時間の削減が挙げられている。

また、「配車計画システム」は、「配送業務量予測システム」で得られた情報をもとに、配車計画を自動的に作成。ヤマト運輸が蓄積してきた物流や配車に関するノウハウに加え、渋滞などの道路情報を活用することで、効率的かつ安定的な配車計画を作成する。配送の業務量が多い時には、ヤマトグループの保有する配送リソースも機動的に活用することが可能であり、これまで以上に安定した配送を行うことが可能となる。

2021年8月からアルフレッサの首都圏の支店に同システムの導入を開始し、アルフレッサの全国の支店へ順次、拡大する予定であり、並行して、本スキームのブラッシュアップを行い、業務提携の第二弾、第三弾を両社で推進する。アルフレッサとヤマト運輸の両社は、持続可能な医薬品流通ネットワークを構築するため、ヘルスケア商品の共同配送スキーム構築に向けた検討を引き続き進めていく、としている。

出典：アルフレッサ株式会社・ヤマト運輸株式会社
ニュースリリース（2021年8月3日）

【5　佐川急便のルート最適化サービス「Loogia」導入】

佐川急便株式会社は、株式会社オプティマインドのルート最適化サービス「Loogia（ルージア）」を導入した。「Loogia」とはオプティマインドが展開するラストワンマイル（物流の流れにおける最終拠点からエンドユーザーまでの区間）のルート最適化クラウドサービスで、配送情報を入力すると、40以上の現場制約を考慮しながら最適なルートを計算し、配送業務の効率化を実現する。また、実走データをGPS等から取り込むことで、より精度の高いルートの算出が可能になる。

導入前の実証実験では、特に職務経験が浅いドライバーや、担当エリアの習熟度が低いドライバーから継続的な利用の希望が得られ、営業所の管理者から「新人ドライバーや応援ドライバーには特に有効で、職務経験が浅くても即戦力化が期待できる」という声もあったという。

出典：佐川急便株式会社　ニュースリリース（2021年10月4日）

【6　佐川急便等の「自律運航AI」を搭載したドローンを用いた荷物配送実験】

　NEDO（国立研究開発法人新エネルギー・産業技術総合開発機構）は2018年度から「人工知能技術適用によるスマート社会の実現」で国立大学法人東京大学、国立研究開発法人産業技術総合研究所、イームズロボティクス株式会社および株式会社日立システムズと「人工知能技術の社会実装に関する研究開発／サイバー・フィジカル研究拠点間連携による革新的ドローンAI技術の研究開発プロジェクト」を推進している。同プロジェクトでは必要となるAI技術を以下の３つのフェーズに分け、産学官連携による段階的な研究開発の中で、インフラ点検や警備、物流などの利活用事業者との連携により、概念実証（PoC）と逐次評価を行いながら開発を行っている。

フェーズⅠ：人・車両など物体を認識する機能により安全を確保する「自律運航AI技術」

フェーズⅡ：機器故障に起因する異常を検知・判断する「故障診断AI技術」

フェーズⅢ：機器故障時に環境認識により無人地帯を選択して安全に着陸する「緊急着陸AI技術」

　今回、同事業で物流分野での実証実験を担当するNEDO、東京大学、イームズロボティクスは佐川急便株式会社の協力を得て、フェーズⅠの「自律運航AI技術」開発の一環で、「自律運航AI」を搭載したドローン（AIドローン）を用いて荷物配送などを行う実証実験を実施した。同実証ではドローンが飛行中に人を検出した際に自動で一旦停止し、人がいなくなれば自動的に飛行を再開して配送を行う機能などを、物流事業者の実フィールドで検証し、有効性を確認した。

　2022年5月11日に実施された実証では、イームズロボティクス製ドローン（UAV-E6106FLMP）に「自律運航AI」を実装したAIドローンを用いて、佐川急便相馬営業所（福島県南相馬市）と柚木公会堂（福島県相馬市）を結ぶ約1.5kmを往復で飛行する実験を行った。往路では佐川急便相馬営業所で市の刊行物を模した荷物をドローンに搭載し、柚木公会堂まで約7分間の飛行をしながら、AI機能による人物検知、検知後の機体の自動一旦停止・飛行再開の検証を行い、復路では荷物は搭載せず、住宅などリスクの高いエリアを回避する飛行ルートを自動生成する機能の検証を行った。飛行制御は、補助者ありで目視外の自動飛行とマニュアル飛行で行った。

　東京大学とイームズロボティクスは往路の荷物輸送において、ドローンに搭載したAIが飛行中に人を検出した場合に自動で一旦停止し、人が移

動していなくなれば自動的に飛行を再開する機能を確認した。また、荷物配送を終えた復路では、AIドローンが地理空間情報から住宅や道路などのリスクの高いエリアを判別することにより、飛行前にリスクの高いエリアを回避する最適なルートを生成したことを確認した。その後AIドローンは飛行ルート通りに佐川急便相馬営業所まで約7分で飛行した。

出典：佐川急便株式会社　ニュースリリース（2022年5月18日）

【7　SSSとNECのエッジAIの活用による物流DX】

　ソニーセミコンダクタソリューションズ株式会社（以下SSS）と日本電気株式会社（以下NEC）は、倉庫の荷物の入出荷などオペレーションの効率化を目指し、AIカメラなどのエッジデバイスを活用した物流業界向けエッジAIセンシングソリューションの実証実験を2022年12月から開始した。

　両社は、倉庫の空き棚スペースをエッジAIにより可視化し、荷物の入出荷に関するデータを掛け合わせることで、作業時間の短縮につながる最適な入庫スペースを作業員にリコメンドするソリューションを開発している。同ソリューションは、AIカメラを活用したソリューション構築を支援するSSSのエッジAIセンシングプラットフォーム「AITRIOS™」と、NECの空き棚スペースを可視化するアプリケーションを組み合わせることで、システム開発の効率化とAI再学習を実現し、倉庫環境に合わせて検知精度を持続できるサービス運用を目指す。

　同ソリューションの主な特長は以下の通り。
　・AIカメラ設置による省スペース化と取扱いデータ量の抑制
　・ソリューション開発の効率化と短納期化に貢献：「AITRIOS」
　・ピッキング作業時間の短縮に貢献するアプリケーション

　商取引の急速なEC化に伴って荷物の取扱量が爆発的に増加する中、物流業界における人手・処理能力の不足が重大な社会課題となっている。両社は、本実証実験で得られる知見をもとに物流業界への本格導入に向けて検討し、物流DXの促進による人手不足の課題解決に取り組むとしている。

出典：日本電気株式会社　ニュースルーム（2022年12月8日）

【8　NECの倉庫等での作業に柔軟に対応するロボット制御AI】

　日本電気株式会社（以下、NEC）は、物流倉庫や工場などでの作業内容やレイアウトの頻繁な変化に柔軟に対応可能なロボット制御AIを開発した。

　物流倉庫や工場における、同じ作業を繰り返す単純な業務にはロボットなど自動化設備の導入が進んでいる。しかし、物品をある箱からほかの箱に入れ替え整列させる、棚から出し入れするなどの「ハンドリング作業」では扱う物品の形状・配置などが多様で、それらを扱う作業を網羅的に事前学習するには時間がかかる。一方で扱う物品や作業レイアウトは頻繁に変わることもあり、ロボット導入は一部のハンドリング作業に限定され、多くの現場では人手に頼っている。

　今回NECが開発した技術は、「世界モデル」のロボット制御への応用により、事前学習の時間の大幅な短縮と、扱う物品や作業レイアウトなどの環境の変化への柔軟な対応が可能になる。「世界モデル」とは、ある行動の結果として実世界で何が起こるかを、現実に試すことなく予測を可能にする技術である。NECのロボット制御AIは、世界モデルをハンドリングに応用したもので、過去に試したことのない作業条件でも失敗の少ない最適な動作を自律生成し、実行することができる技術である。これにより学習したものと異なるサイズ・形状で、不規則に置かれた物品に対しても、的確につかんで所定の位置と向きに正しく置くことができるようになるという。

　今回NECが開発した技術では、ロボット制御則の学習に加え、「動作予測モデル」を事前学習する。動作予測モデルは、ある作業の実行に必要なロボット動作を入力したときに、その作業の成否を予測できる世界モデルである。実際にハンドリング作業を行う際には、学習済みの制御則によって作業条件の特徴にあわせて生成された複数の動作候補について、実行に移す直前に動作予測モデルを用いて動作の成否を予測し、成功率の高い動作候補を算出・実行する。これにより、現場で起こりうる作業条件の網羅的な学習なしに、現場で活用可能なレベルの安定性である約95％の作業成功率が達成できることがシミュレーションにより確認された。

　また、この技術では、2つの方法で事前学習の短期化が実現された。1つ目は「動作予測モデル」を導入することで、網羅的な学習を不要とした。2つ目は、「動作予測モデル」の学習状況に応じて、次に学習すべき物品の配置や作業などのパターンを設定する能動学習手法を導入することで、動作予測モデルおよびロボット制御則をより少ないパターン数で学習することを可能とした。例えば、数万パターン以上の事前学習が必要で学習に

数か月以上を要するとされる、直方体を箱の中に置く作業に対して、数百パターン程度の学習で対応することができ、事前学習の時間を数日に短縮することができる。

日本電気株式会社　News Room（2023年3月3日）

【9　富士通のクラウドサービス「Picking Optimizer」】

　医療用医薬品などを取り扱う株式会社メディセオを子会社に持つ株式会社メディパルホールディングス（以下、メディパル）は、物流センター内の作業オーダーの組合せと作業順序を最適化する2つのAIアルゴリズムを備えた富士通株式会社のクラウドサービス「Picking Optimizer（ピッキングオプティマイザー）」を導入し、2023年3月より運用を開始した。

　「Picking Optimizer」は、物流センター内の出荷作業において、一人のピッキング作業者が同時に複数の出荷先への商品をピッキングするマルチオーダーピッキング作業を最適化し、センター内ピッキング作業効率を向上させる富士通のサービスである。同サービスには、富士通独自の2つのAIアルゴリズムを用いた最適化エンジンが搭載されている。ひとつは、マルチオーダー組合せ最適化アルゴリズムにより、同一商品をまとめてピッキング可能とし、作業者がピッキングの際に立ち寄る場所や回数を最小限にする。もうひとつは、作業順序最適化アルゴリズムにより、ピッキング作業順序を制御することで物流センター内の集中（渋滞）を回避する。

　メディパルの神奈川エリア・ロジスティクス・センターで、導入に先立ち行われた実証実験では、①現行システムでの作業と②「Picking Optimizer」を仮導入したピッキングデータでの作業を行い、双方の作業における移動距離を比較した結果、②は①に対して移動距離を最大22.6%削減することができたという。このピッキングの生産性向上は作業時間の短縮による夜間作業の軽減など働き方改革にも効果的だと考えられている。

株式会社メディパルホールディングス　富士通株式会社
PRESS RELEASE（2023年3月13日）

【10　HacobuのChatGPTおよびGitHub Copilot for Business導入】

　物流のDXを推進する株式会社Hacobu（ハコブ）は、「ChatGPT」によるAPI連携のみを利用した社内システムを構築し、さらにGitHub社が提供する「GitHub Copilot for Business」を社内の副業・業務委託メンバーを含む全エンジニアに導入した。Hacobuは、最新の技術を効果的に業務プロセスに取り込むことで、全社的な生産性向上を推進するとしている。

　近年のAI技術革新スピードは目覚ましく、働き方が再定義されつつある。アメリカのOpenAIが2022年11月に公開した対話AI「ChatGPT」は、急速に利用が拡大しており、研究、開発、マーケティングなどさまざまな業務で対応検討できる可能性を秘めており、Hacobuでは、あらゆる部署に、ChatGPTを活用し、業務プロセスの改善に取り込むことで、全社的な生産性の向上を図るプロジェクトを始動した。

　一方で、Web版のChatGPTでは入力データによる学習が行われることから、機密情報の漏洩リスクが問題視されている。Hacobuでは、モデルの学習には用いられないと明記されているAPI連携のみを利用した社内システムを構築・活用することで、このような問題に向き合うとしている。

　また、ChatGPTの技術を搭載した「GitHub Copilot for Business」を全エンジニアに提供することで、エンジニアの生産性や開発者体験の向上を促進し、プロダクト価値の向上とその迅速な提供を加速させる。これらのAI技術活用の取組みは、同社のミッション「運ぶを最適化する」の実現に向けた手段の一つであり、社員のAIリテラシーの向上にもつながるよう、今後も社会情勢を鑑み、技術トレンドを先読み、技術活用を推進していくという。

株式会社Hacobu　プレスリリース（2023年4月24日）

7．企業・団体のAI導入事例－流通

【1　養老乃瀧グループのAI機能付きカメラの実験導入】

　養老乃瀧株式会社は、株式会社チャオが開発した、AIを活用したクラウドカメラ「Ciao Camera（チャオカメラ）」を、「一軒め酒場」新橋店にて6月1日に実験導入した。近年、未成年の飲酒は、営業者側の確認不足による罰則もさることながら、飲酒をきっかけに未成年が事件に巻き込まれるケースも増加し、深刻な社会問題となっている。

　養老乃瀧が展開する「一軒め酒場」は、若者客の利用も多いなか、従来未成年者か否かの確認は店舗スタッフに委ねられていたが、昨今の外国人スタッフの増加に伴い、年齢確認がより困難となっており、未成年者の確認対策が急務となっていた。

　養老乃瀧ではこの問題に対処するべく、AI機能付きカメラで年齢推定を行う実証実験を行うことを決定した。AI機能付きカメラ「Ciao Camera」では、入店客の姿をカメラが速やかに捉え、読み込んだ画像を基に、AIが自動で年齢を推定する。

　同社は、人の目よりも確実なAIカメラの導入によって未成年者を認識し、該当者への酒類の提供を未然に防ぐことを目指し、今後も未成年者への飲酒防止対策を積極的に行うとしている。

出典：養老乃瀧株式会社　ニュースリリース（2018年6月1日）

【2　銀座コージーコーナー物流センターの仕分システムリニューアル】

　株式会社アドバンスト・メディアは、株式会社銀座コージーコーナーの物流センターでの音声認識を活用した仕分システムをリニューアル導入し、高い効果を得た。

　店舗への商品配送をより高精度・効率的に行うことを目的として2010年に銀座コージーコーナーの物流センターに採用された「仕分けシステム」は、音声認識を活用することで、ハンズフリー・アイズフリーを実現し、従来使用していたハンディーターミナルのタッチパネル形式と比較し、1時間あたりの作業効率が20％増加した。ミス率は84％減の12万5千分の1と、高い導入効果を得ることができた。

　今回、さらなる業務効率化を目的に、銀座コージーコーナーの情報シス

テム部門、物流センターと仕様の検討を進め、Android端末に最新のディープラーニング（DNN）対応AI音声認識エンジンを搭載した仕分システムをリニューアル導入した。アドバンスト・メディアが開発した、音声認識開発キット「AmiVoice SDK for Android」が採用され、Android用のアプリケーションを株式会社日立産業制御ソリューションズ主導で再開発を行った結果、端末のスペック上昇によるレスポンス速度が向上。ディープラーニング技術の実装による音声認識精度の向上により、リニューアル前と比較し、作業効率は20％増加した。ミス率は62％減少し、33万分の1まで低下させることが可能となった。さらに、使用端末に接続するマイクを無線タイプに変更することで、有線マイクを使用していた頃に発生していた接続部分の故障リスクが大幅に軽減された。

　アドバンスト・メディアでは、今後も音声認識技術の活用により、業務改善・効率化に貢献する新サービスの開発を積極的に進めていくとしている。

出典：株式会社アドバンスト・メディア

ニュースリリース（2018年10月23日）

【3　ジンズのAIを駆使したメガネの次世代型ショールーミング店舗】

　株式会社ジンズは、AIを駆使した次世代型ショールーミング店舗「JINS BRAIN Lab.（ジンズ・ブレイン・ラボ）エキュート上野店」を2019年1月にオープンした。同店舗では、AIによる機械学習（ディープラーニング）を駆使したメガネのレコメンドサービス「JINS BRAIN（ジンズ・ブレイン）」搭載のミラーによる瞬時の似合い度判定サービスが提供される。JINS独自のAIによるメガネの似合い度判定サービス「JINS BRAIN」を搭載した「ブレインミラー」が店内に設置され、顧客は気になるメガネを掛けて鏡の前に立つだけで、そのメガネが似合っているかを男性目線・女性目線それぞれから瞬時に判定される。

　同店舗は、JINS全店の中で最小床面積であることを好機として、実店舗（オフライン）とオンラインを融合（OMO：Online Merges with Offline）する実験店と位置付けられている。店舗はメガネ選びと度数測定に特化し、決済はアプリから、そして商品の加工は自社倉庫で行い顧客の指定の場所に商品が発送される。在庫を持たず試着用商品の展示のみで営業することにより、視力測定など接客への注力も可能になるという。

出典：株式会社ジンズ　お知らせ（2019年1月25日）

【4　松源がGMOクラウドの来店客AI分析を導入】

　GMOクラウド株式会社は、各種小売店舗の販促支援を行う株式会社ア
ルファと共に、株式会社松源が和歌山県、大阪府等で展開するスーパー
マーケット「マツゲン」の2店舗において、AIを活用した来店客の属
性・行動分析を2019年3月20日より実施した。

　分析には、AIによる実店舗の来店分析サービス「Diversity Insight for
Retail by GMO（ダイバーシティインサイト フォーリテール）」を用い、
来店者の人数・行動来分析を定量データとして可視化し、お花見シーズン
の販促用装飾ディスプレイの販促効果の検証を行った。「Diversity
Insight for Retail」を活用することにより、来店客の属性推定（年齢・性
別・ライフスタイルなど）や、特設コーナー付近における来店客の行動や
導線ごとに人数をカウントし、匿名の統計データとして取得することがで
きる。従来接客や店舗運営業務を担う店員が感覚的に行っていた来店客の
分析を、AIによる定量的なデータに基づいて行えるようになるという。

　また、来店客分析におけるスタッフの業務負荷を軽減できるうえ、AI
による高精度な行動分析が可能になり、仕入れや販売戦略の改善、店内レ
イアウトや商品配置の最適化、今まで難しかった販促キャンペーンの効果
検証などが効率的に行えるため、実店舗の収益改善に貢献することができる。

　さらに、来店客調査業務にAI分析を活用することで、店員の業務負荷
を低減させ、接客等に集中できるようにして接客の質の向上や人手不足・
働き方改革の面でのプラス効果も期待できる。

出典：GMOクラウド株式会社　ニュース（2019年3月20日）

【5　ZOZOTOWNのAIを活用した「類似アイテム検索機能」】

　株式会社ZOZOが運営するファッション通販サイト「ZOZOTOWN」で
は、AIを活用し、各商品画面からユーザーが閲覧する商品と似ている商
品を検索することができる、「類似アイテム検索機能」を提供している。

　「類似アイテム検索機能」では、各商品画面上にある「画像検索アイコ
ン」をタップすると、閲覧中の商品の形・質感・色・柄などをもとにAI
が似ている商品を検出し、一覧表示される。ファッションアイテムを探す
ユーザーには、1つの商品を起点として、「これと似た色の服をチェック
したい」「こんな柄の服がほしい」などの検索ニーズがある一方、ファッ
ションアイテムは、色や形などを表現する言葉が人によって異なる場合が

140

多く、色やキーワードなどの検索だけでは、イメージする商品にたどり着けないことがある。同機能により、ユーザーは商品の再検索の必要なく、ニーズに合う類似商品の見比べが可能となっている。例えば、商品は気に入ったが、サイズ・値段・細かな仕様など「あと一歩」の理由で購入に至らない際にも、ニーズに合う商品を提示して購入に結びつけることができる。

　数万人のユーザーを対象に行った同機能の先行テストの結果では、同機能の利用者は非利用者に比べサービスの滞在時間が４倍以上長く、利用率の向上につながったという。

出典：株式会社ZOZO　プレスリリース（2019年８月26日）

【６　ワークマンの約10万品目の発注業務を自動化する新システム導入】

　株式会社ワークマンは、株式会社日立製作所との共同開発を通じ、先進のデジタル技術を用いて、約10万品目の発注業務を自動化する新システムを2021年３月から２店舗に先行導入し、稼働を開始した。

　ワークマンと日立は、2020年からデジタル技術を活用した発注・在庫管理業務の自動化に向けた共同開発を開始しており、今回のシステムは、全国展開するスーパーマーケットなどへの導入実績がある日立の「Hitachi Digital Solution for Retail／AI需要予測型自動発注サービス」を活用したものである。同サービスにワークマンの商品特性を考慮し、在庫回転率の低い定番商品に対応する自動補充型のアルゴリズムを組み合わせるとともに、在庫回転率に応じて、在庫回転率が低い品目に対応する「自動補充型」と、在庫回転率が高い品目に対応する「AI需要予測型」のアルゴリズムを動的に切り替えるという機能を新たに追加したものである。

　同システムの活用により、現状の店舗棚割に即した平均在庫量を維持しながら、こまめな補充による欠品抑制を実現する。また、各店舗で毎朝、システムにより推奨された発注量を確認して確定ボタンを押すだけで発注作業を完了でき、各店舗において１日あたり約30分を要していた発注業務を約２分に短縮し、欠品の抑制や在庫の適正化を実現するとしている。

　ワークマンと日立では、今後、全国の「ワークマン」、「WORKMAN Plus」、「#ワークマン女子」を合わせた約900店舗を対象に本システムを適用拡大していく予定である。

出典：株式会社ワークマン　株式会社日立製作所　ニュースリリース
（2021年４月19日）

【7　アサヒのAIを活用した棚割り自動生成システム】

　アサヒグループホールディングス株式会社は、株式会社PKSHA Technologyが開発した「PKSHA Retail Intelligence」を導入し、棚割り業務の一部である、個店の売場に合わせた棚割り生成工程を自動化する取組みを開始する。グループ会社のアサヒ飲料にて2022年春からの本格運用を目指しテスト運用を開始した。

　棚割り業務とは、流通企業の現状の売上分析から最適な品揃えを決定し、個店の売場の陳列棚にどの商品をどのように並べるかを決めるものであり、流通企業とメーカーにとって、来店客が見やすく、商品を手に取りやすい棚を構築することは、購買を喚起し売上の最大化を図るための重要な業務であるが、個店の売場の陳列棚に合わせた棚割りの生成工程を「PKSHA」のシステムを導入することで自動化し、棚割り業務に費やす時間を約65％削減する。従来、棚割り生成工程は、例えば100店舗を運営する流通企業の場合、個店の売場面積にあった棚割りを100通り生成する必要があるため、棚割り業務の中で最も時間を要する工程であったが、本システムを導入すれば、100通りの棚割りをAIによって自動的に生成することが可能となる、という。現在、手作業で行っている売上分析や品揃え決定工程についても、将来的にはAI技術を導入し、棚割り業務の全自動化を実現できるよう検討している。

出典：アサヒグループホールディングス株式会社

ニュースリリース（2021年10月4日）

【8　BIPROGY・スリーアイズのAIを活用したCookieレスディスプレイ広告】

　日本ユニシス株式会社（2022年4月1日BIPROGYへ商号変更）と株式会社スリーアイズは、AIを活用したCookieレスディスプレイ広告「Candy」の提供について、2021年10月27日から業務提携を開始した。

　「Candy」は、個人情報保護の観点からCookieを活用したマーケティングに対する規制が強化され、ユーザーの識別が課題となっている中、Cookieレスの環境下で潜在ユーザーリーチ・潜在顧客分析・獲得効率改善を同時に実現する新しいネット広告である。3rd Party Cookie や個人識別IDなどを参照せず、広告掲載先ページ側のコンテンツ内容をAIが詳細に分析し、事業者の広告商材に関心が高いユーザー層へのリーチを最大化するよう自動制御を行うことができる。

　3rd Party Cookieを活用したリターゲティング広告は、ブラウザごとにユーザーの閲覧行動を把握し、それぞれに合わせた広告表示を行うことで効率的なユーザー獲得に寄与してきた。しかし、3rd Party Cookieは、複数のWebサイトを横断し、ユーザーが意図していないところで行動履歴や趣味嗜好のデータを収集し使用するため、個人情報の保護の観点から規制が強化された。これら、3rd Party Cookie情報を利用したマーケティングを実施してきた事業者は、3rd Party Cookieに依存しないマーケティングの実現が必要とされている。

　スリーアイズが提供する「Candy」は、3rd Party Cookieや個人識別IDなどを参照せず、AIを活用した超高精度コンテキストのマッチング・CVR（広告のリンクをクリックした数のうち、何割が商品購入や資料請求などの成果に至るかの割合を示す指標）・帰還学習（予測内容と実績を比較・評価した結果を利用し、さらに精度を向上させるための学習）・ログ分析の結果を元にしたバナーやLP（検索結果や広告などを経由して訪問者が最初にアクセスするページ）などのクリエイティブの改修によりCPA（1件の成果や顧客を獲得するために、どの程度の広告費用がかかったのかを表す指標）改善を実現する。リーチを獲得した掲載ページ内コンテンツの特徴を分析し、潜在ユーザーの関心ごとやログ分析からペルソナ像などをレポートすることで、クリエイティブ改善のヒントや集客施策効率の向上につながるマーケティングインサイトの提供が可能となる。日本ユニシスとスリーアイズは、「Candy」の提供および、「Candy」のAIが導き出した顧客のペルソナをベースにさまざまなCRM施策を展開し、より効果的なマーケティング活動を支援するとしている。

出典：BIPROGYニュース（2021年10月27日）

【9　ローソンと日本マイクロソフトのAI・データを活用する店舗のDX】

　株式会社ローソンと日本マイクロソフト株式会社は、各店舗の状況に合わせた売場を実現するため、店舗のDXの取組みにおいて協業することで合意し、2021年11月から2022年3月の期間において、神奈川県内の4店舗で、カメラや音声データと店舗運営支援を図るAI「店舗運営支援AI」を活用した実験を開始した。

　ローソンでは、これまで主にPOSの売上データや会員カードデータのほか、来店客の声を参考に店舗施策を検討・実施してきたが、今回の実験で、新たに設置したカメラやマイクにより取得したデータ（売場の通過人

数や顧客の滞留時間、棚の接触時間、商品の購入率等）を個人が特定されない形で可視化し、POSの売上データ等と合わせて、Microsoft Azure上に構築した「店舗運営支援AI」で分析する。分析したデータを参考に棚割や販促物掲出など各店舗の状況に合わせた売場に改善して、顧客が購入しやすい売場の実現と店舗の利益向上を図っていく。

「店舗運営支援AI」は、個人が特定されない形で匿名化されたPOSデータ、会員データと、カメラデータ、音声データ等を用いて、行動分析・仮説立案・店舗施策の変更のサイクルを実行する。その結果から売上・利益向上などの指標を顕在化するプロセスを構築して各施策の変更による結果を分析し、各店舗に適した施策の優先度を可視化できるため、これまでに取り組んできた様々な店舗施策の有効性を確認しながら、SV（スーパーバイザー）による店舗経営指導にも活用することができる。

また、各店舗は「店舗運営支援AI」を活用したデータに基づいた検証を行うことで、よりスピーディーに自律的な店舗運営に取り組むことができるようになり、両社は、本取組みでの効果を検証し、「店舗運営支援AI」の全国のローソン店舗への拡大を目指していくとしている。

出典：株式会社 ローソン ニュースリリース（2021年12月2日）

【10　大丸松坂屋百貨店のAI顔認証ソフトウェアによるデータ分析】

株式会社大丸松坂屋百貨店が株式会社NTTドコモとAI顔認証ソフトウェアによるデータ分析の実証実験を2022年1月12日に開始した。

この実証実験を通じて、大丸松坂屋百貨店初のショールーミングスペース「明日見世（asumise）」を利用する顧客の動向を分析することで、店舗レイアウトや店舗運営の改善による顧客満足度の向上を図るとともに、出店ブランドへのフィードバック情報のさらなる向上を目指すことができる。

このAI顔認証には、画像認識ソリューションの開発を支援するクラウドサービス「ドコモ画像認識プラットフォーム」にReal Networks,Inc.のAI顔認証ソフトウェア「SAFR®」を搭載しており、顧客が複数人いる場面やメガネ・サングラス着用時、マスク着用時、表情をつくっている時、明るさが不十分といった環境下でも正しく認識することが可能である。

出典：株式会社大丸松坂屋百貨店 ニュースリリース（2022年1月5日）

【11　旭食品と日立製作所の需要予測型自動発注システム】

　旭食品株式会社は、株式会社日立製作所（以下日立）との共同開発を通じて、国内35か所の物流倉庫における発注業務に対して、2021年9月から、独自アルゴリズムにより需要を予測するとともに適正在庫量を勘案して発注推奨値を算出・提示するシステムの稼働を開始している。

　卸売業においては、これまでは熟練担当者が、過去の発注・返品・在庫量や天候、イベント情報などの複雑な条件を考慮して需要を予測した上で、経験・ノウハウを基に発注・在庫管理を行ってきたが、作業が煩雑であるとともに人に依存する部分が多く、デジタル技術を活用した業務革新が求められている。また、食べることが可能な食品が大量に廃棄される「食品ロス」が社会的な課題となっている。

　旭食品ではコンビニエンスストアへ商品を出荷する全国の物流拠点において、600アイテムに関する発注・在庫管理業務を行っており、同システム導入後の効果として、従来、複数の熟練担当者が1人・1日あたり約4時間を要していた発注内容を判断するための調査やチェックなどの業務を約30分に削減できた。また欠品を約4割、返品による食品ロスを最大約3割低減した。

　また、同システムと日立の統合物流管理システムを連係させることにより、在庫の一元管理を可能にし、これまで担当者が複数のシステムやツールを使って行っていたデータ収集・作成・入力といった事務作業を排除するなど、在庫管理業務そのものの自動化も実現するとしている。旭食品と日立は、旭食品の業務効率化や働き方改革、食品ロスの削減を推進するとともに、さらなるデータを活用した持続的な成長を目指すとしている。

　　　　　出典：株式会社日立製作所　ニュースリリース（2022年6月8日）

【12　イオンリテールの「AIワーク」と「MaIボード」】

　イオンリテール株式会社は、DXの一環となる「従業員体験価値（EX）」向上のため、「イオン」「イオンスタイル」約350店舗で「AIワーク」と「MaI（マイ）ボード」を展開する。

　チームの勤務計画を自動で起案するシステム「AIワーク」は、一人ひとりの勤務パターンをシステムに入力してモデルを作成し、実際の勤務希望と月間労働時間を基に、AIが自動で適切な勤務計画を起案することができる。また、このシステムを利用することで、従業員の計画業務時間の

低減、携帯端末からの勤務希望提出と勤務シフトの確認、およびチームの課題の店舗・本部スタッフ双方での確認ができ、補充人員の確保や技能教育などを、よりスムーズに行うことができる。

　このシステムを2022年6月に約60店舗で試験導入した結果、利用部門の勤務計画作成時間が70%低減され、勤務希望の申請や勤務計画の確認を携帯端末上でできるようになったため、勤務計画に関わる紙の使用量を90%削減できたとしている。

　同社は、この「AIワーク」と、連絡ノートや掲示板などのアナログな情報共有ツールに替わり、デジタルサイネージでチーム内の情報共有を行うツールである「MaIボード」とをあわせて展開することで、従業員のEX向上をはかるとしている。

　　　出典：イオンリテール株式会社　ニュースリリース（2022年7月25日）

【13　ファミリーマートが飲料補充AIロボットを300店舗へ導入】

　株式会社ファミリーマートは、Telexistence株式会社が開発したAIロボット「TX SCARA」および店舗作業分析システム「TX Work Analytics」を2022年8月より順次導入を開始し、今後の導入を300店舗へ拡大する。

　AIロボット「TX SCARA」は、店舗従業員への作業負荷の大きい飲料補充業務を24時間行い、これまで人間が行っていた飲料補充業務を軽減することができる。このTXのロボット・AI技術の活用により、店舗人員を増やすことなく、店舗の労働環境や売場のさらなる質の向上、店舗の採算性の改善が可能となる。

　また、店舗作業分析システム「TX Work Analytics」も併せて導入し、店舗従業員が位置情報の発信機を装着して、店内に設置された受信機が位置データを認識することで、各時間帯における業務の作業時間を可視化・分析が可能となり、店舗業務の一部をAIロボットが担うことを前提とした最適なワークスケジュールと人員配置を進めることができ、店舗経費の低減とより質の高い店舗運営の実現につなげることができる。

　　　出典：株式会社ファミリーマート　ニュースリリース（2022年8月10日）

【14　トライアルカンパニーの24時間顔認証決済】

　これまで世界初の小売に特化した「リテールAIカメラ」や、セルフレジ機能付きの買い物カート「スマートショッピングカート」等、独自に開発したIoT技術やAI技術を小売店舗に導入してきた、スーパーマーケット「TRIAL」を展開する株式会社トライアルカンパニーは、「日本初（同社調べ）」となるAIカメラを活用した「24時間顔認証決済」を「TRIAL GO日佐店」に一般導入し、導入拡大に向けた実証実験を開始することを発表した。

　「24時間顔認証決済」では、セルフレジ決済が可能となり、顔認証時の年齢確認が不要のため、夜間での酒類の購入が可能になる。

　関係者限定のテストで運用可能なことが立証され、利用者からは、商品の購入時における時間短縮や夜間の買い物時の利便性が良いといった声があがり、一般導入フェーズに移るべく、今回の導入に至った。「TRIAL GO日佐店」では顔登録カメラを2台、顔認証カメラは8台導入し、18歳以上の顧客があらかじめ店頭で登録していれば誰でも利用が可能となる。

出典：株式会社トライアルホールディングス

ニュースリリース（2022年10月25日）

【15　早稲田大学とZOZO、曖昧なファッションの表現をAIで解釈】

　早稲田大学および株式会社ZOZO NEXT、ZOZO研究所による研究グループは、ファッションへのイメージをAIが自動で解釈し、ユーザーからの曖昧な問いに対して回答する新たな技術「Fashion Intelligence System」を開発した。

　近年、消費者はSNSやECサイトを通じて、他者の服装・着こなしを参考にした上で、ファッションアイテムの購買活動を行うことが一般的になっている。そのため、オンライン上のユーザー行動を快適にすることは、ファッション業界を発展させるという意味でも重要とされている。

　しかし、ファッションに対してユーザーが持つ嗜好やイメージは極めて曖昧で、通常「カジュアル」「フォーマル」「かわいい」といった曖昧な表現が用いられるため、専門家ではないユーザーがファッションを理解・解釈することは容易ではない。

　これらの問題を解決するため、全身コーディネート画像と画像に付与された複数のタグ情報（#カーディガン、#キレイめなど）を同一の空間に

写像し、この空間における画像とタグの座標（＝埋め込み表現）を活用することで、ユーザーからの曖昧な問いに対する回答を獲得する新技術がAIを用いて開発された。

　これを用いて得られた回答をユーザーに提示することで、ファッション特有の曖昧性を軽減し、ファッションに関するユーザーの着る服や購買するアイテムなどの選択・行動を支援することが期待されるとしている。

出典：早稲田大学　プレスリリース（2022年11月22日）

【16　クーガーの人型AI「レイチェル」のファミリーマート導入】

　クーガー株式会社は、資本業務提携先の伊藤忠商事株式会社と株式会社ファミリーマートと連携して進めてきた開発を経て、ファミリーマートに対して、人型AI「レイチェル」を提供し、2023年度末までに約5,000店舗への導入を進めるとしている。

　「レイチェル」は、クーガーの人型AIプラットフォーム「LUDENS」によって稼働し、ファミリーマート店長の特性や性格などに合わせた音声コミュニケーションを行うことが可能である。これにより、店舗運営に必要な情報や発注のアドバイス、売場作りのポイントなど、店長が必要とする最適な情報を即座に提供して、多岐にわたる店長業務をサポートし、スーパーバイザーによる店舗指導と合わせ、店舗運営力の向上につなげることができる。

　「レイチェル」は、店舗に設置されたタブレット端末で稼働するため、事務所内と売場の両方において利用可能で、レイチェルからの提供データを売場で確認し、商品の品揃えや売場作りに即時反映することができる。

出典：クーガー株式会社　プレスリリース（2022年11月29日）

８．企業・団体のAI導入事例－教育・人材

【１　イーオン・KDDI総合研究所のAIを用いた英会話スキル評価システム】

　株式会社イーオンと株式会社KDDI総合研究所は、AIを用いた英会話スキルの評価システム「日本人英語話者向け発音自動評価システム」を共同開発した。本システムは、生徒専用の自宅学習サポートサイトにて、生徒が音読する音声を収録し、それに対してAIが自動診断をする「発音診断」コンテンツとして、2019年１月よりサービスが提供された。

　外国語教育の分野における学習ニーズは継続的な高まりを見せており、特に小学校における英語教科化、大学入試における英語４技能試験の導入など英語教育の変革により、「聞く」「読む」「書く」「話す」の４技能の総合的習得が求められている。なかでも「話す」分野については、効果的な学習量を確保するためにもICTでの高度化による学習の質の向上が期待されており、さまざまな試みがなされている。

　一方で、日本人が話す英語には、ネイティブスピーカーとは異なる日本人特有の発音が多く見られることから、発音評価システムの開発には高度な技術が求められている。

　本システムの構築にあたっては、イーオンが発話英語の独自の評価指標を策定した。その結果を、KDDI総合研究所が、AI技術によりモデル化し、日本人英語話者の発音を適切に評価できるよう設計を行った。これにより、「音の正確さ」「リズム」「イントネーション」の観点から改善点を明確化し、自宅学習による英語力向上を推進し、次世代の英語教育に貢献していくとしている。

出典：株式会社イーオン　株式会社KDDI総合研究所　プレスリリース
（2018年11月22日）

【２　atama plusの、中高生向け英文法のアダプティブラーニング】

　atama plus株式会社は、タブレット型AI教材「atama＋」において、中学生向けの「英文法」の提供を開始した。2017年より提供している高校生向けと合わせ、中高生向けの英文法のアダプティブラーニング（学習者一人ひとりに個別最適化された教材を提供する学習方法）による習得を、AIを活用して本格的に行う日本で初めての取組みとなる、としている。

　日本の英語教育は、2020年度の大学入試から従来の「聞く」「読む」に

加え「話す」「書く」も含めた英語４技能を導入するなど、グローバル化に対応した「使える英語」を重視する方向に変わろうとしている。

「atama＋」は、「英文法」の理解が英語４技能を身につける上での土台になるとの考えのもと、「英文法」を最短時間で習得することに特化した教材を開発してきた。

英語の文章はさまざまな文法要素で構成されており、これら一つひとつの要素の正しい理解が重要になる。例えば「Was the door locked last night ？（昨夜、ドアは鍵がかかっていましたか？）」という英文でつまずいた場合、この英文を繰り返し学習するのが従来の勉強方法であったが、「atama＋」ではこの英文を理解できない原因は「受動態」がわかっていないのか、「疑問文」がわかっていないのか、それとも「過去形」など、それ以外の要素が原因なのかを分析・診断したうえで、AIが個別に最適な教材・体系的なカリキュラムをレコメンドし、つまずきの原因を効率的に解消していくことで、英文法が最短で身につく内容となっている。

出典：atama plus株式会社　プレスリリース（2019年7月18日）

【３　トライグループとギリアの５教科対応「診断型」AI教育サービス】

株式会社トライグループと、ギリア株式会社は、全学力層の生徒への５教科対応が可能な「診断型」AI教育サービスの開発・展開のために資本業務提携を行った。現在、日本の教育業界では、少子高齢化や2020年の大学入試改革を背景に、これまで以上に個別指導への期待が高まり、より高度に個別化したオーダーメイドの教育サービスが求められている。トライグループと、ギリアが共同で開発するAI教育サービスは、新たなアプローチである「共進化的アダプティブラーニング方式」を採用した「診断型」のAI教育サービスである。

「診断型」AI教育サービスでは、つまずきを個別に捉えるのではなく、学力を網羅的に測定することで全体像を把握し、生徒一人ひとりの弱点を総括して診断する解析手法を用いることで、従来と比較して約1/10の時間で正確な学力把握が可能になったとしている。両社はこの解析手法を、生徒個別に最適化するだけでなく、全生徒のつまずき傾向を全体的に把握し、AI自身も共進化していくことから、「共進化的アダプティブラーニング方式」と名付けた。

この解析手法を用いることで、新たに共同開発を進める「診断型」AI

教育サービスは、生徒の学力レベルに関わらず、個人に合った学習計画の組み立てが可能になるほか、数学などの論理系教科のみならず、英語・国語・理科・社会も含む全5教科対応を実現したAI教育サービスの実現が可能となったとしている。

出典：株式会社トライグループ　プレスリリース（2019年8月6日）

【4　DNPとAI insideのノーコードAI活用支援サービス】

　大日本印刷株式会社（以下DNP）とAI inside株式会社は、AI insideが開発した、専門知識の必要なく、ノーコード（プログラミング等の知識を必要としない）でAIモデルを開発することができる「Learning Center」を用いたAI活用支援サービスを2021年4月に提供開始した。

　DNPは、AIの導入を希望する企業や自治体に対し、「Learning Center」の販売および活用に関するプランニングを行う。AI insideは、企業や自治体の業務シナリオを調査・整理し、高精度なAI開発を実現するための技術的な支援と、AIモデル開発を容易に行うことができる「Learning Center」を提供する。同サービスによって、利用者は簡単にAIモデルの開発・検証ができるため、AI活用による課題の解決や付加価値の提供をスピーディに実現できる。同サービスを使用してDNPで製造するICカードの出荷時のホログラム外観検査用AIを開発してみたところ、通常数か月を要する企画・学習用データセットの作成・AI開発・精度検証までを30日で行うことができた。

　今後DNPは、同サービスの提供を通じて得られたユーザーニーズを参考に、より汎用的なAI活用の新しいサービスやパッケージソリューションの企画開発を行っていくとしている。

出典：大日本印刷株式会社　AI inside株式会社
ニュースリリース（2021年4月21日）

【5　代々木ゼミナール・理化学研究所の「記述式AI採点技術」利用教材】

　学校法人高宮学園代々木ゼミナール（以下代ゼミ）は、国立研究開発法人理化学研究所・革新知能統合研究センター自然言語理解チーム（以下理研AIP）が開発した「記述式AI採点の技術」を活用し、現代文における記

述式問題の自動採点を含む高校生向けトレーニング教材の提供を2021年7月に開始すると発表した。代ゼミと理研AIPは2017年度より共同研究を開始し、記述式問題の自動採点に関する研究を進めてきた。研究の基礎資料を代ゼミが提供し、理研AIPが教育・学習を支援する自然言語処理技術の一つとして「記述式AI採点の技術」を開発した。

　記述式問題は学習者の思考力、表現力養成に欠かせないものである一方、採点にかかる時間や労力などの負担が大きい点に課題がある。今回リリースの教材は、こうした課題を解消し、教育現場の教員や学習者を支援することを目的に開発された。AI採点の即時性という利点を生かして、演習直後の復習により、学習効果向上の一助になることが期待されている。

　「記述式をAI採点する現代文トレーニング」教材は、大学入試対策を意識した9回分の問題を収録し、選択式問題と記述式問題のいずれの形式でもトレーニングが可能で、記述式の問題については、AIがそれぞれの採点基準をもとに採点する。その後、代ゼミ講師による解説動画を視聴して復習することで、記述式答案作成のスキルアップが図れるとしている。このことにより記述式問題も効率的な自学自習が可能となるため、課外授業の補助教材や長期休暇中の学習課題としても柔軟に活用できるとしている。

　　出典：学校法人高宮学園 代々木ゼミナール　国立研究開発法人 理化学研究所
　　　　　　　　　　　　　　　　　　　　ニュースリリース（2021年5月27日）

【6　ベネッセの児童英語向け音声認識AIを活用した自動採点サービス】

　株式会社ベネッセコーポレーションの全国の小学校向けに展開する英語のパフォーマンステスト「スピーキングクエスト」が、一般社団法人e-Learning Initiative Japanが主催する第18回日本e-Learning大賞の「総務大臣賞」を受賞した。

　同サービスは、学校のICT端末を活用する小学5・6年生向けの英語パフォーマンステストであり、次の4つの特長をもつとしている。

　①学校での負担が大きい英語の「話すこと」のテストを、実施から採点・評価までサポート

　②全国の小学生の英語発話データを収集し、児童英語に特化したAIを独自開発

　③AI×アダプティブ学習で多様な児童の学習を支援

　④家庭学習のノウハウがつまった英語学習サービスも提供

　2020年度より小学校５・６年生の外国語の教科化が始まり、「話すこと」の評価が学校現場に求められるようになった。しかし、教員にとっては「テスト準備と採点の教員負担が大きい」「英語４技能をバランスよく指導・評価するノウハウが足りない」などの課題が生まれている。

　この学校現場の課題解決に向けて、本サービスでは、小学生の英語発話データを用いて独自開発したAIで、児童個別の回答を即時判定し、新学習指導要領が定める評価項目ごとに採点・評価までを自動で行うことができるほか、授業内だけでなく端末の持ち帰りを想定した英語学習も行うことができる。これらを通じ、教員の働き方改革と、児童一人ひとりの能力や必要に応じた英語教育のサポートを実現するとしている。

出典：株式会社ベネッセホールディングス　ニュースリリース

（2021年10月26日）

【7　立命館大学における英語授業へのAI自動翻訳サービス試験導入】

　立命館大学は、株式会社 NTT ドコモのグループ会社である株式会社みらい翻訳が提供する AI 自動翻訳サービス「Mirai Translator®」を、「プロジェクト発信型英語プログラム」の英語授業において、約 5,000 人の学部生・大学院生を対象に、2022 年９月より試験導入を開始した。みらい翻訳によると、同サービスを大学の正課の英語授業で、利用に一切の制限を設けず、導入するのは日本初の試みという。

　近年、グローバル化が進み、英語を日常的に利用する企業が増える中、学生が英語を習得する意義も、インプット型から「使えるアウトプット型英語」へと進化している。あわせて、技術の進歩とともに、母国語を軸に多言語コミュニケーションを円滑に行うことができる翻訳ツールも登場し、言語習得そのものに時間をかけずに、コミュニケーションスキルを高めることのニーズも高まっている。

　今回の取組みでは、AI 自動翻訳ツールを大学の英語の授業で利用することで、学習成果や学生の心理面などにどのような変化が生じるかを検証する。英語スキル不足による学習への不安感を払しょくさせ、本来習得すべきプレゼンテーション能力の向上や、アウトプット精度の向上など、社会で使える英語スキルを、学生自身が能動的に体得することを目指すとしている。

出典：立命館大学　ニュースリリース（2022 年 10 月 3 日）

【8　タレントアンドアセスメントの面接時の人物に対する評価AI】

　株式会社タレントアンドアセスメントは、面接時の人物に対する評価AIプログラムの開発完了に伴い、従来から提供している対話型AI面接サービス「SHaiN」ライトプランにおいて、「面接時の人物に対する評価AI」プログラムの実証実験を行うことを発表した。

　従来から提供しているSHaiNは、求める人材像に基づく資質を見極めるための「戦略採用メソッド」を活用し、「回答内容のテキスト化」をAIに学習させることで、公平公正な面接ヒアリングを実施しているが、面接の「評価」の部分については、自社専門スタッフが戦略採用メソッドの評価手法に則り評価している。

　アルバイト採用を中心に活用されている「SHaiNライトプラン」では、導入企業より、「面接評価レポートの納期短縮化（受検者が面接終了後、即時レポートを提供してほしい）」「利用料金の低廉化（大人数採用時のコストを抑えたい）」「各種ATSとのシステム連携（受検者管理業務の効率化を図りたい）」との要望が多かったという。

　これらの課題を解決するために、タレントアンドアセスメントは「評価」の部分においてもAIによる自動化が必要と考え、評価データの蓄積とAI・ディープラーニング等の技術を組み合わせたシステムの開発を進めてきた。2020年からは知覚情報処理を専門とする東京大学大学院情報理工学系研究科 山﨑俊彦教授（Computer Vision and Media Lab）との共同研究をスタートし、共同研究成果である「面接時の人物に対する評価AI」プログラムが、サービスに求められる条件をクリアしたと判断し、実証実験を開始することとなり、実証実験企業を募集することとなった。

　　　　株式会社タレントアンドアセスメント　リリース（2023年4月6日）

9．企業・団体のAI導入事例－エンターテインメント

【1　SKIYAKIとTDSE、ファンマーケティングサービスを共同開発】

　株式会社SKIYAKIは、テクノスデータサイエンス・エンジニアリング株式会社（以下TDSE）と同社の人工知能エンジン「scorobo®」を使用したエンターテインメント業界初のファンマーケティングサービス「bitfan analysis」の共同開発を開始した。

　「bitfan analysis」は、SKIYAKI独自のサービス「bitfan」において集積されたファンの行動履歴のデータに対し、TDSEの高度なデータ分析技術と同社が独自に開発した人工知能エンジン「scorobo®」による高度な分析を行うことで、ファンに対する効果的なデータマーケティングが可能になる新しいサービスである。

　これまでのファンクラブサービスにおけるマーケティングは、経験則から実施されることが多く、施策がファンの満足度の上昇につながる効果的なものだったのか十分に検証するのが難しい状況であった。しかし「bitfan analysis」により、会員数・売上・ファンの拡散力・SNSでのエンゲージメントなどのデータを総合的に収集して可視化することで、「入会促進」「売上増加」「退会抑止」など、目的別に最も効果的な施策を打つデータドリブン（データに基づいた意思決定を行う）マーケティングが可能となる。

　またオーナーは、分析されたデータに基づきファンの需要を正確に把握し、それに応える最適なコンテンツを提供することで、よりファンからの支持を強固にしていくロイヤルカスタマー戦略（企業やブランドに愛着をもって継続的に購入・利用してくれる顧客を増やす戦略）を取ることも可能になるとしている。

出典：株式会社SKIYAKI　コーポレートニュース

（2019年3月18日）

【2　Mantraのマンガ専用多言語翻訳システム「Mantra Engine」】

　Mantra株式会社は、2020年7月に、マンガ専用の多言語翻訳システム「Mantra Engine」をリリースした。

　「Mantra Engine」はマンガの高速な多言語展開を可能にする、出版社

およびマンガの制作・配信事業者を対象にした法人向けクラウドサービスであり、マンガの翻訳版制作に関わるほぼすべての作業をブラウザ上で可能にすることにより、簡便な操作性と、関係者全員で進捗を共有できる利便性を実現した。独自に開発したマンガ専用の機械翻訳技術と、プロの翻訳者による修正・校閲を本システム上で組み合わせることにより、従来の翻訳版制作のワークフローと比較して、約半分の時間で翻訳版の制作が可能になっている。

　Mantraは、マンガに特化した機械翻訳技術の研究開発、およびサービスの提供を行うスタートアップであり、「世界の言葉で、マンガを届ける。」を合言葉に、先端技術でマンガの流通から言語の壁をなくし、マンガに関わる世界中の人を幸せにすることを目指すとしている。

出典：Mantra株式会社　プレスリリース　（2020年7月28日）

【3　「ABEMA」の「SHOGI AI」】

　株式会社AbemaTVは、同社が運営するテレビ＆ビデオエンターテインメント「ABEMA（アベマ）」の将棋チャンネルにおいて導入しているオリジナルAIシステム「SHOGI AI powered by ABEMA」（以下、「SHOGI AI」）を大型アップデートした。「SHOGI AI」は、将棋の対局をAIにより自動で形勢判断するシステムで、既存の将棋コンピュータソフトと違い、3つのAIが同時に局面を判断する「マルチ形勢AI」を「ABEMA」独自に採用することで、より正確な形勢判断と候補手を表示可能としている。また「SHOGI AI」は、業界で初めて対局の形勢を勝率で表示し、グラフに即座に反映したり、指し手を評価する「AIインフォメーション」を搭載するなど、微修正を重ねてきた。

　今回の大型アップデートの概要は以下の通り。

①PCのアップデート

　1秒間で1000万手から、1秒間で4000万手の解析を実現。約4倍の速度で解析が可能に。

②世界最強クラスのエンジンを導入

　2020年世界コンピュータ将棋オンライン大会優勝の「水匠」に6割の勝率を誇るエンジンを導入。

③振り飛車AIを導入

　「振り飛車」を考慮した勝率、候補手を表示。

156

今回のアップデートにより、局面と手番をリアルタイムに都度AIで判定し、より精度の高い勝率の算出が実現するという。

出典：サイバーエージェント株式会社　サービスニュース

（2021 年 2 月 8 日）

【4　セルシスのAIによるマンガのページ内のコマ、キャラクターの顔検出】

株式会社セルシスは、作家や読者の体験向上を目指し、配信・制作をAI（機械学習・深層学習など）によりサポートする、電子書籍ソリューションの研究開発を行っている。研究成果の第一弾として、AIを活用したマンガのページ内のコマを検出する技術と、キャラクターの顔を検出する技術を体験できる「CLIP STUDIO READER LAB」を公開した。

・コマ検出

　ページに描かれたマンガを効果的に表現する手法として、縦スクロール表示に最適な、コマごとに分割された作品を縦に並べて表示するためのデータを効率的に作成するために、マンガのページ内のコマを検出する研究。

・顔検出

　作品の重要な要素であるキャラクターの顔の位置を特定することにより、作品をより効果的に演出するために、マンガに描かれている人物やキャラクターの顔を検出する研究。

セルシスは、20年近くにわたり、縦スクロール表示やコマ表示など、幅広い表示形式に対応した電子書籍ビューアや電子書籍制作ツールの提供を行ってきた。今回の研究成果を活用し、効率的な電子書籍データの制作や、閲覧時の表現力を高める効果が期待できるとしている。また、本研究を進めることで、作品の閲覧時に特定のキャラクターを検索するなどの閲覧機能の向上や、ヒット作品の傾向を調査するといったデータ分析にも貢献できるとしている。

出典：株式会社セルシス　ニュース（2021年4月1日）

【5　テレビ朝日の「AI-OCRによるリアルタイム日本語変換システム」】

　株式会社テレビ朝日は、海外スポーツ中継などの選手名のテロップを
OCR技術（映像内の文字を読み取り、データ化する技術）を用い、映像
内の瞬時な自動日本語変換を実現している。さらに、東大発AIベンチ
ャー株式会社TDAI Labと共同で「AI-OCRによるリアルタイム日本語変
換システム」を開発し、スポーツの生放送にて、ランキング内の選手名
CGを「英語表記」から「日本語表記」へ自動で素早く、正確に置き換え
ることに成功した。

　海外スポーツ中継における選手名のテロップは、英語表記のため視聴者
に分かりにくいという課題があった。同システムではOCR技術を用い、
映像内の瞬時な自動日本語変換を実現している。同システムのOCR部分
にはTDAI LabのAI・画像認識ソリューションを搭載し、映像内のテロッ
プ判定、文字認識などを行っている。

　選手のランキングは事前には把握できないため、同システムはリアルタ
イムで中継される映像を常にモニタリングし、高速かつ正確なテロップ生
成を行う。

　テレビ朝日は「これまで社内で行ってきたOCR技術では、読み取る対
象が多いランキングについて大幅な遅延が発生してしまう課題があった。
この度はTDAI Labのノウハウを活用することで処理時間の大幅な高速化
を可能にし、ランキング内の選手のリアルタイム翻訳を達成した」とコメ
ントしている。

出典：株式会社テレビ朝日　ニュース（2021年8月27日）

【6　ソニーCSL、AIを用いたドラム音生成技術を開発】

　株式会社ソニーコンピュータサイエンス研究所（以下ソニーCSL）は、
AIでドラム音を生成する技術「DrumGAN（ドラムガン）」を開発した。
　DrumGANはソニーCSLパリ研究所で音楽を研究するチームが研究開
発したドラム音生成AIで、AIを活用して全く新しいドラム音を直感的に
作ることができる。DrumGANを活用することで音楽クリエイターは従
来のように既存の音源を加工して音を作るのではなく、キックドラムやス
ネア、シンバルのパラメーターを調整しながらオリジナルのドラム音を作
ることができる。
　DrumGANではニューラルネットワークを使ったオーディオ生成技術

「Neural Audio Synthesis」を核としており、Neural Audio Synthesisを用いた実用レベルのツールとしては世界初という。ニューラルネットワークを活用した自動生成技術は、一般的には、リアルに見える人間の顔写真を生成する研究として実用化されているが、この技術を音声に適用することで、新しいドラム音の生成を実現する。

　ソニーCSLは、音楽クリエイターの創造性を拡張するAI技術の研究と実用化に向けた取り組みを今後も加速していくとしている。

出典：株式会社ソニーコンピュータサイエンス研究所　プレスリリース
（2022 年 6 月 22 日）

【7　日本テレビの自動モザイク入れAIソフトウェア「BlurOn」】

　日本テレビ放送網株式会社は、株式会社NTTデータの協力を得て映像編集の自動モザイク入れAIソフトウェア「BlurOn（ブラーオン）」をリリースした。BlurOnは従来、映像編集者が 1 フレームずつ行っていた人物の顔やナンバープレートなどへのモザイク入れを自動化できるソフトウェアである。モザイク入れは非常に手間のかかる作業で、例えば 1 分の映像素材へのモザイク入れはベテランの編集者でも 1 時間程度かかることもあり、コンテンツ制作に携わる現場の課題となっていた。さらに近年では、個人情報保護の重要性の高まりから、番組映像についても一層の慎重な取り扱いが必要となり、作業負荷が増大している。

　BlurOnでは、AIにより映像内の顔、頭部、全身、ナンバープレートについて自動検出が可能で、映像加工ソフト「Adobe After Effects」にモザイクを入れたい動画ファイルを追加するとクラウドにアップロードされ、検出された顔などの検出情報をダウンロードする。Adobe After Effectsで用途に合わせてぼかし、モザイク、色付けなどのエフェクト・領域の形・位置などを調整することができるという。

　BlurOnによる映像処理は、手作業に比べて処理速度が非常に速く、検出精度も高く、映像編集の効率化により編集現場の働き方改革、業務効率化および生産性を向上させることができ、煩雑で時間のかかる非クリエイティブな単純作業から映像編集者を解放することで本来重要なクリエイティブな仕事に集中する時間を作ることが可能になるとされている。

出典：日本テレビ放送網株式会社　プレスリリース（2022年 7 月 5 日）

【8　電通とデータアーティストのAIによる長期視聴率予測】

　株式会社電通とデータアーティスト株式会社は、AIを活用したテレビ視聴率予測システム「SHAREST」をバージョンアップし、「120日先」の長期視聴率予測を可能にする「SHAREST_LT」を提供開始した。

　これまで「SHAREST」で提供していた「1週間先」のテレビ視聴率を高精度で予測する「SHAREST_RT」に加え、今回開発した「SHAREST_LT」では、広告業界で初めて過去視聴率データの分析に再帰型ニューラルネットワーク（Recurrent Neural Network）を用いることで、120日先の長期（LT : Long-term）視聴率も高精度で予測できるようになった。（再帰型ニューラルネットワークとは、ディープラーニングをはじめとする機械学習のうち、多層ニューラルネットワークの一部に再帰的な手続き（ある層の出力を別の層の入力として利用する再帰的構造）を導入したものである。）「RT」が最近のトレンドを予測するのに対して、「LT」では視聴率の経年推移や季節性に基づいた中長期予測が可能となる。2つの予測モデルを組み合わせることで、達成率を確認しながら最適なCM素材を指定し、広告運用のPDCAを加速させることができる。予測対象は30ターゲット以上、地域は東京・大阪・名古屋・福岡に対応し、順次拡大していくとしている。

　また、広告枠の組み換えソリューション「RICH FLOW」（AIを活用し、複数の広告主間でテレビスポット広告枠を組み換え、各社の広告効果を向上させるシステム）を併用することで、ターゲットの異なる複数のテレビCM素材を、最適な番組に「柔軟に」かつ「自動で」割り付けることも可能になるため、プランニングから運用に至るまで、AI活用による「テレビ広告効果の最大化」が実現できるとしている。

出典：株式会社電通　ニュースリリース
（2022年9月30日）

【9　MIXIの会話AIロボットにおけるフュートレックの声認証技術】

　株式会社フュートレックは、株式会社MIXIが提供する、会話AIロボット・Romi（ロミィ）の「ファミリー登録」機能に、フュートレックの声認証技術が採用されたことを発表した。

　Romiはディープラーニング技術を用いて言語生成して会話する世界初の家庭用コミュニケーションロボット（2021年5月ESP総研調べ）として

認定されており、「会話力」が魅力とされている。

　Romiの「ファミリー登録」機能は、オーナー以外に家族の声（3名まで）を登録できる。声認証技術により登録されたオーナーや家族をRomiが判別し、会話の中でRomiがオーナーや家族の名前を呼び分けることで、これまで以上にRomiとの生活を楽しむことができる。

　これまでフュートレックは、Romiに使用されている複数の音声認識技術のうち、インターネットに接続しなくても高い精度で使えるローカル型の音声認識技術を提供してきたが、新しく「ファミリー登録」機能に声認証技術が採用された。

　フュートレックはこれからも、ユーザーの身近な生活においても簡単・便利に音声認識や声認証の技術が活用されるよう、サービス等への提案を進めていく、としている。

出典：株式会社フュートレック　プレスリリース

（2022年11月1日）

【10　凸版印刷の近代の手書き文字を解読するAI-OCR】

　凸版印刷株式会社は、明治期から昭和初期（以下近代）の手書き文字に対応したAI-OCR※を開発した。同社が古文書解読とくずし字資料の利活用サービス「ふみのは®」として提供している江戸時代のくずし字を対象としたAI-OCRをもとに、近代の多様な筆跡の手書き文字にまで対応の範囲を拡張させたものである。

　近代に作成された、くずし字を多く含む手書きの資料は、全国に大量に残存しており、その中には公文書、企業経営文書、業務日誌、書簡のような貴重な情報が記された資料が数多く含まれている。また、手書きの謄本類を取り扱う業務においては、近代の手書き資料の解読が日常的に行われているが、これら資料の解読は、専門家にとっても難易度が高く手間のかかる作業であり、実用レベルのOCR技術もこれまで開発されていなかった。

　近代の手書き文字には、書き手によるくずし方のバラつきが大きい、筆記用具の多様化、カタカナ語が混在、旧字旧仮名遣い表記などの特性があり、解読が非常に困難とされている。本AI-OCRではさまざまなパターンの文字をAIに学習させることで、これらの難読文字の解読を実現した。

　このAI-OCRは2023年4月より正式にサービス開始を予定しており、以下をはじめとしたさまざまな利活用シーンが想定されている。

　・地方自治体、教育研究機関、企業などが所蔵する難読資料の解読補助
　・難読資料の利活用を目的とした検索機能付きデータベースの構築補助
　・謄本類など日常的に難読資料の解読が必要な企業・機関の作業補助

　　　出典：凸版印刷株式会社　ニュースリリース（2022年11月11日）

　※　OCR（Optical Character Recognition）とは光学文字認識のことで、文書画像に含まれる文字を読み取り、テキストデータに変換するソフトウェアの総称である。本開発では AI を利用した OCR によって近代の手書き文字を解読する。

【11　IBMとマスターズの生成AIを活用した解説と試合予測】

　IBM（アメリカ）とマスターズ・トーナメントは、マスターズ公式アプリおよびMasters.comのデジタル・エクスペリエンスの一部として、AIによる音声解説を含む2つの新機能を発表した。

　1つ目は、大会期間中、ユーザーがお気に入りの選手全員の全ショットを全ホールで見ることができる「MyGroup」機能において、2万以上のビデオ・クリップを学習したAIによって生成された詳細な解説のナレーションの提供である。これは、IBMが、マスターズのデジタル・チームと協力して、IBM Watson Text-to-Speechを含む複数の基盤モデルを活用し、マスターズのゴルフの独自の用語をAIに学習させ、ビデオ・クリップに音声解説を追加するプロセスを自動化したものである。基盤モデルに基づいて構築した生成AIによって、多様な文構造と語彙を持つナレーションを生成し、文章の冗長さをなくし、情報量が多く魅力的なクリップを作成したという。

　2つ目は、ホールごとの選手の試合予測の導入である。トーナメント全体の各ホールにおける選手のスコアを予測するために、IBMはIBM Watson StudioのAutoAI機能を活用し、12万以上のゴルフ・ショットのデータを含む6年間分のマスターズのデータを使用してAIモデルを学習させた。ひとつホールを終了すると、選手の最新のパフォーマンスを反映して、各ホールの予測を更新する。この新たな機能は、「Player Insights（選手の試合予測）」と「Masters Fantasy Projections（マスターズ・ファンタジー予想）」機能を拡張したもので、データから各選手にとって最も注目すべきホールや、全選手の最小・最大スコア、全ラウンドのマス

ターズ・ファンタジー・ポイントといった予測を提供する。

　　　　　　日本アイ・ビー・エム株式会社　ニュースリリース
　　　　　　　　　　　　　　　　　　　（2023年4月6日）

【12　Gunosy のAIによる海外ニュース記事の日本語要約サービス】

　株式会社Gunosyは、AIによる日本語要約を通じて海外のニュース記事を紹介するサービス「NewsPresso（ニュースプレッソ）」β版（テスト版）（https://newspresso.jp/）を2023年5月に提供開始した。同サイトはOpenAI社が提供するGPT-4を活用しており、情報キュレーションアプリ「グノシー」の運用ノウハウを持つ同社ならではの取組みとなる。

　NewsPressoは、英語を原文とする日々の海外ニュースがユーザーへマッチングすることを目指し、1記事につき3行程度の日本語の要約文章を掲載する。ユーザーが要約文章を確認することで、英語記事を読む前にあらかじめ概要を把握することが可能となる。1日に20～30記事程度の記事紹介を想定し、ユーザーがスムーズに海外記事へ遷移できるよう手助けする。

　ユーザーにとって、英語圏のニュースについては依然タイムリーな日本語記事量に限りがあることや、英語原文を読むことができる読者でも情報取得に対するハードルが高い場合がある。また、海外のコンテンツホルダーにおいても同様に、日本のユーザーへコンテンツがほとんど届いていないという課題がある。同サービスではGPT-4を活用し、タイムリーな情報をユーザーが手軽に受け取れる仕組み作りを進めてきた。英語圏のニュースを要約記事つきで即座に紹介することで情報鮮度を高め情報格差を減らすこと、英語記事に対する情報取得コストの低減、コンテンツとユーザーとのマッチングを進め、今後ニーズが高いと判断した場合は継続したサービス提供を開始する。サービス開始段階では、原文が英語のアメリカメディア記事のみを想定しているが、今後は英語圏以外の言語にも対応予定である。

　　　　　　株式会社Gunosy　プレスリリース（2023年5月19日）

10.　企業・団体のAI導入事例－スポーツ

【1　世界体操競技選手権大会で富士通のAI体操採点システムを採用】

　富士通株式会社は、体操競技や新体操などの競技を統括する国際団体である国際体操連盟（以下FIG）と共同で開発した体操競技用の採点支援システムを、同連盟が主催する世界体操競技選手権大会で採用することを、2018年11月に決定した。

　同システムは、目視による判定に加え、3Dレーザーセンサーを活用して競技者の動作をセンシングし、数値データとして分析することで、より正確な判定を支援するものである。従来、体操競技の採点は審判による目視が中心で、「技の高度化で目視による正確な判断が困難」等の課題があった。富士通は、複数台の3Dレーザーセンサーで身体の詳細なデータを取得、AIを利用して骨格とその動きをリアルタイムでデジタル化した。さらに、このデジタル化された人の動きを、体操の採点規則のあいまいな部分の数値化とトップ選手の演技を取り込んで作成した技の「辞書」とマッチングして、採点を行うことで課題を解決した。

　富士通は、AI体操採点システムを2024年までに体操競技人口の多い加盟国に展開し、2028年には全加盟国（146か国）への拡大を目指している。さらに、FIGと富士通は、新たなパートナーシッププログラムの契約を締結し、各国が主催する体操競技の国内大会への採点支援システムの導入を進めるだけでなく、選手の育成やエンターテインメント性の追求など、ICTを活用して体操競技の発展に共同で取組んでいくとしている。

　　　　　　　　　　出典：富士通株式会社　プレスリリース（2018年11月20日）

【2　サッカー戦術・分析支援アナリティクスツール】

　スポーツデータビジネスを推進するデータスタジアム株式会社とスポーツテクノロジーの研究・新規事業開発を行う株式会社Sports Technology Labは、株式会社Preferred Networks（以下PFN）とサッカーに特化した戦術・分析支援アナリティクスツール「PitchBrain（ピッチ・ブレイン）」を共同開発し、株式会社Jリーグメディアプロモーションと協働して国内サッカークラブ向けにβ版の提供を開始した。

　選手のアスリート化が進行してきたサッカーでは、欧州のビッグクラブを中心に、より競争力を高めるために、データを活用した戦術分析や、練

習と試合とを統合的に管理する選手マネージメント手法に注目が集まっている。しかし、プレイヤーの動きが複雑で途切れなく攻守が入れ替わるサッカーのプレー解析は特に難しいとされ、試合映像の分析作業には膨大な時間を要する。

　このような状況に対応すべく、データスタジアムが有する膨大なサッカーデータに対して、PFNの有するディープラーニング技術を適用することで、人の目では難しかったオフ・ザ・ボールの分析や、膨大な時間を要する試合映像分析の省力化を可能にした。

出典：データスタジアム株式会社　プレスリリース（2019年4月26日）

【3　野球における姿勢推定AIアプリケーション「Deep Nine」】

　株式会社ACESは、株式会社電通、株式会社GAORA、株式会社共同通信デジタルとともに、野球選手の能力強化や特徴分析、怪我の予防をサポートする新たな姿勢推定AIアプリケーション「Deep Nine」のサービスの提供を開始した。

　近年、スポーツ領域におけるデータの利活用が進んでおり、プロ野球球団も、球速、回転数、変化量などの投球データや打球速度と角度、守備のトラッキングデータなどを解析することで戦術の向上を図っている。一方で、身体動作を定量的に獲得する技術は発展途上であり、選手の特徴分析や怪我の原因特定および予防はまだ困難な状況である。

　同社は、ヒューマンセンシングの技術を応用し、野球選手の身体の位置・角度・速度情報を数値定量化するAIアプリケーション「Deep Nine」を開発した。

　「Deep Nine」は、最先端のディープラーニング技術を応用することで、被験者の身体にセンサーを装着することなく、カメラで撮影した映像から身体情報を取得し、取得したデータを分析することで選手ごとの特徴の把握や能力強化に役立てることができる。また、怪我をした前後での身体動作の違いを分析し、データを蓄積していくことで、投げすぎによる違和感や故障の予防、また突発的な怪我や手術からの復帰のサポートが期待できるとしている。

出典：株式会社ACES　プレスリリース（2020年6月1日）

165

【4　ハイライト映像自動生成ソリューション「Sports AI Editor」】

　データスタジアム株式会社と株式会社ユニゾンシステムズは、試合のハイライトシーンを自動的にレコメンドし、生成するソリューション「Sports AI Editor」を共同開発した。

　従来、スポーツ競技のハイライト映像を制作するためには、大がかりな機材や専門の映像制作スタッフが必要であった。

　「Sports AI Editor」は、試合中にスコアの変動などのスタッツ情報を入力しておくことで、AIが試合データと機械学習を利用して「得点が入った」「試合が盛り上がった」などのハイライトにふさわしいシーンを自動的にレコメンドし各シーンをつなぎ合わせることで、簡単に高品質のハイライト映像を作ることができる。1つの試合データから「チーム視点のハイライト」や「選手ごとのハイライト」等、異なるハイライト映像を作成でき、作成した映像をホームページやSNS、Chatbotなどさまざまなプラットフォームで展開することができる。「Sports AI Editor」の利用により、小規模な大会や制作予算が限られた中でもハイライト映像の制作・配信が可能となった。

　　　　　　　出典：データスタジアム株式会社　プレスリリース（2020年11月16日）

【5　セントマティックの香りを言語化するAIシステム「KAORIUM」】

　SCENTMATIC株式会社（以下セントマティック）は、同社の「Chief Sports Officer」であるフェンシングエペ日本代表の見延和靖選手とともに、香りを言語化するAI「KAORIUM」を用いて、「試合に向けて、見延選手が最大限リラックスできる状態」づくりをサポートするオリジナルアロマブレンドを開発した。「KAORIUM」は、香りと言葉を相互に変換するセントマティックが開発したAIシステムで、最先端のテクノロジーによって、曖昧で捉えにくい香りの印象を言葉で可視化したり、ある言葉に紐づく香りを導き出すことができる。そのため、一人ひとりの嗜好を分析し、その人に合った香りを開発することも可能となった。

　スポーツはどの競技でも集中力や感性が必要であり、試合時のパフォーマンスを最大化するためには、身体面はもちろん精神面も数日前から整え、リラックスさせておく必要がある。今回は、「KAORIUM」を活用し、見延選手がさまざまなジャンルの香りを試して、自分の好きな香りの「キーワード」を抽出した。また、そのキーワードのイメージを持つ「パチュリ」

や「ゼラニウム」等の香りを調合することで、見延選手専用のオリジナルアロマブレンドを完成させた。

「KAORIUM」を用いた香りの開発は、スポーツ分野にとどまらず、感性教育、飲食体験、購買体験などさまざまな分野に新しいビジネスチャンスを生み出すものとして、その可能性に大きな期待が寄せられている。

　　　　　出典：SCENTMATIC株式会社　プレスリリース（2021年7月9日）

【6　日本野球機構の運用するNPB BIPがバージョンアップ】

　一般社団法人日本野球機構（NPB）は、1995年から運用していたNPB BIP（Baseball Data Innovation Platform）について、サービス拡充を目的とした「NPB BIP ver2.0」の提供を2021年シーズンより開始した。「NPB BIP」は、NPBが提供するプロ野球に関わるデータを集約した企業・研究機関向けのプラットフォームで、25年以上におよぶプロ野球の記録、成績データをさまざまな切り口で簡易に取得し、加工・保存することができる。

「NPB BIP」を利用した主なサービス活用例
・「NPB BIP」から取得したデータを加工しプロ野球の情報を提供しているサイトには、AIを利用した自動生成の試合記事や記録達成日予測といった他にはないオリジナルのコンテンツがある。
・各球団が所有する写真を一元管理するNPB CIC（Contents Images Center）においては、手作業で膨大な時間がかかっていた作業を「NPB BIP」が提供する試合情報データ、選手情報、時刻などの情報を活用し、写真の画像判定とともに、AIに自動判別させることで作業時間の大幅な短縮を実現した。

　NPBは、利用者が「NPB BIP」を利用することにより、新たな野球データの価値を創出し、プロ野球の魅力や新たな見方を提供するサービスの開発支援や研究・教育支援を行うことを目指すとしている。

　　　　出典：一般社団法人日本野球機構　プレスリリース（2021年8月27日）

【7　ソニーのセンシング技術・AIを活用したスイミングスクール向けシステム】

　ソニーネットワークコミュニケーションズ株式会社が提供する、映像とAIを活用してコーチングをサポートし、練習効果の飛躍的な向上を可能にするスイミングスクール向けのシステム「スマートスイミングレッスンシステム」が、コナミスポーツ株式会社の「運動塾スイミングスクール」に採用された。2022年4月から「運動塾デジタルノート」の名称でコナミスポーツクラブ本店より導入を開始し、2023年3月末までに約100店舗のスクールに順次導入していく予定としている。

　「スマートスイミングレッスンシステム」では、プール施設に複数のカメラを設置して映像を撮影する。レッスン中、生徒は泳いだ直後にプールサイドのタブレットで自分の泳ぎを動画でチェックすることができ、ビジュアルによる気づきや学びにつながる。また、独自のAIアルゴリズムにより、撮影した複数カメラの水面・水中の映像から泳いでいる人を検出し、最適なアングルを組み合わせた動画コンテンツに自動編集して、クラウド経由で個人別ページに配信することができる。このシステムにより、離れた場所にいる保護者にスマートフォンなどを通じて動画とともに進級テストの結果を届けることが可能になるという。

　「スマートスイミングレッスンシステム」で用いられている「スイミング画像認識AIアルゴリズム」とは、泳いでいる人数の多さに加え、水面の揺れや光の反射・屈折の影響もあるため画像認識の難易度が高いといわれるスイミングスクールの映像から、被写体を追従して複数のカメラから最適なアングルを組み合わせた動画の自動編集を可能とするものである。

ソニーネットワークコミュニケーションズ株式会社
ニュース（2022年3月29日）

【8　ソフトバンクのスポーツ支援サービス「AIスマートコーチ」】

　ソフトバンク株式会社は、筑波大学との産学連携で、学校スポーツ（部活動）やアマチュアアスリートに向けて開発したスポーツ支援サービス「AIスマートコーチ」の提供を開始した。

　「AIスマートコーチ」は、学ぶ・比較する・記録する機能を有し、骨格推定AIやマーカー機能によるフォームのチェック・改善など、スポーツ技術の向上をサポートしている。例えば、撮影した自分のフォームとお手本動画を骨格推定AI技術を用いて比較することができ、気づきなどをメ

モで記録することが可能である。さらに、オンラインレッスンサービス「スマートコーチ」との連携で、元アスリートや専門コーチによるオンラインでの遠隔指導を受けることもできる。

「AIスマートコーチ」は、野球、バスケットボール、ダンス、サッカーの４種目に対応（提供開始時）し、選手と監督・コーチがクラウド上で情報を保存したり、共有することが特徴的である。昨今、学校教育における部活動教員の負担増や部活動専門指導員数の不足が話題になっているが、「AIスマートコーチ」は、このような人手不足の緩和に役立つとしている。

出典：ソフトバンク株式会社　プレスリリース（2022年3月31日）

【9　テンソル・コンサルティングのAI技術を活用したスイング診断システム】

テンソル・コンサルティング株式会社は、画像系AI技術を活用したスイング診断システム「TensorGolf」を、株式会社クレディセゾンが発行するセゾンプラチナ・アメリカン・エキスプレス®・カードなどのプラチナカード会員向けの優待サービスとして2022年4月よりリリースした。

「TensorGolf」はスイング動画を、画像系AI技術によりスイング中どこでクラブが一番加速するかを解析する。元来ゴルフのクラブ選びでは、ヘッドスピードやスピン量等のデータをもとに、さまざまなメーカーのクラブやシャフトから最適な組合わせを見つけていた。「TensorGolf」は、クラブの加速度に注目して、加速度の解析結果をもとに、切り返し直後の加速度が一番大きいタイプ、インパクト前の加速度が一番大きいタイプ等大きく４つのタイプに分類して、スイングタイプ別にクラブ選びをサポートするとしている。

「TensorGolf」は、スマートフォンやタブレットで撮影したスイング動画から、ゴルファーのスイングタイプにフィットしたクラブを選ぶため、クラブへの器具の装着など特別な作業を必要とせず、一般のゴルファーでも簡単に使用することが可能である。

クレジットカードを頻繁に利用するプラチナカード会員の中には、ゴルフ愛好家も多いことから、同社は、顧客に普段とは違った角度でゴルフを楽しんでもらうために、AI技術によるクラブ選びのサービスを提供したとしている。

出典：テンソル・コンサルティング株式会社　プレスリリース（2022年5月11日）

11.　企業・団体のAI導入事例－スマートライフ

【1　三菱電機の「おまかせA. I. 自動」機能ルームエアコン】

　　三菱電機株式会社は、ルームエアコン「霧ヶ峰」の新商品として、AI技術を搭載した赤外線センサー「ムーブアイmirA.I.（ミライ）」で部屋の中を360°センシングし、少し先の部屋の温度と湿度の変化を予測することで、最適な運転モードや気流に自動で切り替える世界初の「おまかせA.I.自動」で、快適性と省エネ性を向上したシリーズを2018年11月から順次発売すると発表した。

　　新商品の特長
　1．「おまかせ A.I.自動」で温度と湿度の変化を予測し、最適な運転に
　　　切り替え
　2．屋外温度46℃まで運転保証する「STRONG冷房」を実現
　3．スマートスピーカー・スマートフォンでの操作に対応

　　近年、ルームエアコンには、高い省エネ性に加え、多様化したライフスタイルに応じた快適性が求められている。三菱電機は、独自の赤外線センサー「ムーブアイ」を18年以上にわたり進化させ、高い省エネ性と快適性の両立に取り組んできた。

　　さらなる省エネ性と快適性を追求するなかで、エアコン使用時の悩みとして、「冷房と除湿の切り替え」「温度と湿度のバランス」が上位に挙げられており、また、年々増加する高気密・高断熱住宅では、住宅性能の向上に伴い「室内の温度はすぐに低下するが、湿度は低下し難い」という課題があることから、「温度と湿度のバランス」に着目した。

　　新商品は、AI技術を搭載した赤外線センサー「ムーブアイmirA.I.」により、「温度」変化の先読みに加えて、住宅によって異なる「顕熱（温度）負荷」、「潜熱（湿度）負荷」まで分析し、少し先の温度と湿度の変化を予測するものとしている。

　　　　　　出典：三菱電機株式会社　ニュースリリース（2018年8月21日）

【2　大東建託の「スマートライフ賃貸住宅」】

　大東建託株式会社は、IoT（Internet of Thingsの略。モノに通信機能を持たせ、インターネットに接続することにより、自動認識や自動制御、遠隔計測などを可能にし、付加価値サービスを提供するもの。）プラットフォームを活用した「スマートライフ賃貸住宅」の入居者募集を開始した。本建物には、これまで実証実験を行ってきたホームオートメーション・スマート電気を含む、7つのスマート機器を導入している。賃貸住宅をスマートホーム（家庭内の電化製品や情報家電製品をネットワークでつないで一括管理し、これらをコントロールして快適なライフスタイルを実現する住まい。）化することにより得られる生活上のあらゆる情報を連携させ、これまでにない利便性や安全性を実現するという。

　7つのスマート機器は以下の通り。

①ホームオートメーション：専用アプリで、赤外線家電（エアコン、照明、テレビなど）の電源のON・OFF、消し忘れ家電の電源OFFの遠隔操作が可能となる。

②スマート電気：専用アプリで家電ごとの電気使用量を確認できる。

③スマートスピーカー：音声認識で、赤外線家電の操作や情報の検索ができる。

④スマート給湯器：専用アプリで、外出先からの風呂の準備、スマートスピーカー利用の音声操作が可能となる。

⑤スマートロック：オートロック機能で自動施錠され、暗証番号で解錠ができる。

⑥スマートミラー：Android OSを搭載したミラーにより、身支度を整えながら天気予報などの情報を確認できる。

⑦スマートインターホン：スマートフォンと連動したビデオ通話で、不在時の応答や不審者の来訪チェックができる。

「スマートライフ賃貸住宅」の入居者は、AIアシスタント「スマイちゃん」のサポートを受けることができる。

　　　　　　出典：大東建託株式会社　ニュースリリース（2019年7月16日）

【3　富士通ゼネラルのダブルAIと複眼輻射センサー搭載エアコン】

　株式会社富士通ゼネラルはエッジAI（エアコン本体のAI）・クラウドAI連携に加え、床温度を検知する複眼輻射センサーを新搭載することにより、快適な空間をより高精度に実現する「ダブルAI」を搭載したAIエアコン「nocria（ノクリア）」Xシリーズ（以下Xシリーズ）を発売した。

　従来、エッジAIはデータの収集のみを行い、そのデータが転送されたクラウド上のAIが、過去のユーザー操作履歴を用いて、機械学習モデルを作成していた。新しいXシリーズに搭載のエッジAIは、データ収集に加え、クラウド上のAIと連携して学習も行う。エッジとクラウドの2つのAIが室温や湿度、操作履歴などに加えて、複眼輻射センサーで床温度も学習し、これまで以上にユーザーの好みに応じた温度環境を作り出す。

　新搭載の複眼輻射センサーは、日射などの影響により室内で寒暖の差が発生する場所を検知する。その情報を気象情報などと併せて「ダブルAI」が学習し、部屋に温度ムラができる時刻や場所を予測する。温度ムラが発生する前に気流を吹き分けることで、室内全体を均一に快適にする。

　また、「故障通知」機能も新製品の特長である。故障発生時にはスマートフォンに通知が入り、画面をワンタッチするだけで修理受付フォームに「機種名」「エラーコード」が自動で反映されるため、修理依頼の際の入力の手間の軽減や間違いの防止につながる。

　富士通ゼネラルは今後も、AI、IoT機能の活用を進め、さらなる快適さを実現していくとしている。

　　　　　　　　出典：株式会社富士通ゼネラル　プレスリリース（2019年9月27日）

【4　ファーストアセントのAIによる乳児用睡眠指導ベッドライト】

　株式会社ファーストアセントは、乳児の起床就寝のリズム形成を助けるために、世界初の睡眠指導スマートベッドライト「ainenne」（あいねんね）を開発した。搭載された乳児の泣き声解析機能を使って、乳児の感情を分析できるほか、同社が提供する育児記録アプリ「パパっと育児＠赤ちゃん手帳」と連携でき、睡眠の見える化を可能にしている。

　ファーストアセントは、AIで乳児の泣き声から感情を分析する「泣き声診断アルゴリズム」を独自で開発し、乳児が泣いている時に「ainenne」のボタンを押すことで、泣き声を解析することができる。泣き声診断アルゴリズムは、これまで世界150か国、15万人の乳児の声を分析に役立て

ており、80%以上の精度で乳児が泣いている理由がわかる、という。

　「ainenne」には、ほかにも、太陽光を模した LED 光による目覚まし機能、AI で乳児の生活リズム形成を助ける「推奨起床時間」表示機能、ホワイトノイズ再生機能など、起床就寝時をサポートする機能などがあり、スマートフォンアプリから「ainenne」が収集した入眠、起床などの寝かしつけの記録を確認することができる。

出典：株式会社ファーストアセント　ニュースリリース

（2021 年 3 月 29 日）

【5　三菱電機の「制御の根拠を明示できるAI技術」】

　三菱電機株式会社は、国立研究開発法人理化学研究所と共同で「制御の根拠を明示できるAI技術」を開発した。計算が複雑で推論過程がブラックボックスとなるディープラーニングをはじめとする多くのAI技術は、人が理解しづらく、信頼性や説明性が求められる制御分野に適用する上で大きな課題となっている。これらを踏まえて欧州では法規制の動きがあり、国内でもAIガイドラインが制定されるなど、AIのブラックボックスの解消が求められている。

　三菱電機は、同技術により、AIが制御を行った際に、その制御の根拠や将来の状態を明示し、ブラックボックスを解消することで、人が理解しやすいAIの実現に貢献するとしており、自社のAI技術「Maisart®（マイサート）」に加え、今後、実用化に向けた開発を進めている。

　開発の特長として、次の 2 点が挙げられる。

1．AIの段階的な利用により、制御の根拠を明示可能
- ・制御対象機器のセンサー値やセンサーで計測できなかった物理量などを、AIが過去のセンサー値などの実働データから学習し予測
- ・予測した設置環境の状態変化に対し、スケジューラー上でAIが最適な制御計画を立案
- ・社会インフラ、空調機などの制御の納得性を高め、機器の動作を確認できるとともに、クレーム対応などで設備の管理者がユーザーへ制御の根拠を明示可能

2．機器の不調発生時に、AIが不調の根拠を明示可能
- ・予測との乖離が発生している部位を特定し、制御が予定どおりに制御されなかった不調の根拠を、物理パラメーターを用いて明示可能

173

・予定どおり制御しているにも関わらず計画どおりの状態にならなかった場合は、機器の異常や設置環境の変化が発生している可能性があり、ユーザーがそれらを認識できるため、早い段階でのメンテナンスや素早い復旧が可能

出典：三菱電機株式会社　ニュースリリース（2021年12月14日）

【6　シャープの音声アシスタント機能を搭載したAIスピーカー】

　シャープ株式会社は、音声アシスタント機能を搭載したウェアラブルAIスピーカー「AQUOS サウンドパートナー」を発売した。2021年秋、クラウドファンディングにて支援者を募集し、目標金額の800％を超える支援を得たモデルである。

　本機は、Wi-Fiに接続することで、手元にスマートフォンなどがなくても、音声アシスタント機能を使用できる。音声アシスタントとの対話により、ニュースや音楽を聞いたり、調べものをしたり、さまざまなサービスを利用できるほか、テレビやエアコンなどの家電製品や照明器具などの音声アシスタント対応機器を、音声で操作することも可能である。生活防水対応のため、ベランダ、キッチンや洗面所など、さまざまな場所で安心して使用できるとしている。

　また、Bluetooth接続により、テレビの音を耳元で聞いたり、スマートフォンの音楽を楽しんだりすることも可能である。マイクを搭載しており、スマートフォンのハンズフリー通話や、パソコンでのビデオ会議にも活用できる。耳をふさがないので、周囲の音を聞きながら使用できるうえ、約92グラムの軽量設計により長時間首にかけての使用でも快適とされている。

出典：シャープ株式会社　ニュースリリース（2022年2月15日）

【7　スマートアイランド推進実証調査におけるDKKのAIサーマルカメラ】

　電気興業株式会社（以下DKK）は、国土交通省国土政策局が発注する「令和4年度スマートアイランド推進実証調査」において、新潟県粟島浦村にてサーマルカメラ（熱検知カメラ）とAI検知システムによる沿岸監視、火災監視の実証を開始した。離島地域が抱える課題解決のため、離島地域へのICTなどの新たな技術等の実装を図り「スマートアイランド」の

実現を推進するための調査である。本調査は、DKKとパシフィックコンサルタンツ株式会社、粟島浦村役場、センコーグループホールディングス株式会社により構成される「粟島スマートアイランド推進コンソーシアム」により実施される。

　粟島浦村は、日本海に浮かぶ周囲23キロの離島で、沿岸への不審船の漂着や夏季シーズンのキャンプ場の火災、密漁等の不安があるものの、地域労働力の不足から十分な監視パトロールを行うことができないという課題がある。

　DKKは、実証期間中に沿岸の不審船と火災を24時間AI監視できるサーマルカメラの効果を検証する。サーマルカメラによる映像は、村内の漁業関係者やフェリー運航会社がスマートフォン等で沖合の波の高さを確認することにも活用されているが、この方式は、これまで関係者が、早朝に車で30分かけ目視で確認していた作業を自宅で確認することを可能とした。

　現在、コンソーシアム（共同事業体）ではAIサーマルカメラに加え、小型観測ブイによる海流・波高観測、国産動画配信プラットフォームによる島の魅力発信が行われており、今後は小型無人固定翼飛行機による貨物輸送の実証が行われる予定である。

　DKKのサーマルカメラの特徴である高解像度映像を生かしたAI検知製品は、船舶検知、火災検知に加えて人物検知の開発を推進中であり、密漁監視や重要施設の警備用途にも展開されている。また、比較的導入しやすい価格帯のサーマルカメラを用いて、スマート農業・スマート水産分野で活用する研究も開始された。

出典：電気興業株式会社　お知らせ（2022年11月10日）

【8　積水ハウスとNECの集合住宅における顔認証システムの活用】

　積水ハウス株式会社と日本電気株式会社（NEC）は、集合住宅における顔認証システムを活用した取り組みにおいて連携する。第一弾として、2023年11月に完成予定の積水ハウスの分譲マンション「グランドメゾン溝の口の杜」で、NECの顔認証システムを活用したエントランス及び玄関ドアの解錠や共用施設の予約、サービス事業者との協業によるサービスの提供を行う。

　NECは、世界トップクラスの生体認証技術を活用し、生体情報をデジタルIDとして様々な領域でのサービス展開に取り組んでおり、その一つ

として、顔認証技術を活用した「次世代マンションサービス」を集合住宅を提供する事業者に提供し、集合住宅内での安全・安心・便利な住生活をデジタルで支援することを進めている。

　今回の積水ハウスとNECの連携による、顔認証システムを活用したサービスは以下の通りである。

- ・居住者のエントランス・玄関ドアの解錠

  マスクを装着したまま非接触で解錠が可能。荷物などで両手が塞がっていてもスムーズに入館・入室が可能。鍵を忘れて自宅に入れないというリスクがない。

- ・共用施設の予約・解錠、共用備品の予約

  共用施設（個室ブース）の予約・解錠および共用備品の予約がアプリ上で可能。

- ・ゲストの入退登録

  ゲストの顔情報をアプリで事前登録して顔認証でスムーズに入室が可能。他者の住居エリアへの不要な立ち入りを防止。

- ・家族の帰宅通知

  子供などの家族の帰宅の見守りが離れた場所から可能。

- ・ウォーターサーバー用ボトルの置き配

  顔認証を活用した合鍵共有機能でウォーターサーバー用ボトルを玄関前の置き配スペースに届け、不在時の再配達を回避。

積水ハウス株式会社　ニュースルーム　（2022年8月9日）

【9　本田技術研究所のCIマイクロモビリティ技術】

　株式会社本田技術研究所は、人と分かり合える独自の協調人工知能「Honda CI」を活用した「Honda CIマイクロモビリティ」と、搭載されるコア技術を公開した。それらのCIマイクロモビリティを用いた技術実証実験を、茨城県常総市内の「水海道あすなろの里」及び「アグリサイエンスバレー」で順次開始する。「Honda CI（Cooperative Intelligence）」とは、ふるまいや言葉を通じてコミュニケーションを図り、ユーザー・周囲の人と協調しながらユーザーを支えるAIである。

　同社は、高精度地図に頼らずカメラベースで周辺環境を認識し、目的地まで安全を維持しながら自動走行を可能とする「地図レス協調運転技術」、人間のように言葉や身振りを理解し、モビリティが自ら考え、提案できる

「意図理解・コミュニケーション技術」の2つのコア技術を確立した。それらの技術を活用した「搭乗型マイクロモビリティ：CiKoMa（サイコマ）」・「マイクロモビリティロボット：WaPOCHI（ワポチ）」を常総市内での技術実証実験で使用し、リアル環境下での技術検証を行う。

　「CiKoMa」は、1人〜数人までの乗員数を想定した、搭乗型の電動マイクロモビリティである。ユーザーは言葉で呼び寄せることができ、無人自動走行で移動してきたCiKoMaに好きな位置を言葉やジェスチャーで指定して乗ることができる。走行中は「ジョイスティック」の操作で進路を指示することで、ドライバーの自由に進路を選ぶ意図と自動走行技術による協調運転が可能である。CiKoMaは、必要な時に呼んで乗車し、任意の場所で乗り捨てる利用が想定されている。

　「WaPOCHI」は、ユーザーの特徴を記憶・認識し、人混みの中でもユーザーに追従し続ける電動マイクロモビリティロボットである。手のひら静脈認証で特定したユーザーの服や髪の毛の色、背格好などの特徴を画像で認識して記憶し、ユーザーの斜め後ろを、荷物を載せながらペットのようについていく。人混みで追従中にユーザーを見失っても、記憶した特徴から探し出し、追従に戻ることができる。

本田技研工業株式会社　ニュースリリース（2022年11月2日）

12.　企業・団体のAI導入事例－環境・エネルギー

【1　AIを活用した次世代火力運用サービスの協働開発に係る実証試験】

　　関西電力株式会社と三菱日立パワーシステムズ株式会社（以下MHPS）は、AIを活用した国内外の火力発電所向け運用高度化サービスを協働で開発することとし、基本合意書を締結し、2017年度中に、ボイラ燃焼調整の最適化等のシステムを構築し、2018年度中には、関西電力が保有する舞鶴発電所にて実証試験を実施することとしていた。

　　実証実験の結果、設定されていた条件下において燃料使用量等の削減により、年間1億円程度の運転費用削減効果が期待できる結果となった。これらは、発電所の運転データと機械学習等のAI技術を用いてコンピュータ上にデジタル・ツイン（実際の存在する機器を、そのままデジタル上に再現すること）を構築し、燃焼用空気の噴射方法などの運転条件を変更した際の影響を検証し、その検証結果を実際の発電所に適用することで、舞鶴発電所の運用効率化につなげるものである。

　　本年度は、発電所運用の中で想定される多様な運転状態の効率化制御に対し同システムの有用性を確認するとともに、実用化に向けた制御システム構築および実証試験を行う計画で、国立研究開発法人新エネルギー・産業技術総合開発機構の助成事業として採択された。

　　両社は引き続き、それぞれの知見を活かし、最新のIoTやAI技術を駆使した火力発電所向け運用高度化サービスの開発を通じて事業拡大を図るとともに、社会インフラの高度化に貢献していくとしている。

出典：関西電力株式会社・三菱日立パワーシステムズ株式会社
ニュースリリース（2018年10月17日）

【2　東京電力PGとNTTデータの変電設備異常診断ソリューション】

　　東京電力パワーグリッド株式会社（以下東京電力PG）と株式会社NTTデータは、画像・映像解析AI、異音検知AIによる変電設備異常診断ソリューションを導入する。両社は、2019年度より、同ソリューションを東京電力PG管轄内の約1,300箇所の配電用変電所へ導入して、巡視時間の50%以上の削減を目指すとしている。

　　昨今、経年設備の増加および労働人口減少が社会課題となっており、東京電力PGにおいても、配電用変電所の設備保全効率化が課題となってい

た。一方、NTTデータでは、さまざまな設備を保有・運営する業界に向け、保全計画から保守までの業務プロセスを統合した「デジタルメンテナンスソリューション」を展開している。両社は2017年度に変電設備の異常診断実証試験を行い、巡視時間を50％以上削減できることを確認し、このたび導入を進めることとした。

　変電設備異常診断ソリューションは、変電所の油入変圧器、冷却ファンなどの電力設備を対象に、油入変圧器の漏油検知、外柵等の建物異常検知、アナログメーターの自動読み取り、冷却ファン等の異常音検知を行う。

　画像・映像解析AIの特長は、ディープラーニング技術と映像解析手法を組み合わせた診断を実現可能にしている点である。異常検知モニタリング、被写体判別、破損診断など、人間の視覚判断を自動化する。また異音検知AIは、NTTグループの技術を活用し、異常音の事前学習なしに正常音の学習のみで異常音検知ができる。稼動音を可視化・解析することで、予兆検知による保全業務品質向上／コスト最適化と稼動率向上を実現する。

　今回の共同開発を通じて、東京電力PGは、電力設備の保全技術高度化と効率化を図り、託送料金低減を実現するとともに電力の安定供給に努める。また、NTTデータは、本ソリューションの開発をはじめ、さまざまな分析モデルやロボティクス点検・作業などの技術を統合するとともに、設備保全業務で同様の課題を抱える他電力会社やガス会社、鉄道会社等のインフラ業界へのサービス展開を目指すとしている。

出典：東京電力パワーグリッド株式会社・株式会社NTTデータ
プレスリリース（2018年12月17日）

【3　Ridge-i、荏原環境プラントと「ごみ識別AI」を共同開発】

　株式会社Ridge-iは、荏原環境プラント株式会社との共同開発で、熟練運転員の眼を代替する「ごみ識別AI」を搭載した自動クレーンシステムの開発・実証実験に成功し、運用を開始した。このシステムは、カメラで捉えた「ごみピット」（以下ピット）内の多種多様なごみに対して、AIによって撹拌状況などを識別し、高度制御装置でピット内のクレーン操作判断を行い、クレーンを自動運転するものである。自動化開発にあたっては、この「運転員の眼」を代替することが重要課題であったが、ディープラーニングを用いたごみ識別AIの開発に成功した。

　ごみ焼却施設では、排ガス性状やごみ発電の安定化において燃焼の安定

化は重要であるため、ピット内のごみ性状を均一化する撹拌や、特殊ごみ（大量に炉に投入すると機器や燃焼に悪影響の出るごみ）の退避等のクレーン操作が必要になる。現在は運転員が視覚的にごみ性状を認識し、適時クレーンを操作し燃焼の安定化を図っているが、運転員のスキル差や人手不足への対策として、人に依存する作業の低減も必要と考え、自動運転の開発も進められてきた。

　Ridge-iと荏原環境プラントの共同開発の結果、ごみ袋の破れ具合などをピクセルごとに見極め、その内容物まで把握する最先端AIを利用して、ごみ状況をより精緻に識別可能にしたことで、従来の自動クレーンでは困難であった「燃焼に適したごみを識別した上で炉に投入する」ことや、「特殊ごみを識別し適切に対処する」ことが可能となった。

　今回の運用開始に至るまでに、荏原環境プラントが培った長年のごみ焼却運用のノウハウと課題意識、そしてRidge-iが保有する最先端の画像解析ディープラーニングの知見と可能性を共有し、ベテランの運転員の目を代替するレベルのAIを実現した。

　今後、Ridge-iと荏原環境プラントは、本AI搭載自動クレーンシステムを既設炉・新設炉に限らず展開していくとともに、AIを活用したごみ焼却施設のさらなる高度化に向け開発を進めていく。Ridge-iは、今後も実際のビジネスの現場で利用できるAI技術の開発・ソリューション提供に注力し、先端技術の各分野への活用・発展に向けて貢献していくとしている。

出典：株式会社Ridge-i　プレスリリース（2019年2月14日）

【4　東急建設と石坂産業、建設廃棄物を自動選別するロボットの試験的導入】

　東急建設株式会社と石坂産業株式会社は、建設副産物の中間処理プラントにおいて、建設廃棄物の自動選別を行う「廃棄物選別ロボット」を共同開発した。廃棄物選別ロボットは、既存の中間処理プラントの手選別ラインにも設置可能であり、現在、石坂産業のプラントにおいて試験的導入を開始している。今後は、実際のラインで得られたデータをもとに改良を重ね、2021年春にはロボット2台体制での実用化を目指して引き続き開発を進める予定である。

　廃棄物選別ロボットの特徴は、以下の通りである。

　・ベルトコンベア上を連続搬送される建設混合廃棄物をカメラで撮影し、

カラー画像と距離画像から深層学習（ディープラーニング）による解析技術で廃棄物の種類と位置を特定して、対象物のみをロボットアームで取り出し、箱に入れる

・重なり合った状態の廃棄物から最上層にある廃棄物を識別できるため、既存の搬送ラインに設置できる

・搬送速度毎分40mまでのベルトコンベア速度に対応できるため、ロボット導入による処理能力低下を抑え、他の処理工程への影響を防げる

　今回、両社が同ロボットを共同開発した背景には、次のような建設廃棄物が抱える課題がある。建設業界では、2000年に制定された「建設工事に係る資材の再資源化等に関する法律」（建設リサイクル法）に則り、工事現場等で発生した廃棄物の分別・排出を行っているが、分別が困難な混合廃棄物については中間処理プラントに運搬され、分別分級処理を経て廃棄物の適正処理と資源化が行われているという現状がある。中間処理プラントでは、ベルトコンベアを流れる建設混合廃棄物を人の手によって粗選別することが一般的であるが、粉塵などが舞う環境下で、長時間にわたり廃棄物を注視する作業は非常に過酷であり、作業環境改善や就労者不足が中間処理事業者にとっての課題となっている。また、就労者不足が建設副産物の再資源化の停滞や廃棄物処理費の高騰につながり、排出事業者にとっても将来的な課題となることが予想されている。

　今回の試験的導入では、石坂産業の全天候型独立総合プラント内にある選別ラインにおいて、廃棄物選別ロボットによって建設混合廃棄物から木材だけを選別し、選別精度や耐久性についての検証を行う。2020年度内にロボット2台体制でピッキング数2,500個／時間の処理スピードを目標としており、深層学習用の追加学習機能を使用して、日々変化する廃棄物に順応できるよう高度化をはかっていく。

　建設廃棄物の排出事業者である東急建設と中間処理事業者の石坂産業が連携して取り組むことで、より効率的に開発を進め、労働環境の改善と資源循環型社会の実現を目指すとしている。

出典：東急建設株式会社・石坂産業株式会社
プレスリリース（2021年1月7日）

【5　デジタルグリッドのRE100対応電力の供給】

　デジタルグリッド株式会社は、アサヒグループホールディングス株式会社の関東・関西地区19工場へのRE100（事業活動で使用する電力を100％再生可能エネルギーにすることを目指す国際的なイニシアチブ）対応電力の供給を2021年4月1日より開始した。

　デジタルグリッドが運営する日本初の民間電力取引所「デジタルグリッドプラットフォーム（DGP)」を通じて電力需給の予測を行い、電源の種類やコストなど需要家の要望に応じた電力を組み合わせた調達を行う。なお、供給する電気については、トラッキング付非化石証書等を付与する。トラッキング付非化石証書とは、太陽光などの非化石電源により発電された電気について、非化石価値を分離し証書した「非化石証書」に電源種や発電所所在地などのトラッキング情報を付与したもののことである。

　東京大学工学研究科から生まれたデジタルグリッドが開発した「デジタルグリッドプラットフォーム（DGP)」は、AIを活用し、電力の需給調整業務をデジタル化することで電力調達の効率化を図ったシステムであり、太陽光発電など、多様な発電源を選択して組み合わせる電力調達が可能となっている。電源の種類やコストなど需要家の要望に応じた電力を組み合わせた調達を行う。

　本件においては、アサヒグループの需要に応じて太陽光発電・バイオマス発電など多様な発電源を選択して組み合わせた電力調達を効率的に実施する。購入する電力は再生可能エネルギー発電所等で発電された環境価値（トラッキング付非化石証書等）が付与されたものである。

　デジタルグリッドは、2030年度の温室効果ガス削減目標について、国際的団体であるSBTイニシアチブ（Science Based Targets initiative＝SBTi）から、気候変動による世界の平均気温上昇を産業革命前と比べ1.5℃に抑えるという「1.5℃目標」の認定を受けた。SBTイニシアチブは、温室効果ガスの増加による問題を解決するため、CDP（旧カーボン・ディスクロージャー・プロジェクト）、国連グローバル・コンパクト、世界資源研究所（WRI）、世界自然保護基金（WWF）により設立された共同イニシアティブである。

　今回の両社の取り組みは、DGPの技術と仕組みがアサヒグループに評価されたとともに、持続可能な社会の一員として脱炭素社会を目指す両社の方向性が一致したことによるものである。

　　出典：デジタルグリッド株式会社　プレスリリース（2021年3月31日）

【6　AIを活用したLPガス需要予測に基づく料金体系シミュレーター】

　伊藤忠エネクスホームライフ東北株式会社（以下HL東北）は、国立大学法人東北大学発AIスタートアップである株式会社Adansonsならびに、東北のDX推進を支援するベンチャーキャピタルである株式会社MAKOTOキャピタルと共同で、「LPガス需要予測にもとづく料金体系シミュレーター構築の実証実験」プロジェクトを実施し、LPガス需要予測モデル・シミュレーターを構築した。

　2020年7月より、3社にて共同で「LPガス需要予測に基づく料金体系シミュレーター構築の実証実験」を目的に、プロジェクトが開始された。HL東北の全事業所のガス使用実績データとオープンデータ（多岐にわたる気象実測データ）、Adansonsのもつデータ処理技術を基礎として予測モデルを作成した。このモデルに基づき使用量予測アルゴリズムを構築し、精度の検証をMAKOTOキャピタルの支援のもと実施した。その結果、同アルゴリズムにより、HL東北すべての事業所において従来を大きく上回る予測精度を達成、予測誤差を大幅に改善することで、3％程度の使用量予測精度向上を実現した。

　LPガス需要予測モデル・シミュレーターは、従来の業務プロセス全体の設計を見直しAI・デジタル技術を導入することで、プロセスから属人的な影響を除外し（デジタライゼーション）、業務の高度化を可能にするものである。また、本技術の出力結果を元にした適切な需要予測結果に合わせてさまざまな業務データと計数データを組み合わせることで、業務の高度化にとどまらず、経営管理に資する仕組みを構築することができるという。

　HL東北は、実証実験の結果を定量的で明確な料金設定の技術・システム構築へ応用し、顧客への提供サービスの品質向上・省エネ推奨の仕組みづくりに活かすとしている。

出典：伊藤忠エネクスホームライフ東北株式会社
ニュースリリース（2021年5月25日）

【7　伊藤忠ケーブルシステムのAI搭載蓄電池「SMART STAR」】

　伊藤忠ケーブルシステム株式会社はAI搭載型次世代蓄電池「SMART STAR」の販売を開始する。2009年に開始された再生可能エネルギー固定買取制度（通称FIT）は当初48円/kwhの買取単価であったが、2022年度

は17円/kwhと約65%減、その後は7.5〜8.5円/kWhとさらに低価格となっており、昨今の日本国内のエネルギー事情から電気料金の変動は今後も大いに考えられることから、電力会社からの買取りではなく、自己発電した電力をできる限り自己消費する「自産自消」が求められている。

　「SMART STAR」は、平均的な家庭の１日の消費電力をまかなえる定格容量9.8kWhの容量を有する次世代蓄電システムで、通常時も停電時も最大３kVAの高出力で、一度に多くの電化製品を使用することができ、さらに蓄電池が空の状態でも、約３時間で満充電にすることができる。

　「SMART STAR」とAI「gridshare」が連携することで、日々の電気の使われ方を学習して曜日や時間ごとの傾向から、翌日に必要な電力量を予測する。翌日の気象予報から、太陽光パネルによる発電量を予測し、AIが予測する翌日の電気使用量と照らし合わせて蓄電池にためる深夜電力を決定する。「gridshare」により蓄電池の充放電を最適コントロールすることで、太陽光ならびに蓄電池の効率的な運用と安心なエネルギーライフを実現することができるとしている。

　家庭用蓄電池には、停電時に特定のコンセントのみしか使用できない「特定負荷型」と家中どこでも使用できる「全負荷型」があり、当蓄電システムは「全負荷型」である。家中まるごとバックアップ可能な大容量を有し、AIが自動学習を通じて経済的で環境にも優しい充放電の最適化を提供する。太陽光発電と蓄電システムの組み合わせにより、家庭内で必要な電気の大部分を太陽光発電のクリーンな電気でまかない、また日中に発電した電気を蓄電池に蓄えて、朝夕に有効活用したり、使用料金の安い深夜の電気を系統から蓄電池に貯めて使用することで電気の効率的な運用が可能となる。

　　　　伊藤忠ケーブルシステム株式会社プレスリリース（2022年10月13日）

【8　AIを活用したクリーン空調最適制御システムを開発】

　清水建設株式会社は、クリーンルームの空調負荷の低減を目的に、AIを活用して、室内に循環させる清浄空気の風量を最適化するクリーン空調制御システムを開発した。このシステムは、2019年に自社開発した省エネ型クリーン空調制御システム「クリーンEYE（アイ）」の制御機構をAI化したもので、センサーが捉えた室内環境の変化に応じて、AIがファンフィルターユニット（FFU）の運転出力をきめ細かく制御し、必要最小

限のエネルギーで要求水準を満たす清浄環境を維持する。FFU運転制御のAI化により、室内の清浄化に必要な搬送動力を従前システムと比べて30％削減できる見込みである。

　開発技術のベースとなるクリーンEYEは、電子デバイス製造装置の組立工場などで求められるISOクリーンクラス６～８の清浄環境に適応したクリーン空調制御システムである。制御機構は、クリーンルーム内に滞在する作業者を検知する画像型人感センサー、室内の粒子濃度を検知するパーティクルセンサー、センサーの検知データをもとにFFUの出力調整を行う制御装置から構成され、センサーが検知した在室者・粒子濃度データをもとに、FFUの運転台数・運転出力を自動制御する。クリーンEYEの省エネルギー性能は、施設稼働時に想定される発塵量の最大値に合わせて循環風量を設定する一般的な空調システムとの比較で、約50％に達する。一方、要求水準を満たす室内清浄度を確実に担保するため、自動制御のロジックや制御パラメータを安全側で設定しており、さらなる省エネルギーの余地も残されていた。

　新たに開発したAI空調制御システムでは、クリーンEYEの空調制御機構に深層強化学習機能を付加することで、エリア単位での最適な空調制御を実現している。具体的には、AIが時々の室内環境データからエリア単位（概ね１スパン単位）で清浄度の過不足を推定し、FFUの運転出力を状況に即してきめ細かく調整することで、空調負荷を抑制する。

　AIの深層強化学習は、CFD（数値流体力学）解析技術を活用して実運用が始まる前に訓練用データを作成し、仮想空間上で事前学習を重ねられる学習環境を構築。これにより、通常は、学習開始から収束まで半年程度を要する学習期間を２か月程度に短縮し、AIによる空調制御機構の早期実装を可能にした。

　清水建設は、今後、新たなAI空調制御システムをクリーンルーム施設の新設・改修計画に広く展開し、カーボンニュートラル社会の実現に寄与していくとしている。

　　　　出典：清水建設株式会社　ニュースリリース（2022年12月21日）

【9　フツパーとモビカの共同開発によるリユースAI検品システム】

　画像認識ェッジAIを提供する株式会社フツパーは、制服管理サービスを提供する株式会社モビカとの技術開発において、画像認識AIとベルトコンベアの自動搬送による、業界特化のリユース自動検品システム「movika eye」を開発した。

　ユニフォームの再利用のための検品作業は長年、人間の目視に頼らざるを得なかったが、近年よりきめ細かな汚れやキズなどの判断が求められるケースが増加したことに加え、顧客・業界ごとに異なる品質基準を満たす新しいシステムの導入が必要不可欠とされていた。

　フツパーは、モビカとの共同開発により、衣料品に特化した画像認識AIを構築した。これにより、従来の「汚れている／汚れていない」等の画一的で属人的な判断基準ではなく、汚れや破れが数値化されることによる「再利用できる制服の発掘」、人間の目視では難しい良品・不良品の判定を、AIの明確な基準に従って振り分け、自動搬送するプロセスの開発に成功したという。

　衣料品がごみとして排出された場合における再資源化率は5％程度といわれており、その廃棄される衣料品は年間で約48万トンにものぼるといわれている。「movika eye」は、ユニフォームの無駄な追加発注の抑制と再利用可能な制服の発掘をすることで廃棄量の減少および企業の経費削減に資するとしている。

株式会社フツパー　ニュース　　（2022年12月21日）

13.　企業・団体のAI導入事例－防犯・防災

【1　ドリームエリアとNTT ComのAIによる児童見守りサービス】

　NTTコミュニケーションズ株式会社は、ドリームエリア株式会社に、VPN（仮想的に専用線のように構築されたネットワークによるサービス）接続によるセキュア（安心・安全）で安価なモバイル通信サービスおよび強固なクラウド基盤からなるIoTネットワーク基盤を提供する。ドリームエリアは、本基盤を活用し、GPSなどの位置情報によって危険を未然に防ぐ児童見守りサービス「みもり」の提供を、2018年4月下旬より開始すると発表した。子どもに見守り専用デバイス「みもりGPS」を持たせ、保護者のスマートフォンに専用アプリをインストールして子どもの行動を見守るサービスである。

　子どもにとっては、生活圏の河川や池、工事現場、繁華街などさまざまな場所に危険がひそんでいると言える。「みもり」は、危険な場所に近寄らせず、危険を未然に防ぐことが可能であるとしている。

　多くの見守りサービスは個人情報や位置情報をインターネット経由で通信しているが、「みもりGPS」に内蔵された各種センサーとGPSで収集した位置情報は、インターネットを経由せずにVPNを利用してセキュアに送信される。

　「みもりGPS」の主な特長は下記の通りである。
(1)危険データベースを活用し、トラブルを未然に防止
　　子どもが危険な場所に侵入すると、自動で「みもりGPS」が警告メッセージを鳴らす
(2)AIを活用した高度なアラート通知
　　AIが子ども一人ひとりの行動パターンを分析し、普段と異なる移動が検知された場合は保護者に通知される
(3)子どもと保護者が一定以上離れるとアラートを保護者に送信
(4)避難所マップを保護者が確認できる（防災対策）

　　　　出典：ドリームエリア株式会社　NTTコミュニケーションズ株式会社
　　　　　　　　　　　　　　　　　　　ニュース（2018年4月2日）

【2　アースアイズとNTT東日本のAIを活用した防犯システム】

　東日本電信電話株式会社（以下NTT東日本）とアースアイズ株式会社は、AIの活用により小売業界における万引き被害の削減と店舗業務の効率化を推進することを目的に、業務提携を行った。提携に合わせて、両社は、最新型のAIカメラを活用した小売店舗向け万引き防止AIサービス「AIガードマン」を2018年夏から提供すると発表した。

　万引き被害額は推計で年間4,000億円以上（NTT東日本調べ）にのぼり、小売業界の大きな経営課題となっている。万引きは財務面で経営を圧迫するだけでなく、万引きを防止するための人員の配置など、店舗の業務負荷を増やす一因でもある。

　「AIガードマン」は、不審行動を検知できるAIを搭載したカメラが、来店客の不審行動（うろうろ、きょろきょろなど）を逃さず検知し、不審者が見つかるとAIクラウドから、店員がもつスマートフォンの専用アプリに検知情報（検知場所、静止画など）を通知する。通知を受けた店員が情報を確認し不審者に声がけすることで、万引き防止に活用することができる。通常の防犯カメラでは店員や警備スタッフが映像を確認する必要があるが、人間の代わりに「AIガードマン」が不審行動を監視することで、効率的な声がけが可能となるとしている。

　本サービスの特長は次の通りである。

①AIカメラが自律的に映像を解析し、万引きが疑われる不審行動を検知

②AIカメラから検知した情報を、AIクラウドを経由してすぐに店員のスマートフォンに通知

③AIクラウドのパターーンファイルを更新することで、新たな万引きの手口や顧客層の変化による不審行動が変化した場合でも、AIカメラは対応可能

④検知数や店員による声がけの実施状況が定期的に通知される

出典：東日本電信電話株式会社　アースアイズ株式会社
報道発表（2018年5月28日）

【3　三菱電機エンジニアリングの昼夜・気象条件不問の水位計測装置】

　三菱電機エンジニアリング株式会社は「AI水位計測」技術（①ディープラーニングを活用した水際線検出、②非接触型による増水時でも安定した水位計測、③河川の状況の水位と画像によるリアルタイム監視）と、水

位画像解析アルゴリズム、高感度フルハイビジョンセンサーにより、非接触で昼夜・気象条件を問わず目視と同等の安定した水位計測を実現する画像式水位計測装置「フィールドエッジ®」の受注受付を2018年7月に開始すると発表した。

　近年、局地的大雨による河川氾濫などの水害が各地で発生するなか、リアルタイムで高精度な水位監視のニーズが高まっている。

　一方で、従来の河道内に設置する接触型水位計は増水による影響で観測そのものが実施不可能になるといった課題も生じていた。

　同社は「フィールドエッジ®」の機能、また、近隣住民のプライバシーに配慮しマスキング処理を施した同装置による画像を作成・公開することで、住民への防災・安全確保に貢献するとしている。

出典：三菱電機エンジニアリング株式会社　プレスリリース
（2018年5月30日）

【4　リッジアイの土砂崩れ災害検出など、衛星データへのAI解析事業】

　株式会社Ridge-i（リッジアイ）は、「土砂崩れ災害検出など、衛星データへのAI解析事業」における技術開発において、内閣府が主催する「第4回宇宙開発利用大賞」の経済産業大臣賞を、2020年3月23日に受賞した。

　本開発は、これまで取り組んできた衛星データへのAI解析、特に災害対策を重点分野とした複数の実績を評価されたものである。2019年にJAXA（宇宙航空開発研究機構）からの委託を受けて取り組んだ土砂災害へのディープラーニング活用では、光学衛星データを解析し、土砂崩れ箇所を自動で検出、全域で数秒という高速解析と約80％の高精度検出を可能とした。従来、熟練の検査員が一枚当たり数十分かけて目視で確認していた作業を、1秒以内で処理することに成功している。

　本開発の技術的背景として、土砂の崩落や堆積等の災害箇所を学習する物体検出ディープラーニングと、被災の起きていない箇所を学習する異常検知ディープラーニングを組み合わせて、少ない学習データでも高精度に災害箇所を検出できるシステムを構築し、高速解析と高精度検出を可能としたことがある。

　今後は、雨天・夜間に撮影可能なSAR（合成開口レーダー）衛星データや、過去に土砂災害が発生した土地の降水量や地形などのデータを組み合わせ、将来起こりうる土砂災害の予知・予測につながるシステム等の研

究開発にも取り組む予定であるとしている。

出典：株式会社 Ridge-i　プレスリリース

（2020 年 4 月 7 日）

【5　ChillStackの不正ユーザ検知システム「Stena」】

　株式会社ChillStackは、オンラインゲームの不正ユーザを検知するAIシステム「Stena（ステナ）」のv2.0を2020年 7 月 7 日にリリースした。「Stena」は、AIを使ったユーザの行動分析専門のエンジンにより不正行為を検知するシステムであり、ゲームログを入力することで、行動分析AIエンジンがユーザの行動を自動で解析し、チートやBotなどの不正行為を行うユーザを発見する。稼働中の大型オンラインゲームにて誤検知率0.0001%未満を達成した高精度な不正検知AI技術を、ブラウザ上で利用することができる。

　同システムはクラウドで動作（オンプレミスに「Stena」を動作させることも可能）するため、システムを導入するために新たなサーバを用意する必要はなく、アプリ本体へのソフトウェアインストールも不要で、ログを送信するだけで検知を行うことができる。ユーザ行動の監視や膨大なログを一つひとつ確認する必要がないため、不正発見にかかる工数を劇的に削減することができ、検知結果は毎日レポートされ、Web上でいつでも確認することが可能である。

出典：株式会社 ChillStack　プレスリリース（2020 年 7 月 7 日）

【6　日立製作所のAI画像解析技術を活用した人物特定機能】

　株式会社日立製作所は、日立が独自開発するAI画像解析技術を活用し、防犯カメラなどの映像から、全身の特徴を使って特定人物を高速に発見・追跡できる「高速人物発見・追跡ソリューション」において、新機能を拡充し、販売を開始した。

　昨今、公共施設におけるリスクは、テロなどの事件や事故への対策のほか新型コロナウイルス感染症への対応も加わり、ますます複雑化・多様化している。施設利用者の安心・安全に向け、カメラを活用した施設内の監視や体温検知などのリスク管理が普及する一方で、人手により複数のカメ

ラ映像を目視で確認することは、インシデントの見逃しにつながる可能性
もあるほか、入退場管理など他の複数システムとあわせて運用することに
よる業務負荷の増大といった課題がある。

　同ソリューションは、数万人規模の映像データから約1秒でターゲット
を見つけることが可能な「高速検索」によって多数の監視カメラからター
ゲットを追跡できる「リアルタイム追跡」を特長としているが、さらに今
回強化した主な機能の特長として、次の2点が挙げられる。

(1) 新型コロナウイルス感染症への対策支援
・マスク画像を学習した画像解析モデルによりマスクの着用有無を検知す
　る「マスク検出ビュー」
・映像内で検知された人物の位置を座標情報として検知し、人物間の距離
　を分析する「ソーシャルディスタンス検知」
・サーマルカメラシステムと連携し発熱者を検知する機能

(2) 車両の特定による安全な道路交通の支援
・交通事故発生時などに、対象車両の色やタイプ（四輪または二輪など）
　を指定することにより、膨大な検索対象画像データから、車両を特定・
　追跡

　　　　　　　　　　　　　　　出典：株式会社日立製作所　ニュースリリース
　　　　　　　　　　　　　　　　　　　　　　　　　　　（2021年3月25日）

【7　東京海上とRobust Intelligenceの「AIセキュリティ」業務提携】

　東京海上ホールディングス株式会社は、セキュアなAI社会の構築に向
けて、2021年5月、Robust Intelligence, Inc.（アメリカ）と業務提携を
発表した。Robust Intelligence, Inc.は、AIの安全性を保障するソフトウ
エアを開発するスタートアップである。

　近年の機械学習やAI技術を実装する企業の増加によって、今後はAIシ
ステム自体を守る「AIセキュリティ」に対する社会ニーズが高まること
が想定される。AIシステムの普及に伴い、ビジネス現場において、意図
しないデータのインプット・混入や、膨大かつ日々進化し続けるデータの
変化に十分に対応ができず予期せぬ結果を招くケース等が生じつつあると
いう。

　今回の提携は、このようなAIに関する新たなリスクに対処し、データ
を活用した新たなリスクソリューションやデータドリブン商品等の研究・

開発を進めるための業務提携である。戦略的パートナーシップに基づき、企業や社会の新たなリスクに対応すべく、「AIセキュリティ」の普及やその必要性の認知度向上に資するソリューションを共同で研究・開発に取り組む予定となっており、取組みにあたっては、東京海上ディーアール株式会社をはじめ、東京海上グループ全体のリスク分野でのノウハウ等を活用するという。

出典：東京海上ホールディングス株式会社　プレスリリース（2021年5月26日）

【8　JX通信社のビッグデータ上の災害・事故情報の3D地図上可視化】

　株式会社JX通信社は、同社が提供するAIビッグデータリスクセンサ「FASTALERT（ファストアラート）」がSNS上などで検知、蓄積した災害・事故・事件などのリスク情報データを、国土交通省が提供する「Project PLATEAU（プラトー）」の3D都市モデル上で可視化する実証実験を開始した。「東京・千代田区丸の内周辺」「東京・港区台場周辺」「横浜市みなとみらい地区から三浦半島方面」などが例として挙げられている。

　この実証実験を通じて、水害や震災など広域で被害が生じる大規模災害を3D都市モデルの「デジタルツイン」上に可視化し、被害をリアルタイムに分析したり、被害を事前に予測するための技術を開発する等、ビッグデータ×テクノロジーで防災・BCP（事業継続計画）に寄与する取り組みを拡大していくとしている。

　近年、豪雨や台風などの大規模災害が相次いでいるが、このような災害時、企業や自治体等においても初動の対応が重要になってくる。

　SNSをはじめとしたビッグデータからリスク情報を検知・収集するFASTALERTのような取り組みは、その高いリアルタイム性から初動の対応を早められるだけでなく、警察や消防、自治体などの当局以上に網羅的にリスク事象の所在を把握することで二次災害の防止や経済損失の最小化にもつながるとしている。

　また、中長期的には、災害・事故・事件などの事象と「場所」の紐ついた情報を蓄積することで、その地域・地点における災害リスクの低減や事故防止にも活用可能とされている。

出典：株式会社JX通信社　プレスリリース（2021年8月30日）

【9　宮城県漁協のドローン×AI×遠隔情報共有技術による密漁監視・抑止】

　宮城県漁業協同組合は、ナマコ等の海産資源の密漁対策として、最先端技術を結集した「ドローン×AI×遠隔情報共有技術を用いた密漁監視・抑止システム」の導入を検討した。同システムは、株式会社エアーズおよび一般社団法人日本UAV（Unmanned Aerial Vehicle；無人航空機。以下ドローン）利用促進協議会が、2017年より実証実験を積み重ねてきた、ドローンによる密漁監視システムに高精度な判別能力を有するAIを搭載している。

　近年、密漁は増加の一途をたどり、2020年12月に改正漁業法が施行され、密漁者に対する厳しい罰則規定が定められたが、その後も全国的に密漁被害は後を絶たない。密漁対策として、監視用レーダーシステムの設置や監視艇の運用をしているにもかかわらず、その効果は特定エリアにとどまり、密漁者の監視・抑止行為にも多大な危険が伴っている。

　この密漁監視・抑止システムでは、密漁被害が予測される管轄内エリアを区分し、時刻や飛行ルートを適時、組合内部にて決定し設定する。主に密漁行為が行われる夜間に、赤外線カメラを搭載したドローンが設定されたルートを飛行する。撮影画像をAIが判別し、瞬時にその画像と位置情報を複数の関係者に伝達する。時速36キロで飛行するドローンは、複数ルートを短時間で移動し、広域なエリアの監視が可能である。上空からの監視は、死角となっていたエリアをカバーする。搭載される高精度可視光カメラ・赤外線カメラは、昼夜の隔てなく密漁船・密漁者を特定できる。

　現行の法規では、密漁した海産物を海上に上げない限り密漁と認定されないが、ドローンに発見された密漁者は、その海産物を捕獲しようとせず海中に投げ出すと考えられる。場所の特定ができていれば被害とならず、組合での海産物回収が可能とされる。同システムの導入により、密漁監視・抑止に関わる漁業者の安全確保とコスト削減が期待できるとしている。

　　　　　　　出典：株式会社エアーズ　ニュース（2021年10月18日）

【10　i-PROのAI全方位ネットワークカメラ】

　パナソニックi-PROセンシングソリューションズ株式会社（2022年4月に「i-PRO株式会社」に社名変更）は、レンズの下方360°を撮影可能なAI全方位ネットワークカメラ4機種と専用のAIアプリケーション2種を開発し、AIプロセッサー搭載ネットワークカメラのスタンダードモデル「i-

PRO Sシリーズ」のラインアップとして、2021年12月より、パナソニック システムソリューションズ ジャパン株式会社（2022年4月「パナソニック コネクト株式会社に社名変更）を通じて発売すると発表した。
AI全方位ネットワークカメラの主な特長は以下の通り。

1. AIプロセッサーにより、効率良くカメラ映像を分析・解析
   従来のネットワークカメラでは難しかった映像を扱う高負荷のAI処理を、AIプロセッサーを標準搭載したネットワークカメラ内でエッジAI処理することで、サーバー側の負荷を分散し、効率良くカメラ映像を分析・解析。また、ネットワークカメラ単体で顔や人、車両、二輪車を自動で識別。

2. 最大3つまでAIアプリケーションをインストール可能
   利用用途に応じたアプリケーション機能を活用できる。

3. 人の叫び声やガラスの破損音、クラクション、銃声といった種別ごとのAI音識別機能を搭載
   映像監視の一層の強化を実現した。

4. AI処理による究めた高圧縮と高画質を実現
   顔や人、車両、二輪車を低圧縮、それ以外の領域を高圧縮に制御。

　AI全方位ネットワークカメラ専用の2種類のAIアプリケーションの一つは「AI動体検知／AI人数カウントアプリケーション」で、動体検知、人数カウント、ヒートマップ、混雑検知の機能を1つにまとめたものである。もう一つの「AIプライバシーガード」は、カメラに映った人物の全身にモザイク処理を行いプライバシーや肖像権を保護するものである。

出典：パナソニック i-PRO センシングソリューションズ株式会社
パナソニック システムソリューションズ ジャパン株式会社
プレスリリース（2021年10月25日）

【11　アジラの「次世代カメラシステム」としての施設向けAI警備システム】

　株式会社アジラは、2022年10月、施設向けAI警備システム「アジラ」を三菱地所株式会社の新丸の内ビルディングに納入した。
　社会インフラや大型商業施設、オフィスビルなどでは、近年防犯対策として多数のカメラが設置されており、人々の安全・安心に対する意識が高まる一方で、膨大な映像の中から異常を瞬時に判別・通知し、警備員が即応することにより、犯罪の未然防止や、緊急・救急要請の迅速化への要望

も増えてきている。

　同社が提供する「アジラ」は、既存のカメラシステムをAI化できる施設向けAI警備システムである。カメラ映像の中から、異常行動（転倒、卒倒、ケンカ、破壊行動）や不審行動（千鳥足、ふらつき、違和感行動）を検出したときのみ、瞬時に映像を通知することができるため、映像を監視する警備員の業務を軽減でき、見逃しや見落しもなくすことができる。

　AIであるアジラの特徴として、導入後数日間で防犯カメラに映る人々の行動を自ら学習し、それらの行動から外れた通常とは異なる行動（同じ画角内でうろうろしている、きょろきょろしているなど）を「違和感行動」として検知するという点がある。これにより、事件や事故が発生する前の予兆行動をも捉え通知することができるため、事故の予防にも寄与するとしている。

　さらに以下の特徴がある。

・映像は、人物を骨格で認識し、行動認識AIにより人の動きの特徴を検知し分類・保存するため、個人情報保護の安全度が高まる。
・カメラごとの環境に合わせて自動的にチューニングできるため、夜間の清掃や工事など、検知する必要のない事象を異常検知から除くことができ、不要な通知を減らすことができる。
・今後はオプションで人物の行動による認証機能を追加でき、常習性のある犯罪者（窃盗）を特定・検知することで、防犯に役立てることが可能になる。

　　　　　　　　出典：株式会社アジラ　ニュース（2021年11月15日）

【12　AI防災協議会のLINE公式アカウント「AI防災支援システム」】

　AI防災協議会は、災害時における住民同士の公助や自治体の災害対策に活用できるよう、「防災チャットボット『SOCDA（ソクダ）』」（以下SOCDA）の「情報投稿機能」を実装したLINE公式アカウント「AI防災支援システム」を公開した。

　2021年2月には「SOCDA」を全国共通基盤として活用するため、コミュニケーションアプリ「LINE」で「AI防災支援システム」を開設し、自治体との実証実験等を経て、広く活用されるよう公開した。LINE公式アカウントには「SOCDA」の「情報投稿機能」を実装しており、災害発生時に地域の被害状況を把握し、住民同士の助け合いや行政機関における災害

対応に活用できる。

　今後は「情報投稿機能」のさらなる改良や、行政機関から住民に対し、避難行動を支援するための情報提供を行うことができる「避難支援機能」の追加を進めていくとしている。

■「情報投稿機能」

　各地にいるユーザーからリアルタイムで投稿された被害状況をもとに、どこでどのような種類の災害が発生しているかをAIが整理して、地図上に可視化する。早期に災害の全体像を把握することを可能とし、災害対策の判断を支援する。

■「避難支援機能」

　現在地・避難先・避難行動の危険度などを総合的に評価し、ユーザーごとにカスタマイズされた、より適切な避難を提案する機能。「避難支援機能」を稼働させるための避難所・避難場所・ハザードマップのデータベースの構築を進めており、準備が整い次第、LINE公式アカウント「AI防災支援システム」に機能を追加予定としている。

出典：AI防災協議会　プレスリリース（2021年11月30日）

【13　日本気象協会の画像解析と気象データを組み合わせたAI路面状態判別技術】

　一般財団法人 日本気象協会と株式会社Spectee（以下スペクティ）および福井県は、路面状況確認カメラ（以下カメラ）で得られた画像から、AIと気象条件によって路面状態をリアルタイムに判別する実証実験を2020年度から行っている。この技術のさらなる精度向上を行い、本格的な福井県民向けサービス運用を目指すため、2021年12月から新たに路面状態判別を行うカメラ地点数を大幅に増加するとともに、路面状態予測を組み合わせての実証実験を行うと発表した。

　今年度の実証実験では、カメラだけでは判別が難しい状況での精度向上を図るため、日本気象協会が所有する気温や降水量などのさまざまな気象データを組み合わせることにより、より精度の高い路面状態判別を行う。カメラ画像と気象データの「ハイブリッド解析」により、これまでAIの画像解析だけでは判別が困難であった「凍結」と「湿潤」を正確に判別できるようになることが期待される。

　また、昨年度の実証実験で使用したカメラは3台だったが、今回はカメラを20台に増加し、福井県内のより広範囲で行われる。これにより、さ

まざまな交通量の山間部・平野部等の複雑な条件下での「路面状態判別技術」の有効性が検証される。

　福井県では近年、豪雪が県民生活に大きな影響を与えている。特に2018年2月の豪雪では、立ち往生した車両が多く発生したことにより、国道8号で約1,500台もの車両が長時間にわたって滞留したほか、県管理道路でも複数の車両でスタックが発生し、県内の道路交通に大きな障害が生じた。道路上の積雪や凍結路面の発生は、交通事故や車両のスタックを引き起こす誘因であり、道路管理の大きな課題となっている。

　日本気象協会とスペクティは、本実証実験により「ハイブリッド解析」で、日中、夜間を問わず路面状態をリアルタイムに正確に把握することを目指すとしている。

出典：一般財団法人 日本気象協会　株式会社 Spectee　福井県
プレスリリース（2021年12月14日）

【14　ソリトンシステムズとパナソニック コネクトの顔認証技術】

　株式会社ソリトンシステムズとパナソニック コネクト株式会社は、多要素認証ツールと認証テクノロジーを連携したソリューション共同開発として、パナソニック コネクトの顔認証技術を搭載したPCログオンソフト「SmartOn」の新版をソリトンシステムズから2022年12月より発売する。

　地方行政のデジタル化推進において、総務省は、情報セキュリティの強化を目的に、多要素認証や、業務ごとの専用端末の設置の必要性を求めている。厚生労働省や文部科学省でも、それぞれ医療情報システム、教育情報システムへの接続に多要素認証の導入を求めている。さらに金融分野においては、世界規模でクレジットカード会員データに関する認証形式を規定している。個人情報を取り扱う団体や企業で多要素認証の導入が進み、昨今の働き方の変化により、テレワークでの本人認証も課題となっている。

　両社は、多要素認証で厳格な本人確認や利便性が向上する世界の実現を目指す一環として、今回「SmartOn」において、顔や指紋、ICカードなどを用いた多要素認証で、PC利用時の認証を強化した。

・マスク着用時でも高い認証精度を持つパナソニック コネクトの顔認証技術を活用
・モバイルワークのセキュリティ対策としてPC内蔵カメラによる顔認証で厳格でスムーズな認証を可能にする

・マスク着用のほか、メガネ着用や顔の角度・経年変化にも対応

　今後はPCログオンにとどまらず、入退セキュリティや物理鍵の管理などの物理セキュリティと組み合わせた価値創造や、さまざまなシステムと組み合わせたトータルソリューションの展開を目指すとしている。

出典：株式会社ソリトンシステムズ　パナソニック コネクト株式会社

プレスリリース（2022年12月7日）

【15　日立ソリューションズ・クリエイトのAI活用の「河川水位判定サービス」】

　株式会社日立ソリューションズ・クリエイトは、AIを活用して人が目視確認している業務の自動化を支援する「AIプラス画像認識AIソリューション」に、河川の水位監視業務の負担軽減を図る「河川水位判定サービス」をラインアップし、提供を開始した。

　近年、気候変動による局地的な豪雨が多く発生しており、河川の増水に伴い堤防が決壊した際、周辺地域に甚大な被害を与えるケースが増えている。そのため、河川を管理監督する自治体においては、防災活動の一環として、河川の水位監視業務が定常的に行われている。河川の水位監視業務は一般的に目視で行われるため、豪雨などの場合には監視員が直接河川に赴いて水位を確認する必要があり、作業には危険が伴う。そこで、河川沿いに設置したカメラの画像から水位を監視するビデオ・マネジメント・システム（以下河川監視VMS）の導入も徐々に進んでいるが、複数のカメラ画像を少人数で確認する必要があるなど、課題が多い状態にある。

　河川監視VMSで収集した画像からAIで水位を判定する新たなシステムの提供に向けて、関連三社による共同の実証実験の結果を受け、日立ソリューションズ・クリエイトは、カメラで撮影した河川の画像から水面の検出を行い、あらかじめ設定した水位閾値の超過を判定するAIを開発し、「AIプラス画像認識AIソリューション」のラインアップに「河川水位判定サービス」として追加して、提供を開始した。河川の水位監視業務における監視員の負担軽減を強力に支援するとともに、監視員の安全確保や周辺地域の住民への早期避難の促進などにも貢献できるとしている。

　特徴は下記の通り。

1．システムによる監視を実現し、監視員の負担を軽減

　「河川水位判定サービス」と連携した河川監視VMSであれば、河川の水位上昇をシステムで監視することが可能となり、監視員の目視確認の

負担を大幅に軽減しつつ、危険な水位上昇を見逃すリスクを低減する。
2. 河川監視VMS連携後、すぐに利用可能
　「河川水位判定サービス」は、さまざまな河川で汎用的に利用できるよう事前学習済のAIを提供するため、顧客が河川監視VMSを所有している場合、連携後すぐに利用が可能である。

出典：株式会社日立ソリューションズ・クリエイト

ニュースリリース（2023年1月12日）

【16　エーアイセキュリティラボの脆弱性診断分野における生成AI活用】

　株式会社エーアイセキュリティラボは、近年急速な進化を遂げる生成AIをサイバーセキュリティ（脆弱性診断）分野で活用すべく研究開発を開始し、初期成果として自然言語による脆弱性診断の設定が可能なプロトタイプを開発した。

　認識AIを活用した同社の従来のWebアプリケーション脆弱性診断ツール「AeyeScan」は、大企業のセキュリティ部門や大手セキュリティ専門会社等から非常に高い評価を受け、有償契約100社を突破したという。一方で、依然として人手による作業が残る部分もあり、近年急速な発展を遂げる生成AIを活用してさらなる利便性と精度向上を目指すべく研究開発を開始した。具体的には、大規模言語モデル（LLM）を活用し、診断に関するあらゆるタスクの自動化に取り組む。この取組みにより、日常的に使う自然言語での指示が可能となり、より簡単に高度な診断の実現を目指す。

　高精度な脆弱性診断の実現には、対象Webアプリケーションに関する技術要素の把握が不可欠となる。研究開発の推進の結果、生成AIおよびプロンプトエンジニアリングの活用により、自然言語を用いた診断必要画面の自動判定を実現した。この初期成果活用の具体例として、ECサイトにおいて商品Aを購入したい場合、これまでは対象画面の特定や詳細な遷移条件、パラメータ値の入力など複数の技術要素を把握し、ツールにそれらを設定する必要があったが、生成AIを用いることにより、「商品Aの購入フローのみを巡回して」とプロンプト入力するだけで高精度な診断が可能となった。

株式会社エーアイセキュリティラボ　プレスリリース（2023年6月14日）

14. 企業・団体のAI導入事例－インフラ

【1　八千代エンジニヤリング・ブレインパッドのコンクリート護岸の劣化判定サービス「GoganGo」】

　八千代エンジニヤリング株式会社と株式会社ブレインパッドは、河川のコンクリート護岸の劣化度合いを、AIで自動判定するサービス「GoganGo」を共同開発した。洪水を安全に流す役割を担う河川のコンクリート護岸を撮影した画像をディープラーニングで解析し、コンクリートのひび割れなどの劣化の有無を自動判定する。アップロードされた画像上で検知された護岸の劣化領域の劣化具合が河川の上流からの位置情報とともに表示される。検知のためのアルゴリズムは、Googleによってオープンソース化された深層学習フレームワーク「TensorFlow」を使って実装している。

　「GoganGo」開発の背景には、日本の高度経済成長期に整備された道路や橋、下水道、河川などの社会インフラの老朽化があるが、その点検作業のほとんどが人自らの目視等がベースとなるため、長い河川区間の点検に必要な人員や長時間の点検作業にかかるコストが甚大となっている。そこで、河川構造物のひび割れなどの破損の兆候が見られる場所をAIが自動判定することで、優先的に修繕すべき場所の特定が可能となり、河川の維持・管理業務が劇的に効率化されると見通しを立てた。

　今後は、護岸以外の社会インフラへの本サービス適用や護岸撮影へのドローン適用も視野に入れ、技術開発を進めていく予定であるとしている。

出典：八千代エンジニヤリング株式会社・株式会社ブレインパッド
ニュースリリース（2018年2月15日）

【2　NECの社会インフラの安定運用を支援するAI技術】

　日本電気株式会社（NEC）は、国立研究開発法人産業技術総合研究所と共同で、プラント等の重要な社会インフラの安定運用を支援するAI技術「論理思考AI」を開発した。運用対象の異常時に最適なリカバリープランを自動で提示し、その根拠も合わせて提示するため、経験の浅い運用者でも手順の妥当性の判断が可能となり、早期復旧を支援する。

　同技術は、論理推論技術と、機械学習の一つであるシミュレーションを

活用した強化学習技術を融合した技術である。

　はじめに、論理推論技術により、対象となるシステムのマニュアルや設計情報などの情報をつなぎ合わせ、復旧に向けたリカバリープランを自動生成し、確度の高いものに絞り込む。

　次に、絞り込んだリカバリープランに沿ってシミュレーション環境で試行錯誤しながら、最適な手順を学習していく。このように、膨大なトラブルケースにおける有望なリカバリープランを絞り込んだ上で学習することで、学習期間を年単位から数日に短縮することが可能となった。

　社会インフラの運用においては、その複雑さや社会的影響の大きさから、経験豊富な熟練運用者に依存している。しかし、近年の人材不足や熟練者の育成の観点から、AIによる運用支援が求められている。

　このようなニーズを背景に、近年、適切なリカバリープランの立案のために、シミュレーションを活用して試行錯誤を繰り返すことで手順を学習する強化学習技術の研究が進んでいる。しかしながら、プラント設備のような大規模・複雑なインフラでは、膨大な試行錯誤が必要となり、実用的な時間で学習を終えることが困難となっていた。

　今回開発された技術は、上記課題を解決し、AIによる社会インフラの運用支援を実現する成果の一つであるとしている。

　　　　　　出典：日本電気株式会社　プレスリリース（2018年12月12日）

【3　TDSEの社会インフラ向け劣化検知ソリューション提供】

　テクノスデータサイエンス・エンジニアリング株式会社（2021年12月に「TDSE株式会社」に社名変更）は、ディープラーニング技術を活用したAI画像映像解析エンジン「scorobo for Infrastructure」を用いる社会インフラ向け劣化検知ソリューションの提供を2019年7月より開始した。橋梁や道路、コンクリート建造物などの画像・映像データを活用し、検査業務の効率化、精度向上を図る。

　労働人口の減少や設備の老朽化により、社会インフラ診断業務の効率化がさまざまな業界や自治体で将来大きな課題になることが予測されている。具体的には、橋梁や道路、コンクリート建造物などの画像・映像を活用した、迅速かつ高精度な老朽化検知およびひび割れ検知の需要が拡大傾向にあるとしている。

　従来型の熟練者による目視や打音による検査から、AIの活用により、

①異常箇所の自動検知、②点検基準の均一化、③点検票・動画・静止画・報告書等の非構造化データのクラウド基盤への集約が実現され、点検業務の効率化につながるとされる。労働人口の現象・働き方変革に伴う労働時間の適正化を目指す。

　2017年度より開始した東京電力パワーグリッド株式会社との共同研究開発では、送電線の異常診断業務に対し、これまで作業員が確認していたVTRによる点検作業をTDSEが開発したAIが行うことで、異常検知の精度向上と点検作業時間の50%以上の大幅な短縮が見込まれている。

出典：テクノスデータサイエンス・エンジニアリング株式会社

プレスリリース（2019年6月19日）

【4　凸版印刷のAIを活用した高輪ゲートウェイ駅の案内業務】

　凸版印刷株式会社は、2020年3月14日に開業したJR山手線の「高輪ゲートウェイ駅」に、多言語AI案内サイネージ「BotFriends® Vision（ボットフレンズ ビジョン）」を提供した。

　「BotFriends® Vision」は、同社が2018年より提供しているAIを活用した多言語案内サイネージである。「BotFriends® Vision」のチャットボットプラットフォームは同社の「BotFriends®」が活用され、用意された質疑応答集の通りに回答するのではなく、行動経済学と同社がコールセンター対応で培ってきた顧客対応ノウハウに基づき、利用者の気持ちに寄り添った「おもてなし」対応を可能にする。さらに、音のバリアフリースピーカー「ミライスピーカー®」を搭載しており、高齢者や大勢の人混みの中でもクリアな音で案内することができる。

　本サービスの多言語対応のAIチャットボットには、国立研究開発法人情報通信研究機構（NICT）のニューラル機械翻訳（NMT）エンジンなどが使用され、音声やテキストでの翻訳が可能である。今回の高輪ゲートウェイ駅の実地検証では、日本語・英語・中国語・韓国語の4か国語に対応している。

　同社は、「BotFriends® Vision」が高輪ゲートウェイ駅に設置されることで、駅利用者の利便性を向上させ、国内外からの利用者のおもてなしを支援するとしている。

出典：凸版印刷株式会社　ニュースルーム（2020年3月16日）

【5　日本鋳鉄管のAIを用いた水道管路劣化診断業務】

　日本鋳鉄管株式会社は、朝来市（兵庫県）上下水道課とAIを用いる水道管路劣化診断業務について委託契約を締結した。これは、日本鋳鉄管として、全国初の本格導入先となる。

　同業務は、朝来市が管理する管路データ（配管データ・漏水履歴等）に対して、アメリカのFracta社が構築した環境ビッグデータとAIを用いて、張り巡らされた配管の破損確率を詳細に算出し、朝来市の管路更新事業及び水道管の漏水防止並びに維持管理を効率的に推進するため、網羅的・総合的に劣化診断を実施するものである。

　劣化診断に際して行う配管データの精査（例えば、誤植や欠損値の補完等）において、Fractaの技術が駆使され、配管データの精度を向上させ、不足データを補完し管理台帳整備を行う。同業務により、破損リスクが高いと診断された管路を優先して更新することによる更新費用の削減、水道法で義務づけられている管路台帳整備の少数職員による効率的な実施などの効果が見込まれ、ひいては管路全体の長寿命化、SDGsの向上に資するという。

出典：日本鋳鉄管株式会社　プレスリリース（2021年2月8日）

【6　KDDIと三井物産の「次世代型都市シミュレーター」】

　KDDI株式会社は、三井物産株式会社と、位置情報などのビックデータやAIを活用し、人が移動する手段・時間・場所・目的を把握可能とする「次世代型都市シミュレーター」を開発する。

　両社は、同シミュレーターを活用した都市状況の精緻な可視化と将来予測のシミュレーションを通じて、スマートシティの開発を支援するとともに、5G・金融・MaaS・エネルギー・インフラを含む新たな事業創出を目指す。さらにKDDIは、5G基地局や電気自動車の充電スポット、自動運転バスの停留所などの配置場所の検討や、自動運転ルートのシミュレーションなどにも取り組んでいく。KDDIは、同シミュレーターの有効性を2021年3月以降実証し、2021年度中の事業化を目指すとしている。

出典：KDDI株式会社　プレスリリース（2021年3月19日）

【7　NTTコムウェアの、デジタルツインで進化する設備管理サービス】

　エヌ・ティ・ティ・コムウェア株式会社は、インフラ設備の管理・運用情報および、3D情報・リアルタイム情報を収集・統合し、設備延命化、設備稼働率の向上、設備管理・投資の最適化に貢献するデータ分析・活用基盤であり、Webアプリケーションとして利用できるサービス「Smart Data Fusion」の提供を2021年7月より開始した。

　例えばスマートエネルギーの分野においては、脱炭素社会実現のため、太陽光・風力発電等の発電効率・収益性の向上と運用コストの低減に向けたデータの統合・分析・活用が課題となっている。「Smart Data Fusion」は、設備管理業務に関わるシステム情報、運用情報と3Dデータ、オープンデータ等をデジタルツイン空間に統合し、データ分析・活用を行い、設備管理業務のDX化を実現する。

　また、ビジネスアイデアの効果検証を早期に実現したり、インフラ点検・診断ノウハウを持つユーザによりAIによる点検業務の自動化や平準化を可能としたりする特長があるとしている。

　今後はスマートエネルギー・スマートインフラ・スマートシティ分野での利用拡大に向け、AIや機械学習を拡充、他社サービスとも連携を広げることで予兆保全等による設備管理・運用の最適化、設備稼働率の最大化、さらにはシミュレーション等を活かした環境アセスメントへの展開を目指すとしている。また、国土交通省が推進するオープンデータと統合することで、1つの施設・設備のみならず、街区や都市レベルの設備管理の実現も可能となるとしている。

出典：エヌ・ティ・ティ・コムウェア株式会社　ニュースリリース

（2021年7月28日）

【8　さくらインターネットの新規駐車場用スペース自動検出ツール】

　さくらインターネット株式会社は、株式会社Ridge-i（リッジアイ）、akippa（アキッパ）株式会社と共同で、衛星データとAI画像認証を活用し、新規駐車場用スペースを自動検出する駐車場検知ツールを研究開発を行い、「Tellus VPL」のα版を、衛星データプラットフォーム「Tellus（テルース）」の公式ツールとして2021年8月より無料で提供を開始した。

　akippaは、全国の空いている月極や個人の駐車場、空き地などを駐車場として一時利用できるシェアリングサービスを提供しており、「Tellus

VPL」を開発した背景には、akippaが抱える新規駐車場用スペース開拓という課題があったという。この課題を解決するため、新たに駐車場として活用できる遊休地を見つけるための効率的で新しい手法として、衛星データと機械学習・ディープラーニングの技術を活用し、特定エリアの「自動車駐車場用スペースの候補を自動検出するプログラム」を開発した。同プログラムを利用したサービスが実用化されれば、akippaがこれまで現地で探していた自動車の新規駐車場用スペースを衛星データから確認できるようになるため、駐車場開拓における営業活動の効率化が期待できる。

　同ツールの開発にあたっては、「Tellus」の開発・利用を促進するさくらインターネットが本プロジェクトの企画および衛星データの提供を行い、Ridge-iが機械学習・ディープラーニングの技術を使い、衛星データから新規駐車場用スペースの候補地を検出できるプログラムを開発した。

　3社は、引き続き同ツールのブラッシュアップを行い、衛星データの実用化に向けて取組むとしている。

　出典：さくらインターネット株式会社　プレスリリース（2021年8月19日）

【9　大阪ガス他の地中埋設管の位置をAIで自動判定するソフトウェア】

　大阪ガス株式会社は、日本信号株式会社、株式会社HACARUS（ハカルス）と共同で、世界で初めて、地中にあるガス管や水道管などの位置をAIで判定する「AI自動判定ソフトウェア」を開発した。2021年10月から販売が開始される。

　道路の掘削作業を行う際には、地中に埋設されたガス管、水道管、下水管、電力・通信ケーブルなどを破損しないよう、事前に埋設管の位置を特定する必要がある。大阪ガスでは地中レーダーを用いて埋設管の位置を探査しているが、埋設状況によっては判定が難しいケースがあり、埋設管の正確な位置を特定するには一定の経験が必要であった。

　今回開発されたソフトウェアでは、地中レーダーの探査画像をAIが自動判定し、埋設管の位置を特定する。熟練作業者の判定方法をAIに学習させることで、高い精度が実現され、同ソフトウェアを導入することで、初心者でも簡単に埋設管の位置を特定することが可能となるという。

　また、少量の学習データで高い精度を発揮できる「スパースモデリング」を採用したことで、開発にかかる時間・コストが低減された。「スパースモデリング」は、HACARUSが開発したAIモデルで、大量の学習データが必要な「ディープラーニング」と比較して、少量のデータから特徴を抽

出し、学習と推論を行える技術である。同ソフトウェアは既存の地中レーダーに搭載することができる。

　3社は、より安心で安全な工事ができるよう、本ソフトウェアを搭載した地中レーダーを全国のガス、水道、電力、通信などの事業者へ普及させていくとともに、今後もAI判定精度の向上に取り組むとしている。

出典：大阪ガス株式会社　プレスリリース（2021年9月29日）

【10　熊本市型アセットマネジメントシステム構築に向けた共同研究】

　熊本市上下水道局は、NTTビジネスソリューションズ株式会社、東京ガスエンジニアリングソリューションズ株式会社、日本水工設計株式会社、日本電気株式会社各社と「熊本市型アセットマネジメントシステム構築に向けた共同研究」の協定を締結した。

　上下水道の事業運営を取り巻く状況は、人口減少社会の到来、節水意識の向上や節水機器の普及に伴う料金収入の減少などの社会変動に起因する課題に加え、老朽化する上下水道施設の更新や耐震化の推進、近年多発する自然災害への対応など多岐にわたる課題を抱えており、職員数の減少問題も喫緊の課題となっている。これらの課題に対応しながら、持続可能かつ健全な事業運営を継続していくために、適切かつ抜本的な業務の効率化が強く求められていることが、同研究に取り組む背景にあるとしている。

　同研究は、「持続可能かつ健全な上下水道事業運営の実現」に向けたDXの取組みとして、データ流通を実現するための基盤となる共有プラットフォームとAI等を活用した熊本市型アセットマネジメントシステムの構築により、デジタル視点の業務改革を目指すことを目的としている。

　令和3年度は、令和2年度の研究成果や課題を踏まえ、2つのモデルケース（漏水箇所の予測・機器及び部品の健全度と機器劣化の予測）によるAI分析の再検証を行うとともに、上下水道事業における既存システムをはじめ多くのデータ接続とさまざまなアプリケーション等の使用を実現するため、上下水道事業に必要な骨格となる共有プラットフォーム（クラウド）の仕組み（案）の検討を行う。

出典：熊本市　広報・イベント情報（2021年11月8日）

【11　清水建設の「シミズ・シールドAI」によるシールド機自動運転】

　清水建設株式会社は、シールド工事の掘進計画の立案およびマシン操作の自動化を目的に開発したAI施工合理化システム「シミズ・シールドAI」を姫路市汐入川才西川放水路幹線建設工事（兵庫県姫路市）に導入し、初期掘進完了後の2022年３月からAIによるシールド機の自動運転を開始した。

　シミズ・シールドAIは、シールドトンネルの掘進計画を支援する「施工計画支援AI」と、シールド機の操作を支援する「掘進操作支援AI」の２種類のAIシステムから構成される。

　施工計画支援AIは、掘進計画のAIシミュレーションプログラムで、開発にあたっては、実際の工事現場をモデル化してアルゴリズムの検討を続け、延長414mの道路工事トンネルモデルでは、制約条件を満たす掘進計画をわずか25分で導き出した。

　掘進操作支援AIは、与えられた掘進計画を具現化する最適なジャッキパターンを予測する。具体的には、熟練オペレーターの実操作内容を教師データとして学習したAIが、掘進中のシールド機から得られるさまざまな情報から、シールド機を推進する複数本のジャッキの最適な制御方法（ジャッキパターン）を瞬時に判断・選択することで、掘進計画通りの施工を実現する。これまで複数の現場に実装して予測内容の精度検証を行い、わずかな誤差でシールド機の掘進方向を制御することに成功している。

　清水建設は今後、シミズ・シールドAIの現場実装を推進するとともに、トンネル坑内の資材自動搬送など他の施工合理化技術との機能連携を図ることで、シールド工事のさらなる生産性向上につなげていくとしている。

　　　　　　出典：清水建設株式会社　ニュースリリース（2021年11月19日）

【12　NEDO の AI による渋滞予測を活用した信号制御】

　国立研究開発法人新エネルギー・産業技術総合開発機構（以下NEDO）が取り組む「人工知能技術適用によるスマート社会の実現」の一環として、一般社団法人UTMS協会と住友電気工業株式会社が開発を進める、AIによる渋滞予測を活用して信号を制御する実証実験が成功した。

　今回の実証実験は、岡山市の２か所の交差点で行われた。まず岡山県警察本部交通管制センターに導入したAIに、過去の交通量や周辺環境情報などの時空間情報とプローブ情報（車両から直接収集される走行軌跡情報）で得られた旅行時間（渋滞状況）の相関関係を学習させた。次に、この

AIに、交通量計測用車両検知センサーで取得した交通量から渋滞長を推定させた。交通管制センターの交通情報処理部では渋滞計測用車両検知センサーで計測された渋滞情報を使用せず、AIが推定した渋滞情報を活用し、信号制御処理部に情報を送ることで2か所の交差点で信号機の最適な制御を行った。

　実証実験の結果、AIによる渋滞予測に必要な交通量計測用車両検知センサーのみを残し、既存の車両検知センサーを半減しても従来と比較して渋滞状況に変化はなく、信号制御の性能を維持できることを確認した。

　現在日本国内に設置されている多くの信号機では、道路上の車両検知センサーが計測した交通量と渋滞長に基づいて各交通管制センターから最適な青信号の時間を制御しており、渋滞長を計測するためには交差点流入路に沿って数百メートルごとに渋滞計測用車両検知センサーを設置することが必要であり、その高い運用コストが課題となっている。

　今回の実験結果で、車両検知センサーの削減によりインフラコストを低減できるとともに、渋滞計測用車両検知センサーが少ない交差点でも適切な信号制御が可能になるなど、交通渋滞の減少に伴う低炭素社会実現への貢献が期待されるとしている。

出典：国立研究開発法人新エネルギー・産業技術総合開発機構
ニュースリリース（2022年4月25日）

【13　OKIの関西国際空港におけるAI対話エンジン活用のリモート案内システム】

　沖電気工業株式会社（以下OKI）は、関西国際空港においてAI対話エンジンを活用したリモート案内システムの実証実験を実施する。本実証実験では、AI対話エンジンを使用したAIチャットボットによる無人案内、オペレーターによるリモート支援により、空港内でのDX実現に向けて利用者へのサービス品質の維持・向上と、案内スタッフの有効配置が可能かを検証する。

　今回の実証実験では、OKIの接客支援ミドルウェア「CounterSmart」を活用し、AI対話エンジンによる無人案内やオペレーターによるリモート支援を行う。利用者対応の多数を占める施設案内などの問合わせについて、AIチャットボットによる自動応対で解決できるようになると、案内スタッフはその他の問合わせが必要な利用者に、より注力できるようになることが期待される。

「CounterSmart」とは、「音声認識、AI対話エンジンによる無人応対」と「音声・映像・画面共有によるリモート支援」を実現できる接客支援ミドルウェアである。OKI独自の雑音除去技術を使用して利用者が操作するエリア音のみを収音するエリア収音マイクや、騒音環境下でも利用者に音が届きやすい指向性のあるスピーカーにより、空港などの騒音環境下においても、端末利用者と遠隔地にいるスタッフとのスムースな会話が可能としている。

本実証実験では、本システムを現行の案内カウンターに設置し実運用に沿った検証を行うとともに、利用者へアンケートを実施し、利用者から見た課題についても確認する。

出典：沖電気工業株式会社　プレスリリース（2022年7月25日）

【14　東芝の多摩都市モノレールにおけるAI活用の列車ダイヤ・車両運用最適化】

東芝インフラシステムズ株式会社と株式会社東芝は、AIを活用した列車ダイヤ・車両運用の最適化を行い、多摩都市モノレール株式会社の2022年3月のダイヤ改正にその成果を適用した。これにより、年間5％程度の運用コストの削減が見込まれるという。

鉄道会社の車両運用は、限られた車両を効率よく運用することを目的として、各種検査や清掃のスケジュールを決める検査・清掃計画と、各列車ダイヤをどの車両で運行するかを決める配車計画を組み合わせて行われる。検査・清掃計画と配車計画は相互に関連付き、かつ条件の組合せの数が非常に多いため、専門の知識と経験を持つ従事者が時間をかけて作成するが、最適な計画を得ることは非常に難しく、また一部に変更が発生すると計画の再作成に多大な労力を要するなど、解決すべき課題となっていた。

東芝インフラシステムズは、多摩都市モノレールに導入している東芝グループの輸送計画ICTソリューションTrueLine®のダイヤデータ資産をもとに、東芝研究開発センターが開発した現場のノウハウや制約条件を数理モデル化した輸送計画最適化AIを活用して最適化を行い、TrueLine®に実装されている以下のAIを活用、調整しながら、解決へ向けて検証を重ねた。

・検査・清掃計画AI：各種検査・清掃に関し、規定の周期や作業工数を守りつつ作業の回数を最小化（周期を最大化）することを目標として検証を実施し、効率の良い検査・清掃作業が計画できること、一部の計画

に変更が生じた場合の再計画を確認
・配車AI：検査・清掃計画の結果を利用して日々の配車をAIにより計画。日々の基本運用計画に対して配車可能な車両を検査・清掃計画の結果から抽出し、配車が計画できることを確認
・運用循環AI：車両を均等に運用し、平日と土休日の異なるダイヤでも同様な運用となるように単純化し、検査時期が均等に訪れるような運用順を計画できることを確認

　これらの結果を受け、AIを信頼し活用することにより、日々の各種作業計画が容易になり、計画に乱れが発生した場合にも迅速に再計画が可能になった。さらに運用コストの削減効果もあることが認められたため、多摩都市モノレールの2022年3月のダイヤ改正に、その成果が適用された。

出典：東芝インフラシステムズ株式会社　株式会社東芝
ニュースリリース（2022年6月27日）

【15　JR山手線4駅にAIアバター接客「AIさくらさん」を導入】

　株式会社ティファナ・ドットコムが提供しているAI接客システム「AIさくらさん」が、2022年7月1日から2023年12月31日までJR山手線の4駅（品川・渋谷・池袋・秋葉原）に導入され、利用者への案内を開始した（基本稼働時間は駅により異なる）。

　AIさくらさんは、JR東日本グループが実施する「案内AIみんなで育てようプロジェクト」にて2018年からJRでの実証実験に参加し、東京駅をはじめ多数の駅で利用者の案内を行ってきたが、インバウンド対応や、遠隔からの非対面の接客などのサービスを拡大するため、今回の導入となった。

　AIさくらさんは各駅の改札近辺と改札窓口に設置され、駅員に代わり、駅の利用者に駅構内や周辺地域の施設案内・乗り換え情報を案内する。駅改札窓口で稼働するAIさくらさんは、窓口にて駅員が利用者からよく尋ねられる質問上位6つを初期画面上に選択肢として表示しており、利用者の困り事を解決できるようサポートする。AIさくらさんでは対応が難しい、ICカードの精算などの複雑な質問については、駅員が遠隔でビデオ通話を使って案内することができる。

　さらに、インバウンドへの対応も行えるように、AIアバター接客のビデオ通話時に同時翻訳（英語・中国語・韓国語）ができるようにバージョンアップされている。また、外国語以外に日本語字幕を表示することもでき

るため、耳が不自由な方にも分かりやすい案内ができるようにもなっている。

株式会社ティファナ・ドットコム　ニュース（2022年6月30日）

【16　西武鉄道のAI・3D画像解析を用いた踏切異常検知システム】

　西武鉄道株式会社では、2021年より導入試験を実施してきた、踏切の安全性向上を目的とする、踏切内の「人」を主な検知対象とした新たな踏切異常検知システム「踏切滞留AI監視システム」・「3D画像解析踏切監視システム」の本運用を3つの踏切で開始した。

　これまで人道踏切（主に人や自転車が通行する小規模な踏切で、自動車は通行不可）内に「人」が取り残された場合、いあわせた人による非常ボタンの押下が、列車に異常を知らせる確実かつ唯一の方法であった。今回本運用を開始するシステムは「人」の検知性能に優れ、踏切内の異常を検知した際、当該踏切に接近する列車へ停止信号を現示（異常検知システムと、列車に停止信号を出し踏切の異常を知らせる装置である特殊信号発光機との連動）する。

　踏切滞留AI監視システムは、沖電気工業株式会社と丸紅ネットワークソリューションズ株式会社によるもので、踏切内の「人」を踏切監視カメラ映像からAI処理し、物体の形状を認識する。自動車などの物体の滞留を検知する「物体検知」と人の移動・滞留を検知する「骨格検知」の複数のAIアルゴリズムにより、高い精度で迅速に踏切道の自動車等や人の検知を行う。また、踏切監視カメラに低照度カメラを採用することにより、夜間も鮮明な画像解析ができる。

　3D画像解析踏切監視システムは、株式会社コンピュータシステム研究所によるもので、3Dカメラを使った高精度3D画像解析システムで踏切内に取り残された人を検知する。左右2つのレンズを内蔵した3Dカメラによる画像解析で、左右カメラの視差により人の目と同じ様に距離・高さ、ボリュームを認識することで高精度な検知が可能となる。また、体積のない光や影を検知することがないため、自然環境下に左右されない安定したパフォーマンスが期待できるという。

出典：西武鉄道株式会社　ニュースリリース
（2022年11月10日）

【17　日立とJR東日本のAIを活用した鉄道設備の復旧対応支援システム】

　株式会社日立製作所は、鉄道設備の輸送障害発生時において、指令員による早期の障害原因の特定や復旧方法の指示を可能とするAI支援システムを開発し、東日本旅客鉄道株式会社（以下JR東日本）とともに現場実証を経て、実用化した。

　同システムでは、まず障害発生時に、発生したエラー内容や現場で行った確認事項を指令員が入力する。すると日立が独自開発した、膨大な過去の記録から類似事象を判定し抽出するリコメンドAI技術を活用した「オペレーション・リコメンデーションシステム」により、過去の障害対応に関する記録から類似度の高い事象を判定してダッシュボードとして一覧化し、過去の類似事象の原因や対策をグラフィカルに分かりやすく提示する。また、人の経験や知識からは類似性に気づくことが困難な、発生頻度の低い稀な事象についても、発生事象の稀さ（レア度）を加味した類似度判定により、類似事象を抽出・提示することができる。

　JR東日本と日立は、2020年から共同で同システムの実証実験を行い、その有効性を確認できたため、2023年4月より山手線などの首都圏在来線にて本番運用を開始する。実証実験では、従来、復旧に約2時間を要した事象に対して、1時間程度に短縮ができる結果を得るなど、50%程度の復旧時間の短縮が確認されたという。

　　　　出典：株式会社日立製作所　ニュースリリース（2022年11月28日）

15. 企業・団体のAI導入事例－行政

【1　高知市のAIを活用した外国語観光案内システム】

　高知市では、高知県内を訪れる外国人観光客を主な対象とした新しい観光案内システム「tosatrip」を構築し、2019年3月1日より運用を開始した。

　本システムは、AIを活用したチャット型自動応答機能によって、観光客のスマートフォン等の端末上で、県内の観光・グルメ情報、外貨両替所などの情報を、多言語（英語、中国語繁体・簡体、韓国語、日本語）でタイムリーに入手することができる。

　また、観光客が行ってみたいと感じた目的地までの交通手段や経路なども発信できるほか、AIで対応できなかった場合には、オペレーターが臨機応変にメッセージを返答する有人対応で補う。

　本事業は、県内全市町村で圏域を形成し、本市と県内全域の市町村との連携により人口減少の克服等を目指す「れんけいこうち広域都市圏」の取組みの一つである。

　本システムの運用により、外国人観光客の利便性と満足度を高め、県内全域の周遊促進および消費喚起を図ることを目的としている。

出典：高知市　観光情報（2019年3月1日）

【2　AIを活用した「大津市イベント情報集約サイト」】

　株式会社インフォモーションは、大津市（滋賀県）から委託を受け、市内のイベント情報を集約し市民と観光客に届けることにより、地域活性化に貢献する「大津市イベント情報集約サイト」を開設した。

　大津市では、AIをはじめとしたICTなどの先端技術を活用して、市民生活の利便性を向上させる取組みを進めている。その一環として、多数のウェブサイトに散在しているイベント情報をAIが集めて、一目で分かるように編集できたら市民にとって便利になると見通しを立てていた。

　当サイトは、大津市内で開催されるイベント情報をインターネット上のさまざまなウェブページから、AIが収集し、1つのサイトに集約したものであり、キーワードや開催日程、カテゴリ別にイベント情報を探すことができ、新着順や人気ランキングといった切り口でも閲覧できる。

　当サイトを導入することにより、市民や観光客が求めるイベント情報を

簡単に探すことができ、利便性が向上するとともに、イベント参加者や来訪者が増加し、来訪者の市内滞在時間の増加も期待できるとしている。

出典：株式会社インフォモーション　ニュース（2019年5月15日）

【3　室蘭市における観光施設の利用状況可視化ソリューション】

　ニューラルポケット株式会社は、室蘭市（北海道）において観光施設の集客力向上のための画像解析AI技術を活用した利用状況の可視化ソリューションの提供を開始した。ニューラルポケットが室蘭市と連携してまちづくりにAIを活用するのは、北海道内初の取り組みとなる。

　室蘭市は、2018年度より国土交通省の地方再生モデル都市に選定され、室蘭市のJR室蘭駅周辺地区における公共施設整備のほか、フェリー航路を生かした取り組みなどを進めており、多彩な広域交流の促進を図り、賑わいの再生を目指している。このことから、地方再生パートナー制度を介し、画像や映像を解析する独自のAI技術の研究開発と事業化を行っているニューラルポケットとの交流が始まり、ニューラルポケットが有する世界最先端のAI技術を活用していくことで、まちづくりを高度化し、社会貢献を図ることを目的に連携を開始した。

　本取り組みでは、まず第一弾として室蘭市にある「道の駅 みたら室蘭」において、売り場や飲食スペースに配置した、デジタルサイネージ型のカメラ筐体等を用いて、施設の来訪者の人数や属性情報、動線の取得・可視化を実施する。解析結果を基にして、「道の駅 みたら室蘭」において、より観光客のニーズにあわせた売り場設計や商品・飲食メニューの提供を行い、室蘭市の観光の魅力度のさらなる向上につなげていくとしている。

　設置するカメラ筐体で取得する映像については、保存を行わず、映像から特徴量を抽出し、個人を特定できない抽象化されたデータに加工処理された後即時破棄を行う。また、ニューラルポケットや室蘭市が保有する一切の個人情報との紐づけも行わない。施設の来訪者に対しては、IoT推進コンソーシアム、経済産業省及び総務省が策定している「カメラ画像利活用ガイドブックver2.0」に準拠した一般的な掲示を実施するとしている。

出典：ニューラルポケット株式会社（2020年6月3日）

【4　AI-OCRが確定申告書等作成コーナーの源泉徴収票OCR機能に寄与】

　株式会社アイリックコーポレーションは、子会社である株式会社インフォディオが独自開発した「スマートOCR」（AI-OCR）にて、国税庁課税部個人課税課が行う確定申告の源泉徴収票の情報を認識処理する「確定申告書等作成コーナーの源泉徴収票OCR機能に係る開発及び機器等の提供等」を受託し、2022年1月から始まる確定申告より運用開始予定と発表した。

　政府情報システムを整備する際に、クラウドサービスの利用を第一候補とすることとされた「デジタル・ガバメント実行計画」（2018年1月16日、eガバメント閣僚会議決定）からも、今後、官公庁におけるクラウドサービスの導入は拡大が見込まれている。国税庁による採用等、スマートOCRは中小企業向けのクラウドサービスのみならず、エンタープライズ（大手金融機関、官公庁等）向けの導入も増加している。

　導入予定の「スマートOCR」システムは、数千万枚の活字・手書き文書等をデータ化できるエンタープライズ向けシステムである。源泉徴収票は、複数のパターンがある非定型であること、1日8万枚（月間240万枚）の処理能力を有していること、ゆがみや反射等の影響がある写真の読取も必要なことなどの条件をクリアしていることが大きな採用理由となっている。

　「スマートOCR」は単に定型・非定型の手書き・活字の文字変換のみを行うのではなく、マスターデータ連携・自動処理、高いセキュリティ、スマホアプリ等も備えた総合システムであり、今後はAIによるデータ抽出エンジン、会計自動仕訳エンジン等のリリース、またOEM（他社ブランドの製品を製造すること）提供も拡大していく予定としている。

出典：株式会社アイリックコーポレーション　ニュースリリース（2021年4月26日）

【5　AI画像センシング技術を用いた投票所の混雑可視化の実証実験】

　行政システム株式会社とパナソニック システムソリューションズ ジャパン株式会社（2022年4月パナソニック コネクト株式会社に社名変更、以下パナソニック）は、2021年4月に実施された参議院長野県選出議員補欠選挙の期日前投票において、長野市役所及び長野市選挙管理委員会協力のもと、パナソニックのAI画像センシング技術を用いた投票所混雑可視化の実証実験を実施した。

　各投票所はより多くの有権者の投票を促したい一方で、混雑回避など新型コロナウイルス感染症の感染リスク対策が求められている。その対策の

一つとして、行政システムでは混雑状況を職員の手で簡易に配信し、自治体のウェブサイトなどにその情報を反映させるシステム「OTÁZKA（オタースカ）投票所混雑状況配信システム」を導入してきたが、現場では職員が目視で待機列人数をカウント、配信する必要があるため、更新作業の負担や混雑状況案内のリアルタイム性に課題があった。

　今回の実証実験では、パナソニックの「人密集度可視化ソリューション」を用い、待機列付近に設置のネットワークカメラで撮影した画像から投票所における待機列の人数を自動的に、かつリアルタイムに計測することで、職員による人数カウント業務が代替可能かを検証した。システムの認識精度を測定するため、並行して目視での人数カウントを実施し、実際の待機列人数と相違のない結果が得られたことから、行政システムのOTÁZKA投票所混雑状況配信基盤とパナソニックのAI画像センシング技術を掛け合わせることで、職員の負担軽減とリアルタイム性の向上を実現し、投票所における混雑回避と有権者投票の促進が期待できるとしている。

出典：パナソニック システムソリューションズ ジャパン株式会社
プレスリリース（2021 年 5 月 19 日）

【6　IntegrAIの、コロナワクチン冷凍庫の監視支援技術】

　株式会社IntegrAI（インテグライ）は、2021年7月より、コロナワクチンの冷凍庫の管理のため、「IntegrAI System」を長岡市（新潟県）に提供した。当システムではAIを用いた「見守りの目」、AI共同監視サービスを提供しているという。

　コロナワクチンを保管していた冷凍庫のブレーカーが落ちた等、思わぬ事態によりワクチンが廃棄される事態が世界的に発生しており、冷凍庫の温度が変化した際、担当者に知らせるアラート機能が求められてきた。

　IntegrAIでは機械の状態を記録、監視するためにAI、カメラ、ウェブアプリを使ったシステムを構築してきたが、「IntegrAI System」では、コロナワクチンの冷凍庫にカメラを設置することでAIが温度を読み取り、その変化をただちに担当者に知らせる「アラートメール」を送ることができるとしている。

出典：株式会社 IntegrAI　プレスリリース（2021 年 8 月 20 日）

【7　AIを活用した「電話でお金詐欺」被害防止に関する産官学連携協定】

東日本電信電話株式会社 長野支店（以下NTT東日本）は、信州大学社会基盤研究所、長野県、長野県警察と「産官学によるAIを活用した電話でお金詐欺被害防止に関する協定」を2022年10月19日締結した。産官学が連携して、AI技術の活用、被害要因の研究等により、高齢者が「電話でお金詐欺」（特殊詐欺）被害に遭わない環境を構築するとしている。

長野県下で発生している特殊詐欺による被害は、高い水準で推移しており、特に被害者の多くが電話を連絡手段として被害に遭っており、さらには被害者のほとんどが高齢者という実情から、犯罪環境による問題点の解消や被害対象者への防止対策の在り方が課題として挙げられている。

このような課題に対して、各団体がそれぞれの分野の専門性を活かし、相特殊詐欺対策サービスの通知先として長野県警察を設定し、通報を互いに連携して特殊詐欺の被害防止を図るための取組を推進する。協定にもとづく各団体の活動（協力）内容の一つに「AIを活用した通報システム」がある。これは、「特殊詐欺対策サービス」の通知先として長野県警察を設定し、通報を受けた場合に長野県警察が当該世帯へ駆けつけることにより、安全確認を行うものである。

「特殊詐欺対策サービス」とは、通話録音機能付き端末（特殊詐欺対策アダプタ）に録音した通話録音データをクラウドに転送、サーバ（特殊詐欺解析サーバ）にて解析し、特殊詐欺であると疑われる場合には、本人や親族等の事前に登録した電話番号やメールアドレスに注意を促す連絡が入るものである。これにより、本人や親族等が詐欺の危険性を察知することが可能となるとしている。

出典：東日本電信電話株式会社 長野支店　ニュースリリース（2022年10月19日）

【8　AIによる契約審査システム・契約管理システム】

SB C&S株式会社は、株式会社LegalForce（2022年12月、LegalOn Technologiesに社名変更）と同社初となるディストリビューター契約（販売店契約）を締結し、同社が提供する、AI契約審査プラットフォーム「LegalForce（リーガルフォース）」とAI契約管理システム「LegalForceキャビネ（リーガルフォースキャビネ）」の取り扱いを開始した。

デジタル・トランスフォーメーション（DX）が拡がる中、企業法務においても、テクノロジーの活用が加速している。今回取り扱いを開始する

「LegalForce」と「LegalForceキャビネ」を活用することで、契約業務の品質向上と効率化が実現されるとしている。

「LegalForce」は、最先端のAI技術と弁護士の法務知見を組み合わせたAI契約審査プラットフォームである。自然言語処理等の技術を活用し、契約類型別のチェックリストと契約書の照合を自動的に行う。契約書をアップロードするだけで契約リスクや条項の抜け漏れの洗い出しをサポート。そのほかリサーチ、編集、案件管理などの契約審査業務をワンストップでサポートする。ナレッジの蓄積や共有も可能で、業務の属人化を防ぐとしている。

「LegalForceキャビネ」は、契約締結後の適切な管理をサポートするAI契約管理システムである。締結済みの契約書をアップロードすると、契約管理に必要な情報をAIが抽出し、自動で契約書データベースを作成・管理する。検索可能なデータベースにより、契約書の一元管理を実現すると同時に契約リスクを制御する。

出典：SB C&S 株式会社・株式会社 LegalForce
プレスリリース（2022 年 11 月 18 日）

【9　NECネッツエスアイのLGWAN上で利用可能な自治体向けAI-OCR】

NECネッツエスアイ株式会社は、自治体のペーパーレスを推進するASPサービスとして、「NECネッツエスアイ AI-OCR for LGWAN」の販売を開始した。自治体は膨大な紙資料を保有しており、テレワーク・リモートワークなどの場所を問わない働き方やRPA（Robotic Process Automation：ソフトウェア上のロボットによる業務工程の自動化）など業務の自動化を行う上での障壁となっている。同社は、同サービスが自治体における働き方改革の実現のためのペーパーレス化に寄与するものとしている。

LGWANとは、「Local Government Wide Area Network：総合行政ネットワーク」の略で、地方公共団体の組織内ネットワークを相互に接続し、地方公共団体間のコミュニケーションの円滑化、情報の共有による情報の高度利用を図ることを目的とする、高度なセキュリティを維持した行政専用のネットワークである。同サービスは、専用のサーバーやスキャナーなどの機器の導入の必要がなく、既存のLGWANに接続されているPCから直接利用できるため、導入・運用における負担が小さいとされて

いる。

　同サービスのAI-OCRでは、手書き文字や汚れ・傾き・歪みのある文字でも各種補正や処理を自動で施し、高精度な文字認識を実現され、窓口業務における手書き書類を自動で読み取ることができるため、職員のデータ入力の手間を削減することが可能となる。また、様式が異なる帳票でもAIが文字列の属性を読み取り、希望する情報を自動で抽出する「非定型帳票読み取り機能」が標準で搭載され、例えば、外部業者からの請求書の様式が異なる場合でも、様式ごと読み取り設定を行うことなくデータ抽出が可能となり、利用における手間を削減する。

　NECネッツエスアイ株式会社　プレスリリース（2023年3月15日）

16.　企業・団体のAI導入事例－その他

【1　ロゼッタと武田薬品工業のAI自動翻訳共同開発】

　株式会社ロゼッタは、武田薬品工業株式会社と 2019 年 6 月、AI 翻訳の共同開発を開始した。ロゼッタが開発した AI 自動翻訳「T-400」（Translation for Onsha Only）は、2,000 社以上の企業で導入されており、製薬業界をはじめ、外資系ライフサイエンス、バイオベンチャー、医療機器、検査機器商社、国立研究所、大学研究室、各種病院・クリニック、化学、石油、食品、飲料、法律事務所、特許事務所、金融、IT、半導体、産業機械、電気機器など、さまざまな分野で活用されている。90 種類以上の言語に対応する 2,000 分野に細分化された専門分野データベースと、ユーザーが保有している文書で構築されたデータを組み合わせることで各顧客別にカスタマイズされた自動翻訳を提供し、最大 95%の正確さで翻訳することができ、機密情報を含む企業内文書の翻訳に際して、セキュアな環境を構築し、情報漏洩等のセキュリティリスクにも対応している。

　武田薬品工業株式会社での導入にあたって、同社の外国語に係る業務をより効率化し、外注コストの軽減に貢献する AI 自動翻訳を提供するために本共同開発を進めることに同意した。株式会社ロゼッタは同社との共同開発を通じて得た成果の一部を「T-400」全体の精度向上に反映させることにより、業界全体における業務効率化にも寄与するとしている。

出典：株式会社ロゼッタ　プレスリリース（2019年 6 月11日）

【2　INDETAILと電縁の宿泊施設向けスマートチェックインサービス】

　株式会社 INDETAIL と株式会社電縁は、多言語に対応し、宿泊施設におけるチェックインをスタッフ応対に頼らず円滑に実施するためのスマートチェックインサービス「maneKEY（マネキー）」を共同事業として開始することを発表した。

　新型コロナウイルスの世界的な流行を受けた衛生面への不安から、対人サービス全般においては、顧客と事業者側双方にとって、対面での接触機会を極力減らす配慮が強く求められるようになると予想され、同サービスでは、多言語に対応したチェックイン、および鍵の提供を無人で行うことを可能としている。宿泊情報の管理においても、安全で信頼性の高いサー

ビスを提供することで、新たに人材を獲得せずとも外国人旅行客の受け入れを実現し、クラウド上での情報管理が可能なソリューションを開発した。

「maneKEY」は、直感的な操作性に優れたタブレットと、AI を駆使した顔認証技術による本人認証を導入し、従来は人が行っていた宿泊施設のカウンター業務を IoT が担うことで、宿泊客にスムーズなチェックイン体験を提供するとともに、無人化により宿泊施設の運営業務を省力化する。また、スマートロックとの連携によって鍵の受渡しも作業レス化し、遠隔でのシステムチェックを可能とした。

「maneKEY」の主な機能は以下の通りである。

①予約
・事前登録機能（宿泊台帳に必要な情報を、宿泊客が施設到着前にスマートフォンや PC で登録）
・予約完了時に宿泊客へ送信するウェルカムメッセージの自動生成・自動翻訳機能
・チェックイン用 QR コード発行
②チェックイン
・QR コードでの簡単チェックイン（宿泊客が予約情報を確認）
・AI によるパスポート自動読み取り・本人認証
・本人確認用の顔写真の自動撮影
③チェックアウト
・QR コードでの簡単チェックアウト

出典：株式会社INDETAIL　ニュースリリース（2020年5月11日）

【3　Laboro.AIのAI技術による狂言の動きを可視化する仕組みの開発】

オーダーメイドによるAI開発およびその導入のためのコンサルティングを行う株式会社Laboro.AI（ラボロエーアイ）は、2021年4月、保有するAI導入やAI開発に関する専門知識・スキルについて、社会貢献を目指す各種活動に活用することを目的に、そのノウハウを無償で提供するプロボノ（ボランティア）活動の支援先の募集を実施し、山口県観光スポーツ文化部を支援先として選定した。その結果、山口県の指定無形文化財である「鷺流（さぎりゅう）狂言」の伝承・普及を目的としたAI開発プロジェクトに取り組んだ。

鷺流狂言は、明治維新後に伝承が始まり、現在は山口鷺流狂言保存会によってその伝統を守るための各種活動が行われているが、伝承者・後継者

の不足や伝統芸能に対する関心低下を背景に、今後10年以内にその伝統が消失することが危惧されている。今回のプロボノ活動では、山口県および山口鷺流狂言保存会と協働の上、伝統芸能の普及、特に後継者・担い手の増加や観光コンテンツ化に向けて、AI技術を活用した狂言の動きを可視化する仕組みの開発を実施した。

　鷺流狂言が町衆によって愛され、受け継がれてきたという特徴を大事にし、現代の人々にもその楽しさを体験して、往時の"をかし"な趣に感じ入ってもらいたいという思いから「"をかし"なAI」をコンセプトとして定め、プロジェクトは推進された。コンセプトに基づき、当プロジェクトでは、小中学生や観光客が楽しんで利用できる普及・教育用アプリの開発の前段として、狂言演者の動きを認識・再現し、動きの違いやブレを可視化するAIソリューションの開発に取り組んだ。具体的には、入力された人物画像から関節などの特徴点を座標データとして出力し、姿勢推定や動作解析を可能とする「キーポイント検出」の技術を用いて、お手本（先生）と体験者（生徒）のそれぞれから検出された特徴点を結んだベクトルの向きを比較、類似度をスコア化することを実現した。

株式会社 Laboro.AI　プレスリリース　（2021年8月11日）

【4　三井不動産ホテルマネジメントのAI自動応答】

　株式会社三井不動産ホテルマネジメントは、ホテル利用顧客のさらなる満足度向上のため、株式会社アイアクトの提供する AI チャットボット「Cogmo Attend（コグモ・アテンド）」を、運営する国内全 38 ホテルの Web サイトに設置した。

　通常のチャットボットによるホテル・グループ展開では、ホテルごとに AI を設ける必要があった。そこには「学習がホテルごとにかかる」「ホテルごとに回答修正・追加の工数を要する」という点があり、コストパフォーマンスは低かった。

　Cogmo Attend は AI を搭載しつつ、プログラミング不要で会話の作成が可能であり、複雑な分岐条件のある質問にも回答できる対話型 AI チャットボットである。これを導入することで、AI による自動応答で日本語と英語、それぞれの問合せに対して即回答できるようになり、電話やメールでの回答待機時間をなくすことを実現した。

　また、同チャットボットのシステム構築を担当したアイアクトは、1つ
の設問に対し各ホテルに合わせた回答を使い分ける機能を実現した。全
38 ホテルに共通する問い合わせ内容は一元管理できるようにした一方、
ホテルごとに異なる問合せ内容は個別に管理できるように設計し、メンテ
ナンス工数を削減、コストパフォーマンスの高いシステムを実現した。
　顧客対応における課題と AI チャットボット導入のメリットとして下記
が挙げられるとしている。
・顧客の疑問を即座に解決することによる顧客満足度の向上
・顧客の疑問・質問を可視化することにより、ホテルのサービスやクオ
　リティの改善に寄与
・問い合わせ対応業務の効率化によるホテルスタッフオペレーションの
　生産性の向上

出典：株式会社三井不動産ホテルマネジメント　株式会社アイアクト
ニュースリリース（2022年1月26日）

【5　SELFの会話型コミュニケーションAIを活用した「旅のしおり」】

　SELF 株式会社は、独自に開発した会話型「コミュニケーション AI」
を活用して、観光客に最適な旅行プランを提案・作成・保存するDXソリュー
ション「AI 旅のしおり」をリリースした。
　「AI 旅のしおり」は、地域・観光サイト等で、ユーザーに対して AI が
オリジナルの旅行プランを提案するサービスであり、ユーザーと会話をす
ることによって属性情報やニーズを取得・分析し、一冊のしおりのように
旅行プランを作成・保存する。観光情報サイトに簡単に導入でき、サイト
の「直帰率」「閲覧数」を改善、ひいては地域来訪者数アップが期待でき
るとしている。
　「AI 旅のしおり」の特長は以下の通りである。
①情報収集
　　サイト画面上にいる AI ロボットがユーザーと会話をしながら、「誰と」
　「どんなスケジュールで」「旅の目的は何なのか」など、ユーザーの
　ニーズを引き出し、さまざまな情報を収集して最適な提案を模索する。
　ユーザーが閲覧しているページの情報も習得可能であり、ページ遷移
　した場合は、その情報も会話に応用され、推測・提案を重ねてユー
　ザーのニーズを深堀りしていく。

②プラン提案
　　ユーザーから収集した情報をもとに、小さな子供がいる家族には、昼食後に遊べる場所を提供するなど、AI が観光プランを提案する。例えば、ユーザーが閲覧していたページの情報をもとに、「気になっていた〇〇茶屋街は、混雑を避けられるよう二日目の早い時間に組み込んでみました」などの提案も可能。
③旅のしおり DL
　　旅行プランを「旅のしおり」としてまとめ、完成したプランはスマートフォン等のモバイル端末への保存が可能。モバイル端末において、閲覧やデータの送受信、印刷をすることもできる。
　「AI 旅のしおり」を導入することで、ユーザーのニーズにマッチした地域の魅力を提案できるため、サイト訪問数や旅行客の増加、コスト削減につながるほか、オンライン商品などの提案によって地域活性化にも貢献できるとしている。

出典：SELF株式会社　ニュースリリース（2022年6月21日）

【6　TARAのAIカメラサービス「属性分析機能」を観光案内施設に提供】

　株式会社TARAは、AIカメラサービス「メバル」の「属性分析機能」を、福島県会津美里町役場が運営する観光案内施設・本郷インフォメーションセンターへ提供すると発表した。
　「メバル」はカメラに写った人物の属性を自動で取得し、リアルタイムで混雑状況を把握することなどが可能である。人の後頭部を検知する機能も持ち合わせているため、2台以上のカメラを利用することにより入退場者の人数カウントが可能にもなっている。
　今回の取り組みは2022年10月1日より、本郷インフォメーションセンター入口にAIカメラを常設して実施し、属性分析機能を活用して「向羽黒山城跡」への入城者の分析を行うものである。会津美里町役場は向羽黒山城跡への入城者の顧客分析を行い、その解析結果（時間帯による人数や属性の把握・分析）をデータとして可視化することで、翌年度以降の観光推進に向けた参考値にしたいと考えている。その実現に向けた施策として、メバルの属性分析機能が導入された。
　向羽黒山城跡は2001年8月に国指定史跡となり、2017年4月に日本城郭協会が選定した「続日本100名城」の一つに選定された。会津を見渡せ

るビュースポットとして親しまれている向羽黒山城跡のさらなる観光推進
や地域の賑わいに、TARAの人流解析は貢献できるとしている。

株式会社TARA　ニュース（2022年10月18日）

【7　グリラスとNTT東日本の「食用コオロギのスマート飼育」】

　徳島大学発のベンチャー企業として、食用コオロギの生産から商品開発、
販売までを一貫して国内で行う株式会社グリラスと東日本電信電話株式会
社（以下 NTT 東日本）は、2023 年 1 月より、ICT/IoT を活用した食用コ
オロギのスマート飼育に向けて実証実験を開始すると発表した。その第一
歩として、NTTe-City Labo 内の一室を食用コオロギの飼育施設として新
たに整備し、実証の基礎となるコオロギの飼育における環境要因のデータ
収集および分析を開始する。
　現在、約 80 億人の世界の人口は、2050 年には約 100 億人まで増加する
ことが見込まれており、増え続ける人口を養うためには食糧の確保が喫緊
の課題である。特に動物性タンパク質の不足は顕著であり、グリラスでは
これらの社会課題の解決策として、食用コオロギを食品ロス由来 100%の
独自配合飼料を用いて生産してきたが、最新の情報工学的アプローチを取
り入れることは、十分にはできていなかった。
　同実験の飼育施設での実施内容は以下の通りである。
①データ収集
　飼育室内の温度や湿度、CO_2 濃度をはじめとした環境データをセン
　サーによって収集し、センサーと飼育室内の各種電子機器を HEMS
　（Home Energy Management System）で可視化および一元管理を
　行い、コオロギにとって最適な環境を自動で制御する。
②AI 分析
　収集したデータを画像認識 AI を用いて分析することにより、飼育環
　境内で発生した異常やその原因の検知やコオロギが食べた餌の量を測
　定し、飼育方法のさらなる向上や、各種コストおよび工数のスリム化
　を行い、分析結果をもとに、自動給餌などの高度な飼育方法の開発へ
　の寄与を目指す。
③飼育における省人化および効率化
　NTT 東日本の保有するその他の DX ソリューションや製品などの活
　用に関しても、共に本施設にて効果検証していくことで、食用コオロ

225

ギの飼育におけるさらなる環境負荷の低減や飼育環境の自動化・省人化を目指す。

　本実証実験を通じた食用コオロギのスマート飼育環境の構築・確立を目指すとともに、今後の需要拡大を見据えて、飼育施設拡大も含めた事業化に向けての検討を進める。また、SDGs や食育分野などにおける情報発信等の活動においても連携を深めることで、事業と普及活動の両軸を推進し、食料問題の解決や地域産業の振興といった社会課題解決への寄与を目指すとしている。

出典：株式会社グリラス　東日本電信電話株式会社
プレスリリース（2023年1月19日）

【8　ビッグホリデーのAI社員による旅行ブログ配信】

　ビッグホリデー株式会社は、ジェネレーティブAI（生成型AI）を活用した旅行記事の生成を開始した。旅行業界では初となる、ジェネレーティブAIを使った旅行ブログが配信され、このブログは、訪れた場所の情報や写真、体験談をAIが解析し、魅力的な旅行記事を自動生成するというものである。

　同社のAI社員「本郷一花」が、「ChatGPT」と「stable diffusion」という最先端のジェネレーティブAIを活用して、独自の視点で旅行先を紹介する記事を作成する。「本郷一花」が書く記事は、その土地の風景や食べ物、文化など、幅広い情報を網羅している。これにより、旅行計画を立てる際に役立つ情報や、旅行中の楽しみをさらに増す情報など、顧客のさまざまなニーズに対応する。

　ビッグホリデーでは、今後もAIを活用した新たな取組みを続け、旅行会社として新たな価値を提供していくことを目指し、「本郷一花」の旅行ブログは、このような取組みの第一歩として位置づけられている。

ビッグホリデー株式会社　プレスリリース　（2023年5月1日）

【9　りらいあコミュニケーションズの生成系AIの業務利用】

　りらいあコミュニケーションズ株式会社（2023年9月にKDDIエボルバと経営統合、アルティウスリンク株式会社に社名変更。）は、社員5,000名を対象に生成系AIを活用したチャットサービスの業務利用を開始した。

　同社は中期経営計画に基づき、デジタルサービス部門とシステム部門を統合したDX戦略本部を中心に、全社横断的に「サービス」「オペレーション」「コーポレート」の3つのDXを推進している。新サービスの創出やオペレーションの高度化、業務効率化に向けて最新技術の検証を行っており、生成系AIに関してもカスタマーサポートへの活用に向けた研究開発を進めている。

　その一環として、生成系AIを社内コミュニケーションツールにAPI連携させて、社員が使用できる環境を整えた。情報収集や資料作成等の負荷軽減を図ると同時に、顧客企業へのより良いサービス提供に向けた企画立案の時間を創出する。また日常的に生成系AIを利用することで、社員一人ひとりがリテラシーを高めながら、新たな活用アイデアの創出につなげ、カスタマーサポートをはじめとしたビジネス展開を目指す。

　また、同環境は入力情報が学習データとして二次利用されない仕様になっており、社内インフラからのみ利用可能とすることで、セキュリティを担保している。独自の利用ガイドラインも定め、社員が安心・安全に活用できる環境を整えている。同社は、生成系AIを活用して創造性あふれるアイデアを追求し、コンタクトセンター事業に革新をもたらすことを目指している。社内利用による生産性向上の追求に留まらず、あらゆるコンタクトセンターチャネルに組み込み、顧客企業の期待を超える付加価値サービスの提供に取り組むとしている。

りらいあコミュニケーションズ株式会社　ニュースリリース
（2023年6月6日）

第7課題
人材・AIの導入動向

Artificial Intelligence Advisor

1　企業のAI人材

■AI人材の充足度

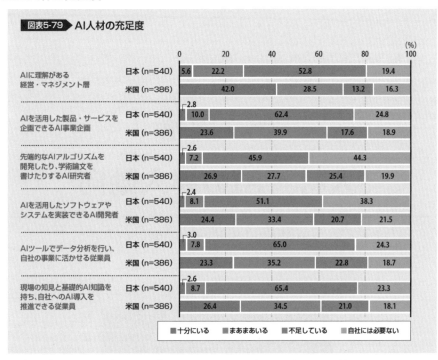

図表5-79　AI人材の充足度

本図表は AI 人材の充足度を尋ねたものである。米国では最小でも 13.2%（AI に理解がある経営・マネジメント層）、最大では 25.4%（AI 研究者）の企業が「不足している」としている。これに対して日本では最小で45.9%（AI 研究者）、65.4%（現場の知見と基礎的 AI 知識を持ち、自社への AI 導入を推進できる従業員）であり前掲の「AI導入課題」（図表5-75）で日本企業の最大の課題であった AI 人材不足は、職種に限らない課題であることがわかる。なお、「自社には必要ない」でみると、日本では「AI 研究者」が44.3%で米国より 24.4 ポイント、「AI 開発者」が 38.3%で米国より 16.8 ポイント高い。これは、「AI開発・導入のソーシング手段（図表5-77）において、「内製による自社開発」が米国では 60.2%に対して日本は 26.9%と低いため、「自社には必要ない」の比率が高くなっていると考えられる。
（「DX 白書 2023」P.341）

■従業員の学び直し（リスキル）の取組状況

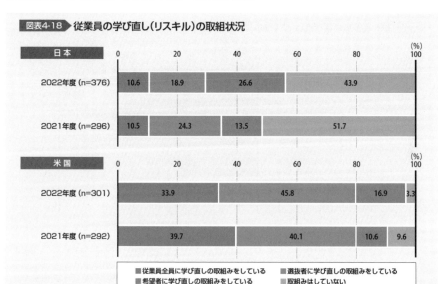

図表4-18　従業員の学び直し（リスキル）の取組状況

※2021年度調査の「実施していないが検討中」「実施していないし検討もしていない」の合計を2022年度調査の「取組みはしていない」としている。また、2021年度調査は「その他」を除いている

　DX を進めていくには従業員全体の学び直し、リテラシー向上が重要である。その状況を把握するため、従業員の学び直し（リスキル）の取組状況について尋ねた結果については、日本は「希望者に学び直しの取組みをしている」が2021年度調査では13.5%だが2022年度調査では26.6%に増加している。学び直しの取組をしている企業は増加傾向にあるが、米国は、9 割以上が学び直しの取組をしており、日本との差は依然として大きい。なお、学び直しの取組をしているとは「取組みはしていない」以外の項目を示す。
（「DX 白書 2023」P.171）

■従業員の学び直し（リスキル）の取組内容

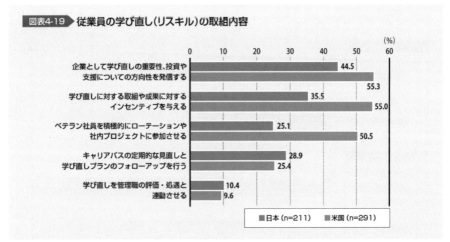

図表4-19　従業員の学び直し（リスキル）の取組内容

※学び直し（リスキル）の取組状況で「取組みはしていない」を除いた

従業員の学び直し（リスキル）の取組内容について尋ねた結果では、米国は「企業として学び直しの重要性、投資や支援についての方向性を発信する」（55.3%）、「学び直しに対する取組や成果に対するインセンティブを与える」（55.0%）、「ベテラン社員を積極的にローテーションや社内プロジェクトに参加させる」（50.5%）の割合が高い。日本と米国の差が大きいものは「ベテラン社員を積極的にローテーションや社内プロジェクトに参加させる」であり、日本25.1%に対して米国は50.5%と2倍以上の差がある。
（「DX白書2023」P.172）

2　企業のAI導入動向

■日本のAIの利活用の状況（経年比較）

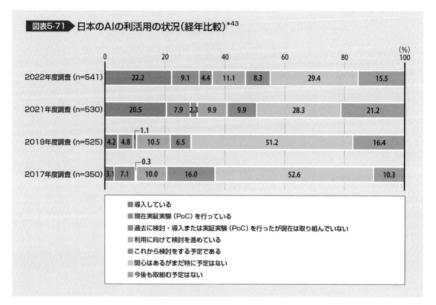

図表5-71　日本のAIの利活用の状況（経年比較）*43

　本図表は日本企業におけるAIの利活用の状況の経年変化である。2019年度調査から2021年度調査にかけて急増したAI利活用の伸びは鈍化している。（「DX白書2023」P.333）

※2019年度調査は「AI白書2020」、2017年度調査は「AI白書2019」を参照。

■AIの利活用の状況（日本企業：従業員規模別）

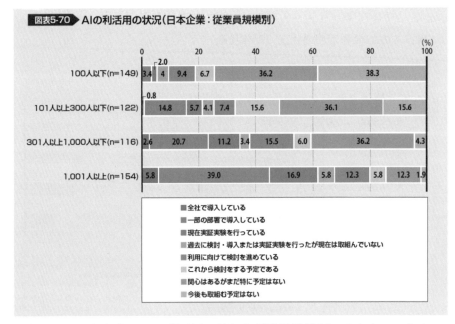

本図表は日本企業のAIの利活用の状況を従業員規模別にみたものである。従業員規模が大きい企業ほどAI導入率が高い傾向が明確にあらわれている。（「DX 白書 2023」P.332）

■AIの利活用の状況（日米比較）

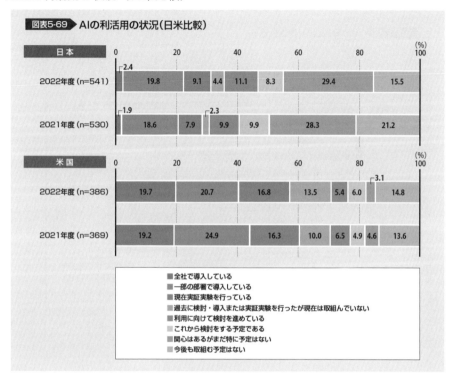

本図表は AI の利活用の状況を尋ねたものである。日本企業は AI 導入率（「全社で導入している」「一部の部署で導入している」の合計）が 22.2%であり、同 40.4%である米国企業とは、2021 年度調査同様、差が大きい。後述の AI の導入課題（図表 5-75）において、日本は「自社内で AI への理解が不足している」「AI 人材が不足している」などが、導入が進まない要因として考えられる。

（「DX 白書 2023」P.331）

■AIの導入目的（複数回答）

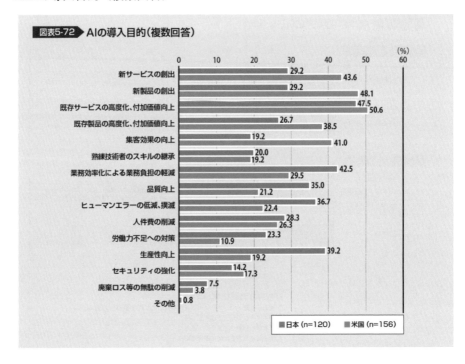

図表5-72　AIの導入目的（複数回答）

　本図表はAIを導入している企業に導入目的を尋ねたものである。日米の差が大きい項目のうち米国のほうが高い項目の上位3位は「集客効果の向上」「新製品の創出」「新サービスの創出」であり、顧客価値の向上に関する項目が高い。日本のほうが高い項目の上位3位は「生産性向上」「ヒューマンエラーの低減、撲滅」「品質向上」であり、業務改善に関する項目が米国より高い。今後はAIの取組を業務改善などデジタライゼーションから顧客価値の向上などデジタルトランスフォーメーションに段階的に発展させていくことが必要となる。
（「DX白書2023」P.334）

■AI導入による「売上増加」効果

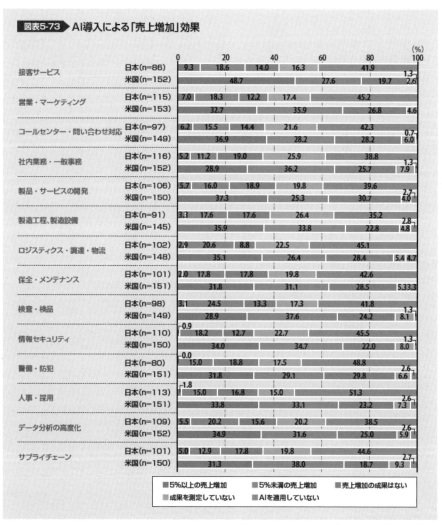

図表5-73　AI導入による「売上増加」効果

		5%以上の売上増加	5%未満の売上増加	売上増加の成果はない	成果を測定していない	AIを適用していない
接客サービス	日本(n=86)	9.3	18.6	14.0	16.3	41.9
	米国(n=152)	48.7	27.6	19.7	2.6	1.3
営業・マーケティング	日本(n=115)	7.0	18.3	12.2	17.4	45.2
	米国(n=153)	32.7	35.9	26.8	4.6	
コールセンター・問い合わせ対応	日本(n=97)	6.2	15.5	14.4	21.6	42.3
	米国(n=149)	36.9	28.2	28.2	0.7	6.0
社内業務・一般事務	日本(n=116)	5.2	11.2	19.0	25.9	38.8
	米国(n=152)	28.9	36.2	25.7	1.3	7.9
製品・サービスの開発	日本(n=106)	5.7	16.0	18.9	19.8	39.6
	米国(n=150)	37.3	25.3	30.7	2.7	4.0
製造工程、製造設備	日本(n=91)	3.3	17.6	17.6	26.4	35.2
	米国(n=145)	35.9	33.8	22.8	2.8	4.8
ロジスティクス・調達・物流	日本(n=102)	2.9	20.6	8.8	22.5	45.1
	米国(n=148)	35.1	26.4	28.4	5.4	4.7
保全・メンテナンス	日本(n=101)	2.0	17.8	17.8	19.8	42.6
	米国(n=151)	31.8	31.1	28.5	5.3	3.3
検査・検品	日本(n=98)	3.1	24.5	13.3	17.3	41.8
	米国(n=149)	28.9	37.6	24.2	1.3	8.1
情報セキュリティ	日本(n=110)	0.9	18.2	12.7	22.7	45.5
	米国(n=150)	34.0	34.7	22.0	1.3	8.0
警備・防犯	日本(n=80)	0.0	15.0	18.8	17.5	48.8
	米国(n=151)	31.8	29.1	29.8	2.6	6.6
人事・採用	日本(n=113)	1.8	15.0	16.8	15.0	51.3
	米国(n=151)	33.8	33.1	23.2	2.6	7.3
データ分析の高度化	日本(n=109)	5.5	20.2	15.6	20.2	38.5
	米国(n=152)	34.9	31.6	25.0	2.6	5.9
サプライチェーン	日本(n=101)	5.0	12.9	17.8	19.8	44.6
	米国(n=150)	31.3	38.0	18.7	2.7	9.3

■5%以上の売上増加　■5%未満の売上増加　■売上増加の成果はない
■成果を測定していない　■AIを適用していない

　本図表はAIを導入している企業に「売上増加」効果について尋ねたものである。米国では、最小でも60.9%（警備・防犯）、最大では76.3%（接客サービス）の企業で売上増加効果（「5%以上の売上増加」「5%未満の売上増加」の合計）があるとしている。これに対して日本では、最小で15.0%（警備・防犯）、最大で27.9%（接客サービス）であり、前掲の「データ利

活用による「売上増加」効果」と同様に、米国と比較して総じて低い結果となっている。

後述の「AI導入課題」において、日本企業はAlへの理解、人材、費用と、さまざまな課題が存在しており、AI活用による効果創出に至っていないと考えられる。

（「DX 白書 2023」 P.335）

■AI導入による「コスト削減」効果

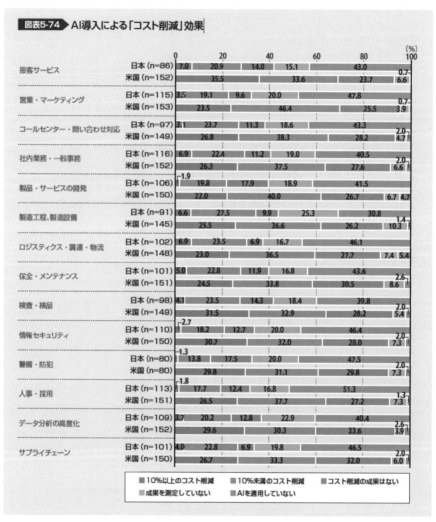

図表5-74 AI導入による「コスト削減」効果

凡例:
- ■10%以上のコスト削減
- ■10%未満のコスト削減
- ■コスト削減の成果はない
- ■成果を測定していない
- ■AIを適用していない

接客サービス
- 日本 (n=86)：7.0 / 20.9 / 14.0 / 15.1 / 43.0 / 0.7
- 米国 (n=152)：35.5 / 33.6 / 23.7 / 6.6

営業・マーケティング
- 日本 (n=115)：3.5 / 19.1 / 9.6 / 20.0 / 47.8 / 0.7
- 米国 (n=153)：23.5 / 46.4 / 25.5 / 3.9

コールセンター・問い合わせ対応
- 日本 (n=97)：3.1 / 23.7 / 11.3 / 18.6 / 43.3 / 2.0
- 米国 (n=149)：26.8 / 38.3 / 28.2 / 4.7

社内業務・一般事務
- 日本 (n=116)：6.9 / 22.4 / 11.2 / 19.0 / 40.5 / 2.0
- 米国 (n=152)：26.3 / 37.5 / 27.6 / 6.6

製品・サービスの開発
- 日本 (n=106)：1.9 / 19.8 / 17.9 / 18.9 / 41.5
- 米国 (n=150)：22.0 / 40.0 / 26.7 / 6.7 / 4.7

製造工程,製造設備
- 日本 (n=91)：6.6 / 27.5 / 9.9 / 25.3 / 30.8
- 米国 (n=145)：25.5 / 36.6 / 26.2 / 10.3 / 1.4

ロジスティクス・調達・物流
- 日本 (n=102)：6.9 / 23.5 / 6.9 / 16.7 / 46.1
- 米国 (n=148)：23.0 / 36.5 / 27.7 / 7.4 / 5.4

保全・メンテナンス
- 日本 (n=101)：5.0 / 22.8 / 11.9 / 16.8 / 43.6 / 2.6
- 米国 (n=151)：24.5 / 33.8 / 30.5 / 8.6

検査・検品
- 日本 (n=98)：4.1 / 23.5 / 14.3 / 18.4 / 39.8 / 2.0
- 米国 (n=149)：31.5 / 32.9 / 28.2 / 5.4

情報セキュリティ
- 日本 (n=110)：2.7 / 18.2 / 12.7 / 20.0 / 46.4 / 2.0
- 米国 (n=150)：30.7 / 32.0 / 28.0 / 7.3

警備・防犯
- 日本 (n=80)：1.3 / 13.8 / 17.5 / 20.0 / 47.5 / 2.0
- 米国 (n=80)：29.8 / 31.1 / 29.8 / 7.3

人事・採用
- 日本 (n=113)：1.8 / 17.7 / 12.4 / 16.8 / 51.3 / 1.3
- 米国 (n=151)：26.5 / 37.7 / 27.2 / 7.3

データ分析の高度化
- 日本 (n=109)：3.7 / 20.2 / 12.8 / 22.9 / 40.4 / 2.6
- 米国 (n=152)：29.6 / 30.3 / 33.6 / 3.9

サプライチェーン
- 日本 (n=101)：4.0 / 22.8 / 6.9 / 19.8 / 46.5 / 2.0
- 米国 (n=150)：26.7 / 33.3 / 32.0 / 6.0

　本図表はAIを導入している企業に「コスト削減」効果の有無を尋ねた
ものである。米国では、最小でも58.3%（保全・メンテナンス）、最大で
は69.6%（営業・マーケティング）の企業でコスト削減効果（「10%以上
のコスト削減」「10%未満のコスト削減」の合計）があるとしている。こ
れに対して日本では、最小で15.0%（警備・防犯）、最大で34.1%（製造

工程、製造設備）である。「10%以上のコスト削減」は米国と比較して総じて低く、前掲の「AIの導入目的」では業務改善に関する項目が多いにも関わらず、大幅なコスト削減にはつながっていない状況がうかがえる。（「DX 白書 2023」P.336）

■AI導入課題（複数回答）

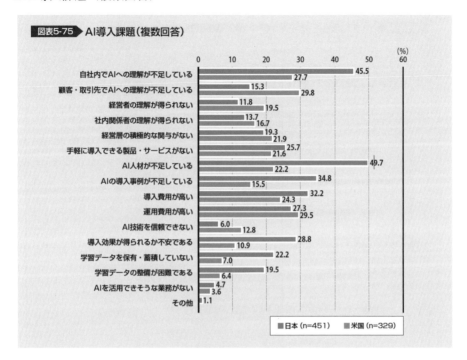

図表5-75　AI導入課題（複数回答）

自社内でAIへの理解が不足している　45.5／27.7
顧客・取引先でAIへの理解が不足している　15.3／29.8
経営者の理解が得られない　11.8／19.5
社内関係者の理解が得られない　13.7／16.7
経営層の積極的な関与がない　19.3／21.9
手軽に導入できる製品・サービスがない　25.7／21.6
AI人材が不足している　49.7／22.2
AIの導入事例が不足している　15.5／34.8
導入費用が高い　32.2／24.3
運用費用が高い　27.3／29.5
AI技術を信頼できない　6.0／12.8
導入効果が得られるか不安である　28.8／10.9
学習データを保有・蓄積していない　22.2／7.0
学習データの整備が困難である　19.5／6.4
AIを活用できそうな業務がない　4.7／3.6
その他　1.1

■日本 (n=451)　■米国 (n=329)

　本図表はAI導入課題について尋ねたものである。米国のほうが回答率が高いもののうち、日本との差が大きいものは「顧客・取引先でAIへの理解が不足している」「経営者の理解が得られない」「AI技術を信頼できない」が挙げられ、経営者や顧客の理解に関するものである。日本のほうが回答率が高いもののうち、米国との差が大きいものは「AI人材が不足している」「AIの導入事例が不足している」「導入効果が得られるか不安である」であり、AI人材や導入の意思決定に関する項目が上位となっている。
（「DX白書2023」P.337）

■AI導入課題（日本企業の経年比較、複数回答）

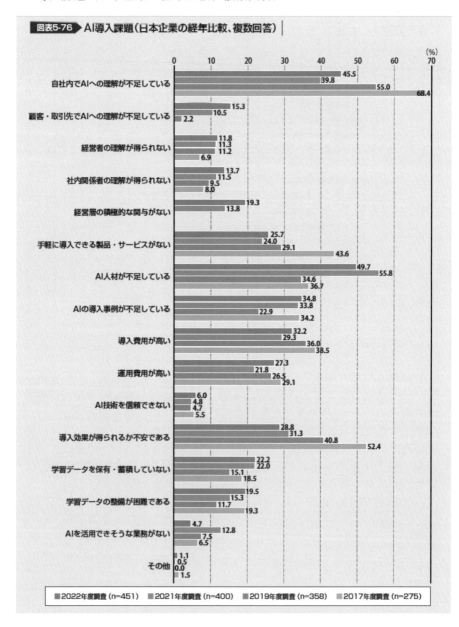

図表5-76 AI導入課題（日本企業の経年比較、複数回答）

自社内でAIへの理解が不足している　45.5／39.8／55.0／68.4

顧客・取引先でAIへの理解が不足している　15.3／10.5／2.2

経営者の理解が得られない　11.8／11.3／11.2／6.9

社内関係者の理解が得られない　13.7／11.5／9.5／8.0

経営層の積極的な関与がない　19.3／13.8

手軽に導入できる製品・サービスがない　25.7／24.0／29.1／43.6

AI人材が不足している　49.7／55.8／34.6／36.7

AIの導入事例が不足している　34.8／33.8／22.9／34.2

導入費用が高い　32.2／29.3／36.0／38.5

運用費用が高い　27.3／21.8／26.5／29.1

AI技術を信頼できない　6.0／4.8／4.7／5.5

導入効果が得られるか不安である　28.8／31.3／40.8／52.4

学習データを保有・蓄積していない　22.2／22.0／15.1／18.5

学習データの整備が困難である　19.5／15.3／11.7／19.3

AIを活用できそうな業務がない　4.7／12.8／7.5／6.5

その他　1.1／0.5／0.0／1.5

■2022年度調査 (n=451)　■2021年度調査 (n=400)　■2019年度調査 (n=358)　■2017年度調査 (n=275)

　本図表はAI導入課題について、2017年度調査から2022年度調査の結果を比較したものである。2022年度調査および2021年度調査では「AI人材が不足している」を課題とする企業が最も多いが、2022年度調査結果は2021年度調査結果よりも6ポイント強減少している。

　2017年度調査結果の上位3項目であった「自社内でAIへの理解が不足している」「導入効果が得られるか不安である」「手軽に導入できる製品・サービスがない」を課題とする企業はおおむね減少傾向にある。しかし、「自社内でAIへの理解が不足している」を課題とする企業については2021年度調査から5ポイント強、増加している。

（「DX白書2023」P.338）

■AIの開発・導入におけるソーシング手段（現在の活用状況）

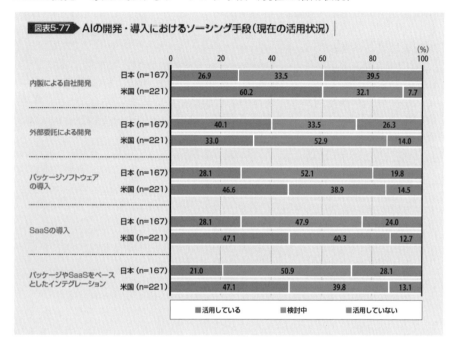

本図表はAIの開発・導入におけるソーシング手段（現在の活用状況）を尋ねたものである。各項目において日米の差が大きくとくに「内製による自社開発」の差が大きい。
（「DX 白書 2023」P.339）

■AIの開発・導入におけるソーシング手段（今後の予定）

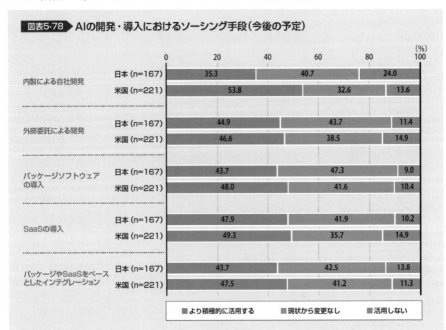

図表5-78 AIの開発・導入におけるソーシング手段（今後の予定）

		より積極的に活用する	現状から変更なし	活用しない
内製による自社開発	日本 (n=167)	35.3	40.7	24.0
	米国 (n=221)	53.8	32.6	13.6
外部委託による開発	日本 (n=167)	44.9	43.7	11.4
	米国 (n=221)	46.6	38.5	14.9
パッケージソフトウェアの導入	日本 (n=167)	43.7	47.3	9.0
	米国 (n=221)	48.0	41.6	10.4
SaaSの導入	日本 (n=167)	47.9	41.9	10.2
	米国 (n=221)	49.3	35.7	14.9
パッケージやSaaSをベースとしたインテグレーション	日本 (n=167)	43.7	42.5	13.8
	米国 (n=221)	47.5	41.2	11.3

　本図表は AI の開発・導入におけるソーシング手段（今後の予定）を尋ねたものである。図表 5-77 の現在の状況と比較して、日本は「より積極的に活用する」が総じて増加、「活用しない」は総じて大幅に減少しており、今後は多様なソーシング手段の活用が見込まれる。
（「DX 白書 2023」P.340）

※第4課題「１．企業のAI人材」および「２．企業のAI導入動向」は、独立行政法人情報処理推進機構（IPA）「DX白書2023」（2023年3月16日発行）の一部を抜粋したものです。抜粋したページ番号は各ページの末尾に記してあります。
　文意が変わらない範囲で若干の文章の変更を施した箇所があります。

第 8 課題
AIの制度・政策動向

Artificial Intelligence Advisor

1．人間中心のAI社会原則

平成31年3月29日
統合イノベーション戦略推進会議決定

1　はじめに

　現代社会は地球環境問題、格差の拡大、資源枯渇等、人類の存続に関わる問題に直面している。我が国においては、少子高齢化、人手不足、過疎化、財政支出増大等、成熟型社会の直面する社会課題に最初に直面する国となっている。AIはこれらの問題の解を導き、SDGs（Sustainable Development Goals）で掲げられている目標を達成し、持続可能な世界の構築するための鍵となる技術と考えられている。

　我が国は、AIの活用により、経済発展と共に社会課題を解決するSociety5.0[※1]の実現を通して、日本の社会と経済の活性化を実現し、国際的にも魅力ある社会を目指すと共に、地球規模でのSDGsへの貢献も果たしていく。

　多くの科学技術と同様、AIも社会に多大なる便益をもたらす一方で、その社会への影響力が大きいがゆえに、適切な開発と社会実装が求められる。AIを有効に活用して社会に便益をもたらしつつ、ネガティブな側面を事前に回避又は低減するためには、我々はAIに関わる技術自体の研究開発を進めると共に、人、社会システム、産業構造、イノベーションシステム、ガバナンス等、あらゆる面で社会をリデザインし、AIを有効かつ安全に利用できる社会を構築すること、すなわち「AI-Readyな社会」への変革を推進する必要がある。

　この文書における中心的課題である「AI（Artificial Intelligence, 人工知能）」の定義については研究者によっても様々な考え方があり、現在のところ明確な定義はない。例えばECハイレベルエキスパートグループ報告書[※2]においては、「環境や入力に対応して知的な動作（一定の自律性を有することもある）を行うシステム」とされている。しかし、「知的な動作」の実体は解釈に依存する側面もある。また、2016年に米国で発表されたAI100報告書[※3]では、学問分野としてのAIを、「知能を持った機械を

248

作る研究であり、知能とは置かれた環境中で適切に、かつ何らかの洞察を持って機能すること」というNils J. Nilssonの定義[4]を引用しているが、この定義も大きな曖昧性を持ったものである。実際、同報告書では、AIの定義が曖昧であること自体が、AIの研究を加速している肯定的な側面があるともしている。これらの状況を鑑みると、何を以て「AI」または「AI技術」と判断するかに関して、一定のコンセンサスはあるものの、それをことさらに厳密に定義することには現時点では適切であるとは思われない。

　また一般に「AI」と呼ばれる様々な技術が単体で使われることは少なく、情報システムの一部として組み込まれて使われることが一般的である。本文書では、高度で複雑な情報システムには、広範に何らかのAI技術または、本原則に照らし合わせて同等の特徴と課題が含まれる技術が組み込まれると言う前提に立ち、本原則は、このような技術を包含した「高度に複雑な情報システム一般」に適応されると考えられる。このような考察の下で、我々は、特定の技術やシステムが「AI」かを区別するのではなく、広く「高度に複雑な情報システム一般」がこのような特徴と課題を内包すると捉え、社会に与える影響を議論した上で、AI社会原則の一つの在り方を提示し、AIの研究開発や社会実装において考慮すべき問題を列挙する。来るべきSociety 5.0がより良いものとなるためには、関係ステークホルダーが対話しながら協力していくことが必要不可欠である。

※1 Society 5.0 とは、情報社会（Society 4.0）に続く、我が国が目指すべき未来社会の姿である。Society 5.0 で実現する社会とは、AI、IoT（Internet of Things）、ロボット等先端技術が社会に実装され、今までにない新たな価値を生み出し、多様な人々がそれぞれの多様な幸せを尊重し合い、実現でき、持続可能な人間中心の社会である。

※2 High-Level Expert Group on Artificial Intelligence, Draft Ethics Guidelines for Trustworthy AI, および A definition of AI: Main capabilities and scientific disciplines, European Commission, Directorate-General for Communication, December 2018

※3 Stone, P., et al., Artificial Intelligence and Life 2030. One Hundred Year Study on Artificial Intelligence: Report of the 2015-2016
Study Panel, Stanford University, Stanford, CA, Sept. 2016.

※4 Nils J. Nilsson, The Quest for Artificial Intelligence: A History of Ideas and Achievements, Cambridge, UK: Cambridge University Press, 2010.

本文書の全体構成を図 1 に示す。

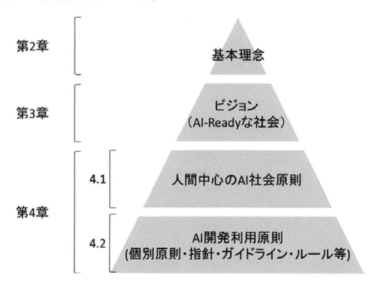

第2章　基本理念
　　人間の尊厳が尊重される社会（Dignity）
　　多様な背景を持つ人々が多様な幸せを追求できる社会（Diversity
　　& Inclusion）持続性ある社会（Sustainability）

第3章　Society 5.0 実現に必要な社会変革「AI-Readyな社会」[※5]
　　「人」、「社会システム」、「産業構造」、「イノベーションシステム
　　（イノベーションを支援する環境)」、「ガバナンス」

第4章　人間中心の AI 社会原則
　　4.1 AI社会原則
　　　(1)人間中心の原則、(2)教育・リテラシーの原則
　　　(3)プライバシー確保の原則、(4)セキュリティ確保の原則
　　　(5)公正競争確保の原則、(6)公平性、説明責任及び透明性の原則
　　　(7)イノベーションの原則
　　4.2 AI開発利用原則

図 1 ：本文書の全体構成

2　基本理念

　AIは、Society 5.0の実現に大きく貢献することが期待される。我々は、
単にAIの活用による効率性や利便性から得られる利益が人々や社会に還
元されることにとどまらず、AIを人類の公共財として活用し、社会の在
り方の質的変化や真のイノベーションを通じて、SDGsなどで指摘される
地球規模の持続可能性へとつなげることが重要と考える。

　我々は、以下の３つの価値を理念として尊重し、その実現を追求する社
会を構築していくべきと考える。

（１）人間の尊厳が尊重される社会（Dignity）

　我々は、AIを利活用して効率性や利便性を追求するあまり、人間が
AIに過度に依存したり、人間の行動をコントロールすることにAIが利
用される社会を構築するのではなく、人間がAIを道具として使いこな
すことによって、人間の様々な能力をさらに発揮することを可能とし、
より大きな創造性を発揮したり、やりがいのある仕事に従事したりする
ことで、物質的にも精神的にも豊かな生活を送ることができるような、
人間の尊厳が尊重される社会を構築する必要がある。

（２）多様な背景を持つ人々が多様な幸せを追求できる社会（Diversity
　　 & Inclusion）

　多様な背景と価値観、考え方を持つ人々が多様な幸せを追求し、それ
らを柔軟に包摂した上で新たな価値を創造できる社会は、現代における
一つの理想であり、大きなチャレンジである。AIという強力な技術は、
この理想に我々を近づける一つの有力な道具となりえる。我々はAIの
適切な開発と展開によって、このように社会のありかたを変革していく
必要がある。

（3）持続性ある社会（Sustainability）

　我々は、AIの活用によりビジネスやソリューションを次々と生み、社会の格差を解消し、地球規模の環境問題や気候変動などにも対応が可能な持続性のある社会を構築する方向へ展開させる必要がある。科学・技術立国としての我が国は、その科学的・技術的蓄積をAIによって強化し、そのような社会を作ることに貢献する責務がある。

3　Society 5.0実現に必要な社会変革「AI-Readyな社会」

　Society 5.0の実現への貢献が期待される技術には、IoT、ロボティックス、超高速広帯域通信網等と並んでAIがある。AIを用いて複雑な処理を機械にある程度任せられることが可能になっても、「何のためにAIを用いるのか」という目的設定は、人間が行う必要がある。AIは、社会を良くするために使うことも可能であれば、望ましくない目的達成のために使われたり、無自覚に不適切に使われたりすることもありうる。そのため、我々は、「何のためにAIを用いるのか」に答えられるような「人」、「社会システム」、「産業構造」、「イノベーションシステム」、「ガバナンス」の在り方について、技術の進展との相互作用に留意しながら考える必要がある。これらの5つの観点は、Society5.0を実現する上で同等に重要である。

（1）「人」

　AIが社会の隅々に浸透してくることに対応する「AI-Ready な社会」において、人間がどのように対応していくかがAIを十分に活用できる社会の実現の鍵となる。そのために人間に期待される能力及び役割は、以下のようなものになる。

　A）AIの長所・短所をよく理解しており、とりわけAIの情報リソースとなるデータ、アルゴリズム、又はその双方にはバイアスが含まれること及びそれらを望ましくない目的のために利用する者がいることを認識する能力を人々が持つことが重要である。なお、データのバイアスには、主として統計的バイアス、社会の様態によって生じるバイアス及びAI利用者の悪意によるバイアスの3種類があることを認識していることが望まれる。

　B）AIの利用によって、多くの人々が創造性や生産性の高い労働に従事できる環境が実現できることが望ましい。そのためには、出自、

文化、趣向等の観点で、多様な人々が各々の目指す多様な夢やアイデアをAIの支援によって実現する能力を獲得できることが期待される。このことを実現するための教育システム及びそれらの達成に資する社会制度が実現されなければならない。

Ｃ）データやAIの基礎教養から実装及び設計等の応用力を、幅広い分野の横断的、複合的及び融合的な枠組みで身につけた人材が十分に存在することが重要である。そのような人材は、社会のあらゆる活動の原動力となり、かつその人々の能力がAIを活用した生活環境の構成に寄与することが期待される。このような生活環境の整備によって、多くの人々がより豊かで充実した人生を送れるような社会制度が実現されなければならない。

（2）「社会システム」

　AIを利用することで、個々のサービス・ソリューションの進化を促進し、効率化・個別化による多様なメリットを生み出すことが期待される。この変化から生じるメリットを社会の側において十分に受け止めるため、医療、金融、保険、交通、エネルギー等の社会システム全体が、AIの進化に応じて柔軟に変化し、対応できるようなものになっている必要がある。これには、社会的に受け入れられた既存の目的（利便性の向上や単純労働からの解放など）に照らした単純な効率化だけではなく、目的自体の多様化・流動化によって生まれる新たな価値の実現や、AIの進化によってもたらされる可能性のある負の側面（不平等や格差の拡大、社会的排除等）への対応が含まれる。

　そのためには、我々は、それぞれの社会システムのソフト面・ハード面の双方において、拡張性や相互接続性、発展的な秩序形成への仕組み等を備えた柔軟なアーキテクチャ設計を実現する必要がある。さらに、我々は、特に相互接続性・連携性を保証するために、様々な社会システムに共通のデータ利活用基盤を整備する必要がある。

（3）「産業構造」

　多様な人々が多様な夢やアイデアを実現できるよう、労働、雇用環境や創業環境が柔軟で国際的に開かれたものになっていることが必要である。そのために企業は公正な競争を行い、柔軟な働き方を促進していること、また人間の創造力が産業を通じても発揮され続けており、スタートアップ

への投資が促進されていることが求められる。

（４）「イノベーションシステム(イノベーションを支援する環境)」

　大学・研究機関・企業、さらに一般の人々に至るまで、分野や立場を超えて AI の研究開発、利活用及び評価に参加し、互いに刺激し合いながら、イノベーションが次々に生まれる環境ができていることが必要である。

　そのためには、リアル空間も含めたあらゆるデータが新鮮かつ安全に AI 解析可能なレベルで利用可能であり、かつ、プライバシーやセキュリティが確保されることで、誰もが安心してデータを提供し流通させることができ、提供したデータから便益を得られる環境ができていることが求められる。

　研究開発者に加えユーザも含め、安心して AI を研究開発し利活用できる環境が整い、研究開発と利活用のサイクルが迅速に回ることによって、望ましい発展が加速していることが望ましい。また、AI の利活用によって、新たな発想やさらなる可能性が生まれ、イノベーションの地平が格段に広がっていることが求められる。

（５）「ガバナンス」

　社会情勢の変化や技術の進展に伴い、上記に挙げた「人」、「社会システム」、「産業構造」、「イノベーションシステム」で議論されるべき内容や目的設定は、常に更新し続ける必要がある。

　そのため、政府、企業、大学、研究機関、一般の人々等、多様なステークホルダーが協働してルール、制度、標準化、行動規範等のガバナンスについて問題を設定し、影響を評価し、意思決定を行うと共に実装できる体制が整っていることが必要である。また、社会的に声の挙げにくい人たちを含む、多様なステークホルダーの声を拾い上げて、常に最先端の社会的、技術的な課題に取り組む体制を構築できていることが求められる。こうしたガバナンスの実現に際しては、法律によるのみならず、技術的手段を含む企業の自主的な取組によるなど、柔軟かつ実効的な方法がとられていることが求められる。また、ガバナンスのための国際的な整合が重要であり、各国におけるガバナンスに加えて、国境を越える問題に対処するための国際協力体制が整っていることが求められる。

4 人間中心のAI社会原則

我々は、「AI-Readyな社会」を実現し、AIの適切で積極的な社会実装を推進するためには、各ステークホルダーが留意すべき基本原則を定めることが重要と考える。

我々は、この基本原則について、AIが社会に受け入れられ適正に利用されるため、社会（特に、国などの立法・行政機関）が留意すべき「AI社会原則」※6 と、AIの研究開発と社会実装に従事する開発・事業者側が留意すべき「AI 開発利用原則」に体系化する。第2章に掲げた3つの基本理念を備えた社会を実現するために必要となるAI社会原則並びに開発者及び事業者が考慮すべきAI開発利用原則は、以下のとおりである。

※6 欧州委員会「信頼できるAIのための倫理ガイドライン（案）」においては、ハイレベル専門家会合においても合意に達していない重大な懸念事項（Critical Concerns raised by AI）として、「同意のない個人の特定」、「隠されたAIシステム」、「同意のない一般市民の評価」、「自律型致死兵器システム」、「将来にわたっての潜在的な懸念」が挙げられている。これらの事項については、我が国においても、今後必要に応じて検討すべき課題と考えられる。

4.1 AI社会原則

AI社会原則は、「AI-Readyな社会」において、国や自治体をはじめとする我が国社会全体、さらには多国間の枠組みで実現されるべき社会的枠組みに関する原則である。

（1）人間中心の原則

AIの利用は、憲法及び国際的な規範の保障する基本的人権を侵すものであってはならない。

AIは、人々の能力を拡張し、多様な人々の多様な幸せの追求を可能とするために開発され、社会に展開され、活用されるべきである。AIが活用される社会において、人々がAIに過度に依存したり、AIを悪用して人の意思決定を操作したりすることのないよう、我々は、リテラシー教育や適正な利用の促進などのための適切な仕組みを導入することが望ましい。

- ✓ AIは、人間の労働の一部を代替するのみならず、高度な道具として人間を補助することにより、人間の能力や創造性を拡大することが

できる。

- ✓ AIの利用にあたっては、人が自らどのように利用するかの判断と決定を行うことが求められる。AIの利用がもたらす結果については、問題の特性に応じて、AIの開発・提供・利用に関わった種々のステークホルダーが適切に分担して責任を負うべきである。

- ✓ 各ステークホルダーは、AIの普及の過程で、いわゆる「情報弱者」や「技術弱者」を生じさせず、AIの恩恵をすべての人が享受できるよう、使いやすいシステムの実現に配慮すべきである。

（2）教育・リテラシーの原則

　AIを前提とした社会において、我々は、人々の間に格差や分断が生じたり、弱者が生まれたりすることは望まない。したがって、AIに関わる政策決定者や経営者は、AIの複雑性や、意図的な悪用もありえることを勘案して、AIの正確な理解と、社会的に正しい利用ができる知識と倫理を持っていなければならない。AIの利用者側は、AIが従来のツールよりはるかに複雑な動きをするため、その概要を理解し、正しく利用できる素養を身につけていることが望まれる。一方、AIの開発者側は、AI技術の基礎を習得していることが当然必要であるが、それに加えて、社会で役立つAIの開発の観点から、AIが社会においてどのように使われるかに関するビジネスモデル及び規範意識を含む社会科学や倫理等、人文科学に関する素養を習得していることが重要になる。

　このような観点から、我々は、以下のような原則に沿う教育・リテラシーを育む教育環境が全ての人に平等に提供されなければならないと考える。

- ✓ 人々の格差や弱者を生み出さないために、幼児教育や初等中等教育において幅広くリテラシー等の教育の機会が提供されるほか、社会人や高齢者の学び直しの機会の提供が求められる。

- ✓ AIを活用するためのリテラシー教育やスキルとしては、誰でもAI、数理、データサイエンスの素養を身につけられる教育システムとなっているべきであり、全ての人が文理の境界を超えて学ぶ必要がある。リテラシー教育には、データにバイアスが含まれることや使い方によってはバイアスを生じさせる可能性があることなどのAI・データの特性があること、AI・データの持つ公平性・公正性、プライバシー保護に関わる課題があることを認識できるような、セキュ

リティやAI技術の限界に関する内容を備えることも必要である。

✓ AIが広く浸透した社会において、教育環境は、一方的かつ均一的に教える教育の在り方から、個々人の持つ関心や力を活かす在り方へと変化すると考えられる。そのため、社会は、これまでの教育環境における成功体験に拘ることなく、常に最適な形へと柔軟に変化し続ける意識を全体として共有する。教育において、落伍者を出さないためのインタラクティブな教育環境や学ぶもの同士が連携できる環境がAIを活用して構築されることが望ましい。

✓ このような教育環境の整備に向けて、行政や学校（教員）に負担を押し付けるのではなく、民間企業や市民も主体性をもって取り組んでいくことが望ましい。

（3）プライバシー確保の原則

　全てのAIが、パーソナルデータ利用に関するリスクを高めるわけではないが、AIを前提とした社会においては、個人の行動などに関するデータから、政治的立場、経済状況、趣味・嗜好等が高精度で推定できることがある。これは、重要性・要配慮性に応じて、単なる個人情報を扱う以上の慎重さが求められる場合があることを意味する。パーソナルデータが本人の望まない形で流通したり、利用されたりすることによって、個人が不利益を受けることのないよう、各ステークホルダーは、以下の考え方に基づいて、パーソナルデータを扱わなければならない。

✓ パーソナルデータを利用したAI及びそのAIを活用したサービス・ソリューションにおいては、政府における利用を含め、個人の自由、尊厳、平等が侵害されないようにすべきである。

✓ AIの使用が個人に害を及ぼすリスクを高める可能性がある場合には、そのような状況に対処するための技術的仕組みや非技術的枠組みを整備すべきである。特に、パーソナルデータを利用するAIは、当該データのプライバシーにかかわる部分については、正確性・正当性の確保及び本人が実質的な関与ができる仕組みを持つべきである。これによって、AIの利用に際し、人々が安心してパーソナルデータを提供し、提供したデータから有効に便益を得られることになる。

✓ パーソナルデータは、その重要性・要配慮性に応じて適切な保護がなされなければならない。パーソナルデータには、それが不当に利用されることによって、個人の権利・利益が大きく影響を受ける可

257

能性が高いもの（典型的には思想信条・病歴・犯歴等）から、社会
生活のなかで半ば公知となっているものまで多様なものが含まれて
いることから、その利活用と保護のバランスについては、文化的背
景や社会の共通理解をもとにきめ細やかに検討される必要がある。

（4）　セキュリティ確保の原則

　AIを積極的に利用することで多くの社会システムが自動化され、安
全性が向上する。一方、少なくとも現在想定できる技術の範囲では、希
少事象や意図的な攻撃に対してAIが常に適切に対応することは不可能
であり、セキュリティに対する新たなリスクも生じる。社会は、常にベ
ネフィットとリスクのバランスに留意し、全体として社会の安全性及び
持続可能性が向上するように務めなければならない。

✓　社会は、AIの利用におけるリスクの正しい評価やそのリスクを低減
　するための研究等、AIに関わる層の厚い研究開発（当面の対策から、
　深い本質的な理解まで）を推進し、サイバーセキュリティの確保を
　含むリスク管理のための取組を進めなければならない。

✓　社会は、常にAIの利用における持続可能性に留意すべきである。社
　会は、特に、単一あるいは少数の特定AIに一義的に依存してはなら
　ない。

（5）　公正競争確保の原則

　新たなビジネス、サービスを創出し、持続的な経済成長の維持と社会
課題の解決策が提示されるよう、公正な競争環境が維持されなければな
らない。

✓　特定の国にAIに関する資源が集中した場合においても、その支配的
　な地位を利用した不当なデータの収集や主権の侵害が行われる社会
　であってはならない。

✓　特定の企業にAIに関する資源が集中した場合においても、その支配
　的な地位を利用した不当なデータの収集や不公正な競争が行われる
　社会であってはならない。

✓　AIの利用によって、富や社会に対する影響力が一部のステークホル
　ダーに不当過剰に偏る社会であってはならない。

（6）公平性、説明責任及び透明性の原則

　「AI-Readyな社会」においては、AIの利用によって、人々が、その人の持つ背景によって不当な差別を受けたり、人間の尊厳に照らして不当な扱いを受けたりすることがないように、公平性及び透明性のある意思決定とその結果に対する説明責任（アカウンタビリティ）が適切に確保されると共に、技術に対する信頼性（Trust）が担保される必要がある。

✓　AIの設計思想の下において、人々がその人種、性別、国籍、年齢、政治的信念、宗教等の多様なバックグラウンドを理由に不当な差別をされることなく、全ての人々が公平に扱われなければならない。

✓　AIを利用しているという事実、AIに利用されるデータの取得方法や使用方法、AIの動作結果の適切性を担保する仕組みなど、用途や状況に応じた適切な説明が得られなければならない。

✓　人々がAIの提案を理解して判断するために、AIの利用・採用・運用について、必要に応じて開かれた対話の場が適切に持たれなければならない。

✓　上記の観点を担保し、AIを安心して社会で利活用するため、AIとそれを支えるデータないしアルゴリズムの信頼性（Trust）を確保する仕組みが構築されなければならない。

（7）イノベーションの原則

✓　Society 5.0を実現し、AIの発展によって、人も併せて進化していくような継続的なイノベーションを目指すため、国境や産学官民、人種、性別、国籍、年齢、政治的信念、宗教等の垣根を越えて、幅広い知識、視点、発想等に基づき、人材・研究の両面から、徹底的な国際化・多様化と産学官民連携を推進するべきである。

✓　大学・研究機関・企業の間の対等な協業・連携や柔軟な人材の移動を促さなければならない。

✓　AIを効率的かつ安心して社会実装するため、AIに係る品質や信頼性の確認に係る手法、AIで活用されるデータの効率的な収集・整備手法、AIの開発・テスト・運用の方法論等のAI工学を確立するとともに、倫理的側面、経済的側面など幅広い学問の確立及び発展が推進されなければならない。

✓　AI技術の健全な発展のため、プライバシーやセキュリティの確保を

前提としつつ、あらゆる分野のデータが独占されることなく、国境を越えて有効利用できる環境が整備される必要がある。また、AIの研究促進のため、国際的な連携を促進しAIを加速するコンピュータ資源や高速ネットワークが共有して活用されるような研究開発環境が整備されるべきである。

✓ 政府は、AI技術の社会実装を促進するため、あらゆる分野で阻害要因となっている規制の改革等を進めなければならない。

4.2　AI開発利用原則

　我々は、開発者及び事業者において、基本理念及び上記のAI社会原則を踏まえたAI開発利用原則を定め、遵守するべきと考える。

　AI開発利用原則については、現在、多くの国、団体、企業等において議論されていることから、我々は早急にオープンな議論を通じて国際的なコンセンサスを醸成し、非規制的で非拘束的な枠組みとして国際的に共有されることが重要であると考える。

5　おわりに

　「AI-Readyな社会」を世界に先駆けて構築していくため、我が国は、本原則を政府、関係企業、団体等で共有し、政策等に反映させるべきである。

　また、国際的な議論の場において、我が国は、本原則を世界各国と共有した上で、国際的な議論のリーダーシップをとり、コンセンサスの形成を目指すべきであり、それによってSDGsの実現を支える Society5.0の社会像を世界に示し、国際社会の協調的かつ創造的な新たな発展に寄与すべきである。

　なお、本原則は、今後、AI関連技術の進展、社会の変化、世界の情勢等に応じて、今後柔軟に進化・発展させるものである。

［別添］

「人間中心のAI社会原則会議」の設置について

平成31年2月15日
AI戦略実行会議決定

１．AI戦略実行会議の下、AIをより良い形で社会実装し共有するための
　基本原則を検討し、AI戦略に反映させることを目的として、「人間中
　心のAI社会原則会議」（以下「会議」という。）を設置する。会議は
　人工知能技術戦略会議の下に設置された「人間中心のAI社会原則検
　討会議」における議論を基に、「人間中心のAI社会原則」を検討し、
　統合イノベーション戦略推進会議に提案する。

２．会議の議長、副議長及び構成員は別紙のとおりとする。

３．会議は原則として公開とする。ただし、議長が会議を公開しないこと
　が適当であるとしたときは、この限りではない。

４．議長は、会議における審議の内容等を、議事録等の公表その他の適当
　な方法により公表する。ただし、議長が審議の内容等を公表しないこ
　とが適当であるとしたときは、その全部又は一部を非公表とすること
　ができる。

５．会議の庶務は、関係行政機関の協力を得て、内閣府において処理する。

６．前各項に掲げるもののほか、会議の運営に関する事項その他必要な事
　項は、議長が定める。

２．AI事業者ガイドライン案

2024年1月
総務省　経済産業省

はじめに

　AI 関連技術は日々発展をみせ、AI の利用機会と様々な可能性は拡大の一途をたどり、産業におけるイノベーション創出や社会課題の解決に向けても活用されている。また近年台頭してきた対話型の生成 AI によって「AI の民主化」が起こり、多くの人が「対話」によって AI を様々な用途へ容易に活用できるようになった。これにより、企業ではビジネスプロセスに AI を組み込むだけではなく、AI が創出する価値を踏まえてビジネスモデル自体を再構築することも取り組まれている。また、個人においても自らの知識を AI に反映させ、自身のプロダクティビティを拡大させる取組みが加速している。我が国では、従来から Society 5.0 として、サイバー空間とフィジカル空間を高度に融合させたシステム（CPS：サイバー・フィジカルシステム）による経済発展と社会的課題の解決を両立する人間中心の社会というコンセプトを掲げてきた。コンセプトを実現するにあたり、AI の利活用を進めていく上で誤った使い方をさせないことを目的とし 2019 年３月に「人間中心の AI 社会原則」が策定された。一方で、AI技術の利用範囲やそれらの分野での利用者の拡大に伴い、リスクも増大している。特に生成 AI に関して、知的財産権の侵害や偽情報、誤情報の生成・発信等、これまでの AI ではなかったような新たな社会的リスクが生じており、AI がもたらす社会的リスクの多様化・増大が進んでいる。

　そのような背景の中、本ガイドラインは、AI の安全安心な活用が促進されるよう、我が国における AI ガバナンスの統一的な指針を示す。これにより、様々な事業活動において AI を活用する者が、国際的な動向及びステークホルダーの懸念を踏まえた AI のリスクを正しく認識し、必要となる対策をライフサイクル全体で自主的に実行できるように後押しし、互いに関係者と連携しながら実践することを通してイノベーションの促進とライフサイクルにわたるリスクの緩和を両立する枠組みを積極的に共創していくことを目指す。

262

　我が国は 2016 年 4 月の G7 香川・高松情報通信大臣会合における AI 開発原則に向けた提案を先駆けとし、G7・G20 や OECD 等の国際機関での議論をリードし、多くの貢献をしてきた。一方、AI に関する原則の具体的な実践を進めていくにあたっては、

- ・少子高齢化に伴う労働力の低下等の社会課題の解決手段として、AI の活用が期待されていること
- ・法律の整備・施行が AI の技術発展やその社会実装のスピード・複雑さに追いついていないこと
- ・細かな行為義務を規定するルールベースの規制を行うと、イノベーションを阻害する可能性があること

等が指摘されてきた。これらを踏まえ、AI がもたらす社会的リスクの低減を図るとともに、AI のイノベーションと活用を促進していくために、関係事業者による自主的な取組を促し、非拘束的なソフトローによって目的達成に導くゴールベースの考え方で、ガイドラインを作成することとしたものである。

　このような認識のもと、これまでに総務省主導で「国際的な議論のための AI 開発ガイドライン案」、「AI 利活用ガイドライン〜AI 利活用のためのプラクティカルリファレンス〜」、経済産業省主導で「AI 原則実践のためのガバナンス・ガイドライン Ver. 1.1」を策定・公表してきた。そして、このたび 3 つのガイドラインを参考にしながら、この数年でさらに発展した AI 技術の特徴及び国内外における AI の社会実装に係る議論を反映して、日本の事業者が AI の社会実装及びガバナンスを共に実践するための新たなガイドラインとして策定した（「図 1. 本ガイドラインの位置づけ」参照）。従来のガイドラインに代わり、本ガイドラインを参照することで、AI を活用する事業者（政府・自治体等の公的機関を含む）が安全安心な AI の活用のための望ましい行動につながる指針（Guiding Principles）を確認できるものとしている。また、本ガイドラインは、政府が単独で主導するのではなく、教育・研究機関、一般消費者を含む市民社会、民間企業等で構成されるマルチステークホルダーとして検討を重ねることで、実効性・正当性を重視したものとして策定されている。

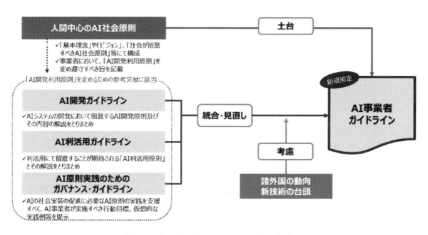

図 1. 本ガイドラインの位置づけ

　AIの利用は、その分野とその利用形態によっては、社会に対して大きなリスクを生じさせ、そのリスクに伴う社会的な軋轢により、AI の利活用自体が阻害される可能性がある。一方で、過度な対策を講じることは、同様にAI 活用自体、もしくは AI 活用によって得られる便益を阻害してしまう可能性がある。このような中、予め事前に当該利用分野における利用形態に伴って生じ得るリスクの大きさ（危害の大きさとその蓋然性）を把握したうえで、その対策の程度をリスクの大きさに対応させる「リスクベースアプローチ」が重要となる。本ガイドラインでは、この「リスクベースアプローチ」に基づいて、企業における対策の方向を記載している。なお、この「リスクベースアプローチ」の考え方は、AI 先進国間で広く共有されているものである。

　また、AI をめぐる動向が目まぐるしく変化する中、本ガイドラインに関しては、AI ガバナンスの継続的な改善に向け、アジャイル・ガバナンスの思想を参考にしながら、マルチステークホルダーの関与の下で、Living Documentとして適宜、更新を行うことを予定している（「図 2. 本ガイドラインの基本的な考え方」参照）。その更新を行うための具体的な体制については、今後検討していくこととする。

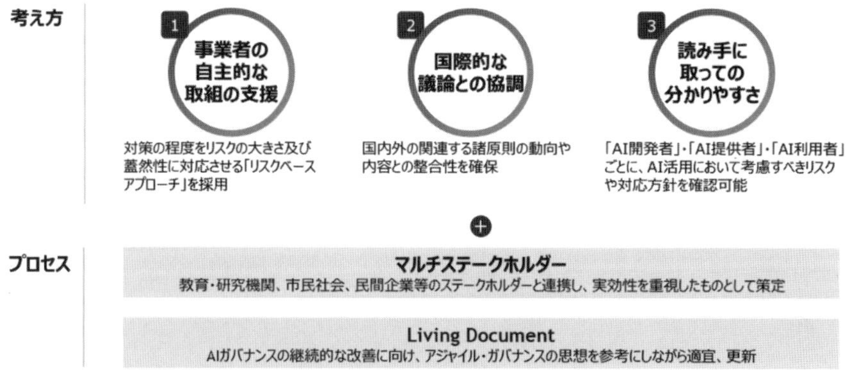

図 2. 本ガイドラインの基本的な考え方

　本ガイドラインは、AI 開発・提供・利用にあたって必要な取組についての基本的な考え方を示すものである。よって、実際の AI 開発・提供・利用において、本ガイドラインを参考の一つとしながら、AI 活用に取り組む全ての事業者が自主的に具体的な取組を推進することが重要となる。同時に、AI 活用に取り組む全ての事業者は、AI が社会にもたらす影響の大きさ、人間社会をよりよいものへと発展させるために AI を活用する責務があることを認識すべきである。当該取組に対して、社会から不適切もしくは不十分と評価される場合は、自らの事業活動における機会損失が生じ、事業価値の維持が困難となる事態を招く恐れがあることへ留意することが重要となる。このような点に留意することにより、AI による便益の最大化、競争力の強化及び事業価値の維持・向上等が可能となる。なお、AI を扱う事業者以外の者、例えば、教育・研究機関に属する者や一般消費者（未成年を含む）にとっても、AI の活用にあたって参考となる情報やリスクに関する情報が盛り込まれているため、有用といえる。

　本ガイドラインは、様々な事業活動において AI を活用する全ての者（政府・自治体等の公的機関を含む）を対象としている。他方で、事業活動以外で AI を活用する者又は AI を直接事業に活用せずに AI システム・サービスの便益を享受する、場合によっては損失を被る者（以下、あわせて「業務外利用者」という）については、本ガイドラインの対象には含まれない。また、AI 活用に伴い学習用等のデータが不可欠となる。それら

のデータを提供する特定の法人や個人（以下、「データ提供者」という）が存在する一方で、インターネット等の公開情報等から当該データを入手することも可能である。インターネット等の公開情報等のデータ源は、本ガイドラインに沿った取組の推進を期待するものではないため、データ提供においては、提供される者、もしくは入手する者がデータを取り扱う責任を担うものとして、データ提供者に関しても本ガイドラインの対象には含まれない。以上より、本ガイドラインの対象者は、AI の事業活動を担う主体として、「AI 開発者」、「AI 提供者」、「AI 利用者」の 3 つに大別され、それぞれ以下のとおり定義される。これらの主体は事業者の組織を想定しており、AI の活用方法によっては同一の事業者が AI 開発者、AI 提供者、AI 利用者の複数を兼ねる場合もある（「図 3. 一般的な AI 活用の流れにおける主体の対応」参照）[1]。

- ・AI 開発者（AI Developer）
  AI システムを開発する事業者（AI を研究開発する事業者を含む）
  AI モデル・アルゴリズムの開発、データ収集（購入を含む）、前処理、AI モデル学習、検証を通して AIモデルおよび AI モデルのシステム基盤や入出力等を含む AI システムを構築する役割を担う。

- ・AI 提供者 （AI Provider）
  AI システムをアプリケーションや製品もしくは既存のシステムやビジネスプロセス等に組み込んだサービスとして AI 利用者（AI Business User）、場合によっては業務外利用者に提供する事業者
  AI システム検証、AI システムの他システムとの連携の実装、AI システム・サービスの提供、正常稼働のための AI システムにおける AI 利用者（AI Business User）側の運用サポートや AI サービスの運用自体を担う。AI サービスの提供に伴い、ステークホルダーとのコミュニケーションが求められることもある。

- ・AI 利用者（AI Business User）
  事業活動において、AI システム又は AI サービスを利用する事業者
  AI 提供者が意図している適正な利用及び環境変化等の情報を AI 提供者と共有し正常稼働を継続する、必要に応じて提供された AI システムを運用する役割を担う。また、AI の活用において業務外利用者に何らか

---

[1]開発・提供・利用の対象に生成 AI も含まれる。AI 提供者や AI 利用者が政府・自治体等、公的機関になる場合は、民間事業者の場合とは別の考えが必要になる可能性がある。

の影響が考えられる場合[2]は、当該者に対する AI による意図しない不利益の回避、AI による便益最大化の実現に努める役割を担う。

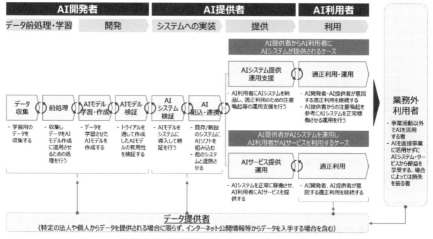

図 3. 一般的な AI 活用の流れにおける主体の対応

　自らが該当する「AI 開発者」、「AI 提供者」、「AI 利用者」の立場から、「ステークホルダーからの期待を鑑みつつどのような社会を目指すのか（基本理念 = why）」を踏まえ、「AI に関しどのような取組を行うべきか（指針= what）」を明らかにすることが重要であり、また指針を実現するために、「具体的にどのようなアプローチで取り組むか（実践 = how）」を検討・決定し、実践することが AI の安全安心な活用に有用と考えられる。実際のAI サービスは目的・活用技術・データ・利用環境等によって多様なユースケースとなり、技術の発展等、外部環境の変化も踏まえつつ、AI 開発者、AI 提供者、AI 利用者が連携して最適なアプローチを検討することが重要である。本ガイドラインは読みやすさを考慮し、本編で「基本理念」と「指針」を扱い、別添（付属資料）で「実践」を扱うこととする。

---

[2] 業務外利用者は、AI 利用者の指示、注意に従わない場合、何らかの被害を受ける可能性があることを留意する必要がある。

「基本理念」と「指針」を扱う本ガイドラインの本編の構成を以下に記載する。

・第1部
本ガイドラインの内容に関する理解を助けるために、「用語の定義」を中心に記載する。

・第2部
AI の活用により目指すべき社会、それを実現するための基本理念（why）と各主体に共通する指針（what）を記載する。AI の活用による便益を求める中で、AI が社会にリスクをもたらす可能性を鑑み、共通の指針を実践するために必要となるガバナンスの構築についても触れる。第2部では第3部以降の基となる内容を解説しているため、AI を活用する全ての事業者が内容を確認し、理解することが重要である。

・第3部〜第5部
AI を活用した事業活動を担う3つの主体に関し、第2部では触れられない主体ごとの留意点を記載する。AI を活用する事業者は自らに関する事項を理解することが重要であり、それと同時に、隣接する主体と関係する事項が多く存在するため、当該主体以外に関する事項も理解することが重要である（「図4.本ガイドラインの構成」参照）。

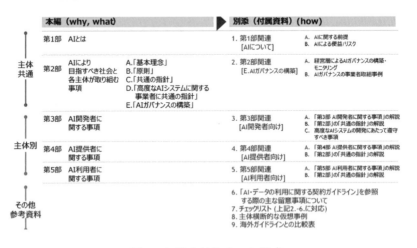

図4.本ガイドラインの構成

　「AI 開発者」、「AI 提供者」、「AI 利用者」においては、第１部、第２部に加えて、第３部以降の当該部及び別添（付属資料）を確認することで、AI を活用する際のリスクやその対応方針の基本的な考え方を把握することが可能となる。特に具体的な取組が決まっていない事業者にとっては、別添の記載例が参考となるため、別添の関連個所を中心とした確認が重要となる。なお、経営者を含む事業執行責任者[3]は、その職務を全うするために、本ガイドラインにおける基本理念（why）と指針（what）を踏まえて、事業戦略と一体で AI を活用する際のリスク対策を検討・実践し、AIの安全安心な活用を推進することが重要である。

　AI をめぐる環境はグローバル規模で日進月歩の進化を続けていることから、AI を活用する事業者は、国際的な動向にも注意を払うことが重要である。我が国においても、こうした現状を踏まえ、広島 AI プロセス[4]を通じて、AI に関する国際的な共通理解、指針の策定を主導しており、2023年12月には広島 AI プロセス包括的政策枠組み等をとりまとめた。本ガイドラインも同プロセスへの貢献を意図するとともに、同プロセスを含む国際的な議論を踏まえながら検討したものである。一方で、AI をめぐる考え方や法令は国・地域で異なることから、特に、国境を越えた活動を行う事業者は、現地の法令やステークホルダーの期待に応じた対応をすべきである。

---

[3] 事業執行責任者は、政府・自治体等の公的機関の事業執行責任者も含む。

[4] 2023 年５月の G7 広島サミットの結果を受けて、生成 AI に関する国際的なルールの検討を行うため、「広島 AI プロセス」を立ち上げた。その後、同年９月の「広島 AI プロセス閣僚級会合」や 10 月の京都 IGF での「マルチステークホルダーハイレベル会合」等を経て発出された「AI に関する G7 首脳声明」を踏まえ、同年 12 月に「G7 デジタル・技術大臣会合」を開催し、同年の成果として、「広島 AI プロセス包括的政策枠組み」及び「広島 AI プロセス推進作業計画」をとりまとめた。

第 1 部 AI とは

　AI は Artificial Intelligence（人工知能）を意味し、1956 年にダートマス会議で初めて使用された言葉である。AI は未だ確立された定義は存在しないが、「人工」・「知能」とあるように、人間の思考プロセスと同じような形で動作するコンピュータープログラムや、コンピューター上で知的判断を下せるシステム等を指す。機械学習を行わない、専門家の知識を大量にインプットすることで知識に基づく推論を行うエキスパートシステムと呼ばれるものも、元々は AI の一種とされていた。しかし、2000 年代以降、ディープラーニングの登場により、機械学習を行うことで、「画像認識」、「自然言語処理（翻訳等）」、「音声認識」が可能となり、特定の分野に特化し、予測や提案、決定を行うことができるシステムを AI と指すようになってきた。また、2021 年以降、基盤モデル5の台頭により、特定の分野のみに特化した AI ではない、汎用的な AI の開発が進んでいる。その結果、「予測」、「提案」、「決定」にとどまらず、全く新しい画像や文章を生成する「生成 AI」が普及するようになり、注目を集めている。このように、ひとくくりに「AI」と言っても、その種類は多岐にわたり、今後の AI 技術の在り方については専門家であっても予測することは困難である。

　このような状況を踏まえつつ、本ガイドラインにおける関連する用語を以下のとおり定義する。

関連する用語

・AI
　現時点で確立された定義はなく（統合イノベーション戦略推進会議決定「人間中心の AI 社会原則」（2019 年 3 月 29 日））、広義の人工知能の外延を厳密に定義することは困難である。本ガイドラインにおける AI は「AI システム」自体や、機械学習をするソフトウ アやプログラムを含む抽象的な概念とする。
　（参考として JIS X22989 では ISO/IEC22989 に基づき、以下のよう

5大規模言語モデルに代表される基盤モデルは、様々なサービスを支える個別モデルを生み出すコアの技術基盤である。基盤モデルから派生する下流の幅広いタスクに適応させたモデルの開発や、また、開発過程そのものから得られる知見等の観点から、一般的な AI とは異なる性質を持つ

に定義されている）
＜学問分野＞AI システムのメカニズム及び適用の研究開発
注釈 1. 研究開発は、コンピュータサイエンス、データサイエンス、自然科学、人文科学、数学等、幾つもの分野にわたって行うことが可能である

・AI システム

活用の過程を通じて様々なレベルの自律性をもって動作し学習する機能を有するソフトウェアを要素として含むシステムとする（機械、ロボット、クラウドシステム等）。

（参考として JIS X22989 では ISO/IEC22989 に基づき、以下のように定義されている）
人間が定義した所与の目標の集合に対して、コンテンツ、予測、推奨、意思決定等の出力を生成する工学的システム
注釈 1. 工学的システムは、人工知能に関連する様々な技法及びアプローチを使用して、作業の実施に使用可能であるデータ、知識、プロセス等を表すモデルを開発することが可能である
注釈 2. AI システムは、様々な自動化のレベルで動作するように設計されている
（参考として OECD AI Principles overview では以下のように定義されている）
AI システムは、明示的または暗黙的な目的のために推測するマシンベースのシステムである。受け取った入力から、物理環境または仮想環境に影響を与える可能性のある予測、コンテンツ、推奨、意思決定等の出力を生成する。AI システムが異なれば、導入後の自律性と適応性のレベルも異なる

・高度 AI システム

最先端の基盤モデル及び生成 AI システムを含む、最も高度な AI システムを指す。

・AI モデル（ML モデル）

AI システムに含まれ、学習データを用いた機械学習によって得られるモデルで、入力データに応じた予測結果を生成する。
（参考として JIS X22989 では ISO/IEC22989 に基づき、以下のように定義されている）

入力データ又は情報に基づいて推論（inference）又は予測を生成する数学的構造

例：単変量線形関数 $y=\theta_0+\theta_1x$ が、線形回帰を使用して訓練されている場合、結果のモデルは、$y=3+7x$ のようになる

注釈 1. 機械学習モデルは、機械学習アルゴリズムに基づく訓練の結果として得られる

・AI サービス

「AI システム」を用いた役務を指す。利用者への価値提供の全般を指しており、AI サービスの提供・運営は、AI システムの構成技術に限らず、人間によるモニタリングやステークホルダーとの適切なコミュニケーション等の非技術的アプローチも連携した形で実施される。

・生成 AI

文章や画像、プログラム等を生成できる AI モデルに基づく AI の総称を指す。

・AI ガバナンス

AI の利活用によって生じるリスクをステークホルダーにとって受容可能な水準で管理しつつ、そこからもたらされる正のインパクトを最大化することを目的とする、ステークホルダーによる技術的、組織的、及び社会的システムの設計及び運用。

第2部 AI により目指すべき社会と各主体が取り組む事項

　第2部では、まず、AI により目指す社会としての「A. 基本理念」を記載する。更に、その実現に向け、各主体が取り組む「B. 原則」とともに、そこから導き出される「C. 共通の指針」を記載する。また、高度な AI システムに関係する事業者が遵守すべき「D. 高度な AI システムに関係する事業者に共通の指針」を記載する。加えて、この「C.共通の指針」を実践し AI を安全安心に活用していくために重要な「E.AI ガバナンスの構築」についても記載する。

A．基本理念

「はじめに」で述べたとおり、我が国が 2019 年 3 月に策定した「人間中心の AI 社会原則」においては、AI が Society 5.0 の実現に貢献することが期待されている。また、AI を人類の公共財として活用し、社会の在り方の質的変化や真のイノベーションを通じて地球規模の持続可能性へとつなげることが重要であることが述べられている。そして、以下の 3 つの価値を「基本理念」として尊重し、「その実現を追求する社会を構築していくべき」としている。

① 人間の尊厳が尊重される社会（Dignity）

　AI を利活用して効率性や利便性を追求するあまり、人間が AI に過度に依存したり、人間の行動をコントロールすることに AI が利用される社会を構築するのではなく、人間が AI を道具として使いこなすことによって、人間の様々な能力をさらに発揮することを可能とし、より大きな創造性を発揮したり、やりがいのある仕事に従事したりすることで、物質的にも精神的にも豊かな生活を送ることができるような、人間の尊厳が尊重される社会を構築する必要がある

② 多様な背景を持つ人々が多様な幸せを追求できる社会
（Diversity and Inclusion）

　多様な背景と価値観、考え方を持つ人々が多様な幸せを追求し、それらを柔軟に包摂した上で新たな価値を創造できる社会は、現代における一つの理想であり、大きなチャレンジである。AI という強力な技術は、この理想に我々を近づける一つの有力な道具となりうる。我々は AI の適切な開発と展開によって、このように社会の在り方を変革していく必

273

要がある

③ **持続可能な社会（Sustainability）**

我々は、AI の活用によりビジネスやソリューションを次々と生み、社会の格差を解消し、地球規模の環境問題や気候変動等にも対応が可能な持続性のある社会を構築する方向へ展開させる必要がある。科学・技術立国としての我が国は、その科学的・技術的蓄積を AI によって強化し、そのような社会を作ることに貢献する責務がある

図 5. 基本理念

　この大きな考え方自体は、著しい技術の発展によっても変わるものではなく、目指すべき理念であり続けている。したがって、AI の発展に伴い、日本及び多国間の枠組みで目指すべき方向性として、これらの基本理念が尊重されるべきである。

B. 原則

　この「基本理念」を実現するためには、各主体がこれに沿う形で取組を進めることが重要であり、そのために各主体が念頭におく「原則」を、各主体が取り組む事項と、社会と連携した取組が期待される事項に整理した。この「原則」は、「人間中心の AI 社会原則」を土台としつつ、OECD のAI 原則等の海外の諸原則を踏まえ、再構成したものである。

各主体が取り組む事項

　各主体は、基本理念より導き出される<u>人間中心の考え方</u>を基に、AI シ
ステム・サービスの開発・提供・利用を促進し、人間の尊厳を守りながら、
事業における価値の創出や社会課題の解決等、AI の目的を実現していく
ことが重要である。このため、各主体は、AI 活用に伴う社会的リスクの
低減を図るべく、<u>安全性・公平性</u>といった価値を確保することが重要であ
る。また、個人情報の不適正な利用等の防止を始めとする<u>プライバシー保
護</u>、システムの脆弱性等による可用性の低下や外部からの攻撃等のリスク
に対応する<u>セキュリティ確保</u>を行うことが重要である。上記を実現するた
めに、各主体は、システムの検証可能性を確保しながら、ステークホル
ダー6に対する適切な情報を提供することにより<u>透明性</u>を向上させ、<u>アカ
ウンタビリティ</u>を果たすことが重要となる。

　加えて、今後、AI アーキテクチャの多様化に伴うバリューチェーン変
動等により、各主体の役割が変動する可能性を踏まえた上で、各主体間で
連携し、バリューチェーン全体での AI の品質の向上に努めることが重要
である。

　なお、これらの取組は、各主体が開発・提供・利用するAIシステム・
サービスの特性や用途、目的や社会的文脈を踏まえ、各主体の資源制約を
考慮しながら自主的に進めることが重要である。このような対応を行うこ
とで、各主体が、AIのリスクを最低限に抑制しつつ、AIシステム・サー
ビスの開発・提供・利用を通じて最大限の便益を享受することが期待される。

社会と連携した取組が期待される事項

　AI による社会への便益を一層増大させ、我々が目指すべき理念を実現
していくためには、各主体それぞれの取組に加え、社会（政府・自治体や
コミュニティも含む）と積極的に連携することが期待される。このため、
各主体は、社会と連携して、社会の分断を回避し、全ての人々に AI の恩
恵が行き渡るための<u>教育・リテラシー</u>確保の機会を提供することが期待さ
れる。加えて、新たなビジネス・サービスが創出され、持続的な経済成長
の維持と社会課題の解決策が提示されるよう、<u>公正競争の確保</u>や<u>イノベー
ション</u>の促進に貢献していくことが期待される。

6AI 開発者、AI 提供者、AI 利用者、業務外利用者以外の第三者を含む AI の活用によって直接・間接の影
響を受ける可能性がある全ての主体（以降同様）

C. 共通の指針

取組にあたり、各主体は、以下に述べる 1) 人間中心に照らし、法の支配、人権、民主主義、多様性、公平公正な社会を尊重するよう AI システム・サービスを開発・提供・利用し、憲法や知的財産関連法令、個人情報保護法をはじめとする関連法令、AI に係る個別分野の既存法令等を遵守すべきであり、国際的な指針等の検討状況についても留意することが重要である[7,8]。

各主体が連携して、バリューチェーン全体で取り組むべきことは、具体的には、以下のとおり整理される。

1) 人間中心

各主体は、AI システム・サービスの開発・提供・利用において、後述する各事項を含む全ての取り組むべき事項が導出される土台として、少なくとも憲法が保障する又は国際的に認められた人権を侵すことがないようにすべきである。また、AI が人々の能力を拡張し、多様な人々の多様な幸せ（well-being）の追求が可能となるように行動することが重要である。

① 人間の尊厳と個人の自律
❖AI が活用される際の社会的文脈を踏まえ、人間の尊厳と個人の自律を尊重する
❖特に、AI を人間の脳・身体と連携させる場合には、その周辺技術に関する情報を踏まえつつ、諸外国や研究機関における生命倫理の議論等を参照する
❖個人の権利・利益に重要な影響を及ぼす可能性のある分野において AI を利用したプロファイリングを行う場合、個人の尊厳を尊重し、生じう

---

[7] 事業の地理的な展開状況、開発された AI モデルを用いる AI 提供者・AI 利用者の所在地、学習を行うサーバの所在地等に応じ、各準拠法に従う必要がある。我が国の国内法に準拠する場合は、データの類型に応じ、個人情報、知的財産権、機密情報等にそれぞれ適用される法令に適合した取扱いを行う。また、データの取扱いにおいては、法令で定められていなくともステークホルダー間の契約関係において、利用が禁止される場合が存在することにも留意すべきである。

[8] 知的財産関連法令との関係については内閣府知的財産戦略推進事務局や文化庁等での議論が進められており、今後の検討状況にも留意すべきである。特に AI と著作権の関係については、文化審議会著作権分科会法制度小委員会にて、AI の開発・学習において著作権者の許諾なく著作物の利用が認められる範囲の明確化や、生成物による著作権侵害リスクの軽減方策等に関する考え方を整理しているところであり、各主体においては、その趣旨を踏まえることが重要である。

る不利益等を慎重に検討した上で、不適切な目的に利用しない

② AI による意思決定・感情の操作等への留意

❖人間の意思決定や認知等、感情を不当に操作することを目的とした、もしくは操作を前提とした AI システム・サービスの開発・提供・利用は行わない

❖AI システム・サービスの開発・提供・利用において、自動化バイアス[9]等の AI に過度に依存するリスクに対して、必要な対策を講じる

❖フィルターバブル[10]に代表されるような情報や価値観の傾斜を助長し、AI 利用者を含む人間が本来得られるべき選択肢が不本意に制限されるような AI の活用にも注意を払う

❖特に、選挙やコミュニティでの意思決定等をはじめとする社会に重大な影響を与える手続きに関連しうる場合においては、AI の出力について慎重に検討する

③ 偽情報等への対策

❖生成 AI によって、内容が真実・公平であるかのように装った情報を誰でも作ることができるようになり、AI が生成した偽情報・誤情報・偏向情報が社会を不安定化・混乱させるリスクが高まっていることを認識した上で、必要な対策を講じる

④ 多様性・包摂性の確保

❖公平性の確保に加え、いわゆる「情報弱者」や「技術弱者」を生じさせず、より多くの人々が AI の恩恵を享受できるよう社会的弱者による AI の活用を容易にするよう注意を払う

・ユニバーサルデザイン、アクセシビリティの確保、関連するステークホルダー[11]への教育・フォローアップ 等

---

[9]人間の判断や意思決定において、自動化されたシステムや技術への過度の信頼や依存が生じる現象を指す。

[10]「フィルターバブル」とは、アルゴリズムがネット利用者個人の検索履歴やクリック履歴を分析し学習することで、個々にとっては望むと望まざるとにかかわらず見たい情報が優先的に表示され、利用者の観点に合わない情報からは隔離され、自身の考え方や価値観の「バブル（泡）」の中に孤立するという情報環境を指す。このようなもともとある人間の傾向とネットメディアの特性の相互作用による現象と言われているものとして、「フィルターバブル」の他、「エコーチェンバー」も挙げられる。そういったリスクがある一方で、AI はパーソナライズされた的を絞った返答を業務外利用者等に提供し、有益な形で提案を行うことを可能とするという便益もある。

[11] AI 開発者、AI 提供者、AI 利用者、業務外利用者を含む直接・間接問わず AI の活用に関与する主体（以降同様）

⑤ 利用者支援

✧合理的な範囲で、AI システム・サービスの機能及びその周辺技術に関
する情報を提供し、選択の機会を適時適切に提供する機能が利用可能で
ある状態とする

・デフォルトの設定、理解しやすい選択肢の提示、フィードバックの提
供、緊急時の警告、エラーへの対処 等

⑥ 持続可能性の確保

✧AI システム・サービスの開発・提供・利用において、ライフサイクル
全体で、地球環境への影響も検討する

　これら全てを前提とした上で、各主体は、AI のパフォーマンス（有用
性）を可能な範囲で高め、人々に便益と豊かさを与え、幸福を実現するこ
とが期待される。

2) 安全性

　各主体は、AI システム・サービスの開発・提供・利用を通じ、AI に関
わる全ての者の生命・心身・財産に危害を及ぼすことがないようにすべき
である。加えて、環境に危害を及ぼすことがないようにすることが重要で
ある。

① 人間の生命・心身・財産、及び環境への配慮

✧AI の出力の正確性を含め、要求に対して十分に動作している（信頼性）

✧様々な状況下でパフォーマンスレベルを維持し、無関係な事象に対して
著しく誤った判断を発生させないようにする（堅牢性（robustness））

✧AI の活用や意図しない AI の動作によって生じうる権利侵害の重大性、
侵害発生の可能性等、当該 AI の性質・用途等に照らし、必要に応じて
客観的なモニタリングや対処も含めて人間がコントロールできる制御可
能性を確保する

✧適切なリスク分析を実施し、リスクへの対策を講じる

✧人間の生命・心身・財産、及び環境へ危害を及ぼす可能性がある場合は、
講ずべき措置について事前に整理し、AI に関わる全ての者に関連する
情報を提供する

・関連するステークホルダーが講ずべき措置及び利用規則を明記する

✧AI システム・サービスの安全性を損なう事態が生じた場合の対処方法

を検討し、当該事態が生じた場合に速やかに実施できるよう整える

② 適正利用
✧ 主体のコントロールが及ぶ範囲で本来の目的を逸脱した提供・利用により危害が発生することを避けるべく、AI システム・サービスの開発・提供・利用を行う

③ 適正学習[12]
✧ AI システム・サービスの特性や用途を踏まえ、学習等に用いるデータの正確性・必要な場合には最新性（データが適切であること）等を検討する
✧ 学習等に用いるデータの透明性の支援や法的枠組みの遵守、AI モデルの更新等を合理的な範囲で適切に実施する

3）公平性

各主体は、AI システム・サービスの開発・提供・利用において、特定の個人ないし集団へのその人種、性別、国籍、年齢、政治的信念、宗教等の多様な背景を理由とした不当で有害な偏見や差別を最小化することが重要である。また、各主体は、潜在的なバイアスを最小化するよう留意し、それでも回避できないバイアスがあることを認識しつつ、この回避できないバイアスが人権や多様な文化を尊重する観点から許容可能か評価をした上で、AIシステム・サービスの開発・提供・利用を行うことが重要である。

① AI モデルの各構成技術に含まれるバイアスへの配慮
✧ 不適切なバイアスを生み出す要因は多岐に渡るため、各技術要素（学習データ、モデルの学習過程、AI 利用者が入力するプロンプト[13]、AI モデルの推論時に参照する情報や連携する外部サービス等）及び利用者の振る舞いを含めて、公平性の問題となり得るバイアスの要因となるポイントを特定する
✧ AI システム・サービスの特性や用途によっては、潜在的なバイアスが生じる可能性についても検討する

② 人間の判断の介在
✧ AI の出力結果が公平性を欠くことがないよう、AI に単独で判断させる

---

[12] AI 提供者・AI 利用者においてもファインチューニング、再学習を行う場合は AI 開発者と同様に安全性の担保に努めることが重要となる。
[13] 大規模言語モデルを始めとする生成 AI では、AI 利用者は、コンテキスト内学習と呼ばれる学習方法により、学習済パラメータを更新することなく、AI 利用者の入力（プロンプトと呼ばれる）に応じて、特定のタスクに対する学習を行わせることが可能である。

だけでなく人間の判断を介在させる利用を検討する

✧バイアスが生じていないか、AI システム・サービスの目的、制約、要件、決定を明確かつ透明性のある方法により分析し、対処するためのプロセスを導入する

✧無意識のバイアスや潜在的なバイアスに留意し、多様な背景、文化、分野のステークホルダーと対話した上で、方針を決定する

4) プライバシー保護

各主体は、AI システム・サービスの開発・提供・利用において、その重要性に応じ、プライバシーを尊重し、保護することが重要である。その際、関係法令を遵守すべきである。

① AI システム・サービス全般におけるプライバシーの保護

✧個人情報保護法等の関連法令の遵守や、各主体のプライバシーポリシーの策定・公表等により、社会的文脈や人々の合理的な期待を踏まえ、各主体を含むステークホルダーのプライバシーが尊重され、保護されるよう、その重要性に応じた対応を取る

✧以下の事項を考慮しつつ、プライバシー保護のための対応策を検討する
・個人情報保護法に基づいた対応の確保
・国際的な個人データ保護の原則及び基準の参照[14]

5) セキュリティ確保

各主体は、AI システム・サービスの開発・提供・利用において、AI の振る舞いについて外部的操作によって意図せぬ変更や停止が生じることのないようにセキュリティを確保することが重要である。

① AI システム・サービスに影響するセキュリティ対策[15]

✧AI システム・サービスの機密性・完全性・可用性を維持し、常時、AI

[14]OECD, Recommendation of the Council concerning Guidelines Governing the Protection of Privacy and Transborder Flows of Personal Data, OECD/LEGAL/0188 や ISO/IEC 29100:2011 Information technology Security techniques Privacy framework 等プライバシーに関する国際的な指針を踏まえることが期待される。また、より広範囲での個人データの円滑な越境移転や各国における規律の相互運用性を促進させる等の目的で Global Cross-Border Privacy Rules （CBPR） Forum が立ち上がっており、日本も 2022 年 4 月に参加し、Global CBPR Framework を公表している。また、生成 AI に関しては、G7 データ保護プライバシー機関ラウンドテーブル会合による「生成 AI に関する声明」（2023 年 6 月）及び GPA （Global Privacy Assembly）による「生成 AI システムに関する決議」（2023 年 10 月）も参照。
[15]詳細な手法については、英国サイバーセキュリティセンター（NCSC）「セキュアな AI システム開発のためのガイドライン（Guidelines for secure AI system development）」（2023 年 11 月）も参照。
https://www8.cao.go.jp/cstp/stmain/20231128ai.html

の安全な活用を確保するため、その時点での技術水準に照らして合理的な対策を講じる

❖AI システム・サービスの特性を理解し、正常な稼働に必要なシステム間の接続が適切に行われているかを検討する

❖推論対象データに微細な情報を混入させることで関連するステークホルダーの意図しない判断が行われる可能性を踏まえて、AI システム・サービスの脆弱性を完全に排除することはできないことを認識する

② 最新動向への留意
❖AI システム・サービスに対する外部からの攻撃は日々新たな手法が生まれており、これらのリスクに対応するための留意事項を確認する

6）透明性[16]

　各主体は、AI システム・サービスの開発・提供・利用において、AI システム・サービスを活用する際の社会的文脈を踏まえ、AI システム・サービスの検証可能性を確保しながら、必要かつ技術的に可能な範囲で、ステークホルダーに対し合理的な範囲で適切な情報を提供することが重要である。

① 検証可能性の確保
❖AI の判断にかかわる検証可能性を確保するため、データ量やデータ内容に照らし合理的な範囲で、AI システム・サービスの開発過程及び利用時の入出力等、AI の学習プロセス及び推論過程や判断根拠等のログを記録・保存する

❖ログの記録・保存にあたっては、利用する技術の特性や用途に照らして、その目的、頻度等について検討する

② 関連するステークホルダーへの情報提供
❖AI との関係の仕方、AI の性質及び目的等に照らして、それぞれが有する知識や能力に応じ以下について取りまとめた情報の提供と説明を行う
　・AI システム・サービス全般

---

[16]透明性については、諸外国でも様々な定義がある。例えば、NIST,Artificial Intelligence Risk Management Framework（January 2023）では、透明性（システムで何が起きたかについて答えられること）、説明可能性（システムでどのように決定がなされたかについて答えられること）、解釈可能性（なぜその決定がされたかについてその意味や文脈について答えられること）と分類されており、European Commission, ETHICS GUIDELINES FOR TRUSTWORTHY AI （April 2019）では、トレーサビリティ、説明可能性、コミュニケーションが取り上げられている。本文書では、情報開示に関する事項を広く「透明性」とする。

> ➤ AI を利用しているという事実
> ➤ データ収集及びアノテーションの手法
> ➤ 学習及び評価の手法
> ➤ 基盤としている AI モデルに関する情報
> ➤ AI システム・サービスの能力、限界、提供先における適切/不適切な利用方法
> ➤ AI システム・サービスの提供先や AI 利用者が所在する国・地域等において適用される関連法令等

✧多様なステークホルダーとの対話を通じて積極的な関与を促し、社会的な影響や安全性に関する様々な意見を収集する

✧加えて、AI システム・サービスを提供・利用することの優位性を、実態に即して関連するステークホルダーに示す

③ 合理的かつ誠実な対応

✧上記の「②関連するステークホルダーへの情報提供」は、アルゴリズムやソースコードの開示を想定するものではなく、プライバシーや営業秘密を尊重して、採用する技術の特性や用途に照らし、社会的合理性が認められる範囲で実施する

✧公開されている技術を用いる際には、それぞれ定められている規程に準拠する

✧開発した AI システムのオープンソース化にあたっても、社会的な影響を検討する

④ 関連するステークホルダーへの説明可能性・解釈可能性の向上

✧関連するステークホルダーの納得感や安心感の獲得、また、そのための AI の動作に対する証拠の提示等を目的として、どのような説明が求められるかを分析・把握し、必要な対応を講じる

　・AI 提供者：AI 開発者に、どのような説明が必要となるかを共有する
　・AI 利用者：AI 開発者・AI 提供者に、どのような説明が必要となるかを共有する

7) アカウンタビリティ[17]

　各主体は、AI システム・サービスの開発・提供・利用において、ト
レーサビリティの確保や共通の指針の対応状況等について、ステークホル
ダーに対して、各主体の役割や開発・提供・利用する AI システム・サー
ビスのもたらすリスクの程度を踏まえ、合理的な範囲でアカウンタビリテ
ィを果たすことが重要である。

① トレーサビリティの向上
❖データの出所や AI システム・サービスの開発・提供・利用中に行われ
　た意思決定等について、技術的に可能かつ合理的な範囲で追跡・遡求が
　可能な状態を確保する

② 共通の指針の対応状況の説明
❖共通の指針の対応状況について、ステークホルダー（サプライヤーを含
　む）に対してそれぞれが有する知識や能力に応じ、例えば以下の事項を
　取りまとめた情報の提供と説明を定期的に行う
　・全般
　　➤ 共通の指針の実践を妨げるリスクの有無や程度に関する評価
　　➤ 共通の指針の実践の進捗状況
　・「人間中心」関連
　　➤偽情報等への留意、多様性・包摂性、利用者支援、持続可能性の確
　　　保の対応状況
　・「安全性」関連
　　➤AI システム・サービスに関する既知のリスクと対応策、安全性確
　　　保の仕組み
　・「公平性」関連
　　➤AI モデルを構成する各技術要素（学習データ、モデルの学習過程、
　　　AI 利用者が入力するプロンプト、AI モデルの推論時に参照する情
　　　報や連携する外部サービス等）によってバイアスが含まれうること
　・「プライバシー保護」関連
　　➤AI システム・サービスにより自己やステークホルダーのプライバ
　　　シーが侵害されるリスクと対応策、並びにプライバシー侵害が発生

---

[17]アカウンタビリティを説明可能性と定義することもあるが、本ドキュメントでは情報開示は透明性で対
応することとし、アカウンタビリティとは AI に関する事実上・法律上の責任を負うこと及びその責任を
負うための前提条件の整備に関する概念とする。

した場合に講ずることが期待される措置

・「セキュリティ確保」関連

> ➤AI システム・サービスの相互間連携や他システムとの連携が発生する場合、その促進のために必要な標準準拠等
> ➤AI システム・サービスがインターネットを通じて他の AI システム・サービス等と連携する場合に発生しうるリスクとその対応策

③ 責任者の明示

✧各主体においてアカウンタビリティを果たす責任者を設定する

④ 関係者間の責任の分配

✧関係者間の責任について、業務外利用者も含めた各主体間の契約や社会的な約束（ボランタリーコミットメント）等により、責任の所在を明確化する

⑤ ステークホルダーへの具体的な対応

✧必要に応じ、AI システム・サービスの利用に伴うリスク管理や安全性確保のための各主体の AIガバナンスに関するポリシー、プライバシーポリシー等の方針を策定し、公表する（社会や一般市民に対するビジョンの共有や情報発信・提供を行うといった社会的責任を含む）

✧必要に応じ、AI の出力の誤り等について、ステークホルダーからの指摘を受け付ける機会を設けるとともに、客観的なモニタリングを実施する

✧ステークホルダーの利益を損なう事態が生じた場合、どのように対応するか方針を策定してこれを着実に実施し、進捗状況については必要に応じて定期的にステークホルダーに報告する

⑥ 文書化

✧上記に関する情報を文書化して保管し、必要なときに、必要なところで、入手可能かつ利用に適した形で参照可能な状態とする

各主体が社会と連携して取り組むことが期待される事項は、具体的には、下記のとおり整理される。

8）教育・リテラシー

　各主体は、各主体内の AI に関わる者が、AI に係る正しい理解と社会的に正しい利用ができる知識・リテラシー・倫理感を持つために、必要な教育を行うことが期待される。また、各主体は、AI の複雑性や誤情報といった特性や、意図的な悪用の可能性もあることを勘案して、ステークホ

ルダーに対しても教育を行うことが期待される。[18]

① AI リテラシーの確保
✧各主体内の AI に関わる者が、その関わりにおいて十分なレベルの AI リテラシーを確保するために必要な措置を講じる

② 教育・リスキリング
✧生成 AI の活用拡大によって、AI と人間の作業の棲み分けが変わっていくと想定されるため、新たな働き方ができるよう教育・リスキリング等を検討する

③ ステークホルダーへのフォローアップ
✧AI サービス全体の安全性を高めるため、必要に応じて、ステークホルダーに対して教育やリテラシー確保のためのフォローアップを行う

9）公正競争確保

　各主体は、AI を活用した新たなビジネス・サービスが創出され、持続的な経済成長の維持と社会課題の解決策の提示がなされるよう、AI をめぐる公正な競争環境の維持に努めることが期待される。

10）イノベーション

　各主体は、社会全体のイノベーションの促進に貢献するよう、努めることが期待される。

① オープンイノベーション等の推進
✧国際化・多様化や産学官連携、オープンイノベーションを推進する
✧AI のイノベーションに必要なデータが創出される環境の維持に配慮する

② 相互接続性・相互運用性への留意
✧自らの AI システム・サービスと他の AI システム・サービスとの相互接続性と相互運用性を確保する

③ 適切な情報提供
✧自らのイノベーションを損なわない範囲で必要な情報提供を行う

---

[18] 経済産業省・（独）情報処理推進機構は、個人の学習や企業の人材確保・育成の指針として DX 時代の人材像を「デジタルスキル標準」として整理（2022 年 12 月）。生成 AI の利用を通じた更なる企業 DX の推進に向けて、2023 年 8 月に「生成 AI 時代の DX 推進に必要な人材・スキルの考え方」を取りまとめ、指示（プロンプト）の習熟や「問いを立てる」「仮説検証する」等の必要性をスキル標準に反映。

　以上の事項に加え、AI 開発者、AI 提供者、AI 利用者のそれぞれで重要となる事項について、「表 1. 共通の指針に加えて主体毎に重要となる事項」のとおり整理される。表の「-」が記載されている箇所は、各主体による「第 2 部 共通の指針」記載の事項に基づく対応が期待されており、対応不要を意味するものではない。

　なお、以降は「表 1 共通の指針に加えて主体毎に重要となる事項」に記載されている内容（項目）を、[主体 − 指針番号）記載内容.]のルールにて識別・表記していく。主体は、開発者（Developer）、提供者（Provider）、利用者（User）の頭文字を用い、指針番号、記載内容の番号は同表に記載の番号にて表記する（例：D-2）i. は AI 開発者の安全性に関する適切なデータの学習についての重要事項を指す）。

表 1. 共通の指針に加えて主体毎に重要となる事項

	第2部. 共通の指針	共通の指針に加えて主体毎に重要となる事項		
		第3部. AI開発者（D）	第4部. AI提供者（P）	第5部. AI利用者（U）
1）人間中心	①人間の尊厳と個人の自律 ②AIによる意思決定・感情の操作等への留意 ③偽情報等への留意 ④ 多様性・包摂性の確保 ⑤ 利用者支援 ⑥ 持続可能性の確保	−	−	−
2）安全性	①人間の生命・心身・財産、及び環境への配慮 ② 適正利用 ③ 適正学習	ⅰ. 適切なデータの学習 ⅱ.人間の生命・心身・財産、及び環境に配慮した開発 ⅲ.適正利用に資する開発	i. 人間の生命・心身・財産、及び環境に配慮したリスク対策 ⅱ. 適正利用に資する提供	i. 安全を考慮した適正利用
3）公平性	①AIモデルの各構成技術に含まれるバイアスへの配慮	i.データに含まれるバイアスへの配慮 ⅱ. AIモデルのアルゴリズム	i.AIシステム・サービスの構成やデータに含まれるバイアスへ	i. 入力データ、プロンプトに含まれるバイアスへの

	②人間の判断の介在	等に含まれるバイアスへの配慮	の配慮	配慮
4）プライバシー保護	①AIシステム・サービス全般におけるプライバシーの保護	i.適切なデータの学習 （D-2 i.再掲)	i.プライバシー保護のための仕組みや対策の導入 ii.プライバシー侵害への対策	i.個人情報の不適切入力とプライバシー侵害への対策
5）セキュリティ確保	①AIシステム・サービスに影響するセキュリティ対策 ②最新動向への留意	i.セキュリティ対策のための仕組みの導入 ii.最新動向への留意	i.セキュリティ対策のための仕組みの導入 ii.脆弱性への対応	i.セキュリティ対策の実施
6）透明性	①検証可能性の確 ②関連するステークホルダーへの情報提供 ③合理的かつ誠実な対応 ④関連するステークホルダーへの説明可能性・解釈可能性の向上	i.検証可能性の確保 ii.関連するステークホルダーへの情報提供	i.システムアーキテクチャ等の文書化 ii.関連するステークホルダーへの情報提供	i.関連するステークホルダーへの情報提供
7）アカウンタビリティ	①トレーサビリティの向上 ②共通の指針の対応状況の説明 ③責任者の明示 ④関係者間の責任の分配 ⑤ステークホルダーへの具体的な対応 ⑥文書化	i.AI提供者への共通の指針の対応状況の説明 ii.開発関連情報の文書化	i.AI利用者への共通の指針の対応状況の説明 ii.サービス規約等の文書化	i.関連するステークホルダーへの説明 ii.提供された文書の活用と規約の遵守
8）教育・リテラシー	①AIリテラシーの確 ②教育・リスキリング ③ステークホルダーへのフォローアップ	－	－	－
9）公正競争確保	－	－	－	－

287

10）イノベーション	① オープンイノベーション等の推進 ② 相互接続性・相互運用性への留意 ③ 適切な情報提供	i. イノベーションの機会創造への貢献	―	―

D.　高度なAIシステムに関係する事業者に共通の指針

　高度な AI システムに関係する事業者は、広島 AI プロセスを経て策定された「全ての AI 関係者向けの広島プロセス国際指針」並びにその基礎となる「高度な AI システムを開発する組織向けの広島プロセス国際指針」を踏まえ、「C.共通の指針」に加え、以下をすべきである[19]。ただし、I）〜 XI）は AI 開発者にのみ適用される内容もあるため、第 3 〜 5 部に後述のとおり、各主体は適切な範囲で遵守することが求められる。

I）AI ライフサイクル全体にわたるリスクを特定、評価、軽減するために、高度な AI システムの開発全体を通じて、その導入前及び市場投入前も含め、適切な措置を講じる（「2）安全性」、「6）透明性」）

➤具体的には、レッドチーム[20]等の様々な手法を組み合わせて、多様/独立した内外部テスト手段を採用することや、特定されたリスクや脆弱性に対処するための適切な緩和策を実施する

➤上記テストを支援するために、開発中に行われた意思決定に関するトレーサビリティを確保するように努める

II）市場投入を含む導入後、脆弱性、及び必要に応じて悪用されたインシデントやパターンを特定し、緩和する（「5）セキュリティ確保」「7）アカウンタビリティ」）

➤リスクレベルに見合った適切なタイミングで、AI システムの活用状況のモニタリングを実施し、それらに対処するための適切な措置を講

---

[19]詳細は、G7 デジタル・技術大臣会合（2023 年 12 月）で択された「広島 AI プロセス G7 デジタル・技術閣僚声明」における「広島 AI プロセス包括的政策枠組み」の「II. 全ての AI 関係者向け及び高度な AI システムを開発する組織向けの広島プロセス国際指針」を参照。
https://www.soumu.go.jp/menu_news/s-news/01tsushin06_02000283.html
[20]攻撃者がどのように対象組織を攻撃するかの観点で、セキュリティ態勢や対策の有効性を確認するチーム

じる

✦他の利害関係者と協力して、報告されたインシデントの適切な文書
化を維持し、特定されたリスクと脆弱性を軽減することが奨励される

III) 高度な AI システムの能力、限界、適切・不適切な使用領域を公表し、
十分な透明性の確保を支援することで、アカウンタビリティの向上に
貢献する（「6）　透明性」、「7）　アカウンタビリティ」）

➤データの出所に始まり、どのような意思決定を行ったかについて、
合理的な説明を行い、トレーサビリティを確保するため文書化・公
表する

➤関連するステークホルダーが AI システムの出力を解釈し、AI 利用
者や業務外利用者が適切に活用できるようにするために、明確で理
解可能な形で文書化・公表する

IV)産業界、政府、市民社会、学界を含む、高度な AI システムを開発す
る組織間での責任ある情報共有とインシデントの報告に向けて取り組む
（「5）　セキュリティ確保」、「6）　透明性」、「7）アカウンタビリティ」、
「10）イノベーション」）

➤具体的には、モニタリング結果の報告書やセキュリティや安全性の
リスクに関する関連文書等が含まれる

V)特に高度な AI システム開発者に向けた、個人情報保護方針及び緩和策
を含む、リスクベースのアプローチに基づく AI ガバナンス及びリスク
管理方針を策定し、実施し、開示する（「4）　プライバシー保護」、「7）
アカウンタビリティ」）

➤ 適切な場合には、プライバシーポリシーを公表する

➤AI ガバナンスに関するポリシーや実行するための組織を確立し、開
示することが期待される

VI)AI のライフサイクル全体にわたり、物理的セキュリティ、サイバーセ
キュリティ、内部脅威に対する安全対策を含む、強固なセキュリティ管
理に投資し、実施する（「5）セキュリティ確保」）

➤情報セキュリティのための運用上の対策や適切なサイバー/物理的ア
クセス制御等も検討する

VII)技術的に可能な場合は、電子透かしやその他の技術等、AI 利用者及び業務外利用者が、AI が生成したコンテンツを識別できるようにするための、信頼できるコンテンツ認証及び来歴のメカニズムを開発し、導入する（「6」透明性」）

> ➤具体的には、適切かつ技術的に実現可能な場合、組織の高度な AI システムで作成されたコンテンツ認証及び来歴メカニズムが含まれる

> ➤透かし等を通じた特定のコンテンツが高度な AI システムで作成されたかどうかを AI 利用者及び業務外利用者が判断できるツールや API の開発に努める

> > ❖AI 利用者及び業務外利用者が AI システムと相互作用していることを知ることができるよう、ラベリングや免責事項の表示等、その他の仕組みを導入することが奨励される

VIII)社会的、安全、セキュリティ上のリスクを軽減するための研究を優先し、効果的な軽減策への投資を優先する（「10）　イノベーション」）

> ➤AI の安全性、セキュリティ、信頼性の向上やリスクへの対処に関する研究が含まれる

IX)世界の最大の課題、特に気候危機、世界保健、教育等（ただしこれらに限定されない）に対処するため、高度な AI システムの開発を優先する（「10）　イノベーション」）

> ➤信頼性のある人間中心の AI 開発に向けた取組を実施し、同時に業務外利用者も含めたリテラシーの向上のための支援をする

X) 国際的な技術規格の開発を推進し、適切な場合にはその採用を推進する（「10）　イノベーション」）

> ➤電子透かしを含む国際的な技術標準とベストプラクティスの開発に貢献し、適切な場合にはそれを利用し、標準開発組織（SDO）と協力する

XI) 適切なデータインプット対策を実施し、個人データ及び知的財産を保護する（「2）　安全性」、「3）　公平性」）

> ➤有害な偏見バイアスを軽減するために、訓練データやデータ収集等、データの質を管理するための適切な措置を講じることが奨励される

　➤訓練用データセットの適切な透明性も支援されるべきであり、適用される法的枠組みを遵守する
XII) 高度な AI システムの信頼でき責任ある利用を促進し、貢献する（「5）セキュリティ確保」、「8）　教育・リテラシー」）
　➤高度な AI システムが特定のリスク（例えば偽情報の拡散に関するもの）をどのように増大させるか、新たなリスクをどのように生み出すか等の課題を含め、各主体及びステークホルダーのリテラシーや認識等の向上のための機会を提供する
　➤ 各主体間で連携し、高度な AI システムに関する新たなリスクや脆弱性を特定し、対処するための情報共有を行うことが奨励される

E. AI ガバナンスの構築

　各主体間で連携しバリューチェーン全体で「共通の指針」を実践し AI を安全安心に活用していくためには、AIに関するリスクをステークホルダーにとって受容可能な水準で管理しつつ、そこからもたらされる便益を最大化するための、AI ガバナンスの構築が重要となる。また、「Society 5.0」を実現するためには、サイバー空間とフィジカル空間を高度に融合させたシステム（CPS）の社会実装を進めつつ、その適切な AI ガバナンスを構築することが不可欠である。CPS を基盤とする社会は、複雑で変化が速く、リスクの統制が困難であり、こうした社会の変化に応じて、AI ガバナンスが目指すゴールも常に変化していく。そのため、事前にルールや手続が固定された AI ガバナンスではなく、企業・法規制・インフラ・市場・社会規範といった様々なガバナンスシステムにおいて、「環境・リスク分析」「ゴール設定」「システムデザイン」「運用」「評価」といったサイクルを、マルチステークホルダーで継続的かつ高速に回転させていく、「アジャイル・ガバナンス」の実践が重要となる[21]。

　なお、具体的な検討にあたっては開発・提供・利用予定の AI のもたらすリスクの程度及び蓋然性や、各主体の資源制に配慮することが重要である。
　①まず、AI システム・サービスがライフサイクル全体においてもたらしうる便益/リスクや開発・運用に関する社会的受容、「外部環境

---

[21]別添（付属資料）において、経済産業省「AI 原則実践のためのガバナンス・ガイドライン Ver. 1.1」を土台とした、AI ガバナンス実践のための詳細解説に加え、各主体の具体的な取組事項としての「行動目標」及び各主体を想定した 想的な「実践例」も記載しているため、ご参照のこと。

の変化」や AI 習熟度等を踏まえ、対象となる AI システム・サービスに関連する「環境・リスク分析」を実施する

②これを踏まえ、AI システム・サービスを開発・提供・利用するか否かを判断し、開発・提供・利用する場合には、AI ガバナンスに関するポリシーの策定等を通じて「AI ガバナンス・ゴール[22]の設定」を検討する。なお、このゴールは、各主体の存在意義、理念・ビジョンといった経営上のゴールと整合したものとなるように設定する

③更に、このゴールを達成するための「AI マネジメントシステムの設計」を行った上で、これを「運用」する。その際には、各主体が、AI ガバナンス・ゴールとその運用状況について外部の「ステークホルダーに対する透明性、アカウンタビリティ（公平性等）」を果たすようにする

④その上で、リスクアセスメント等をはじめとして、AI マネジメントシステムが有効に機能しているかを継続的にモニタリングし、「評価」及び継続的改善を実施する

⑤AI システム・サービスの運用開始後も、規制等の社会的制度の変更等の「外部環境の変化」を踏まえ、再び「環境・リスク分析」を実施し、必要に応じてゴールを見直す

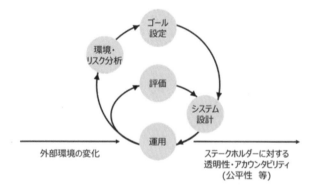

図6．アジャイル・ガバナンスの基本的なモデル

---

[22]AI ガバナンス・ゴールとして、本ガイドラインに記載の「共通の指針」への対応事項からなる自社の取組方針（「AI ポリシー」等、呼称は各主体により相違）や、「共通の指針」への対応事項を包含しつつそれ以外の要素を含む取組方針（データ活用ポリシー等）を設定すること等が考えられる。また、AI を活用することによって包摂性を向上させる等の便益を高めるための指針を提示してもよい。また、呼称も各主体に委ねられている。

　また、AI ガバナンスの検討にあたっては、バリューチェーンを念頭に置き、以下の点に留意することが重要である。

➤バリューチェーン/リスクチェーンの観点で主体間の連携を確保する

　◇複数主体にまたがる論点：AI リスク把握、品質の向上、各 AI システム・サービスが相互に繋がることによる新たな価値の創出（System of Systems）、AI 利用者のリテラシー向上等

　◇主体間で整理が必要になりうる点：学習用データ・生成された AI モデルに関する権利関係の等

➤データの流通をはじめとしたリスクチェーンの明確化と開発・提供・利用の各段階に適したリスク管理、AI ガバナンス体制の構築を実施する

　◇AI 開発からサービス実施にわたるバリューチェーン/リスクチェーンが複数国にまたがることが想定される場合、データの自由な越境移転（Data Free Flow with Trust、以下「DFFT」という）の確保のための適切な AI ガバナンスに係る国際社会の検討状況と、それを踏まえた相互運用性（「標準」と「枠組み間の相互運用性」の二側面）

　これらを効果的な取組とするためには、経営層がリーダーシップを発揮することが重要である。なお、その際は、短期的な利益の追求の観点から単なるコストと捉えるのではなく、各主体の持続的成長と中長期的な発展を志向した先行投資として捉えることが重要である。そのリーダーシップの下、上記のサイクルを回しつつ、具体的に各組織の戦略や企業体制に AI ガバナンスを落とし込んでいくことで、各組織の中で文化として根付かせることが期待される。

第 3 部 AI 開発者に関する事項

　AI 開発者は、AI モデルを直接的に設計し変更を加えることができるため、AI システム・サービス全体においても AI の出力に与える影響力が高い。また、イノベーションを牽引することが社会から期待され、社会全体に与える影響が非常に大きい。このため、自身の開発する AI が提供・利用された際にどのような影響を与えるか、事前に可能な限り検討し、対応策を講じておくことが重要となる。

　AI 開発の現場においては、時に、正確性を重視するためにプライバシーや公平性が損なわれたり、プライバシーを重んじすぎて透明性が損なわれたり等、リスク同士や倫理観の衝突の場面がある。その場合、当該事業者における経営リスクや社会的な影響力を踏まえ、適宜判断・修正していくことが重要である。また、AI システムにおいて予期せぬ事故が発生した際に、AI のバリューチェーンに連なる者は、全て何らかの説明を求められる立場に将来立つ可能性があることを念頭に置き、AI 開発者としても、どのような関与を行ったかについて、合理的な説明を行うことができるよう記録を残すことが重要である。

以下に AI 開発者にとって重要な事項を挙げる。

・データ前処理・学習時

> ➤ D-2) i. 適切なデータの学習
>> ◇ プライバシー・バイ・デザイン等を通じて、学習時のデータについて、適正に収集するとともに、第三者の機密情報、個人情報、知的財産権に留意が必要なもの等が含まれている場合には、法令に従って適切に扱うことを、AI のライフサイクル全体を通じて確保する（「2）安全性」、「4）プライバシー保護」、「5）セキュリティ確保」）
>> ◇ 学習前・学習全体を通じて、データのアクセスを管理するデータ管理・制限機能の導入検討を行う等、適切な保護措置を実施する（「2）安全性」、「5）セキュリティ確保」）

> ➤ D-3) i. データに含まれるバイアスへの配慮
>> ◇ 学習データ、モデルの学習過程によってバイアス（学習データには現れない散在的なバイアスを含む）が含まれうることに留意し、データの質を管理するための相当の措置を講じる（「3）公平性」）
>> ◇ 学習データ、モデルの学習過程からバイアスを完全に排除できない

ことを踏まえ、必要に応じて、単一手法ではなく多様な手法に基づく開発を並行して行う（「3）公平性」）

・AI 開発時

➢ D-2）ii. 人間の生命・心身・財産、及び環境に配慮した開発
◇AI 開発者は、ステークホルダーの生命・心身・財産、及び環境に危害を及ぼすことがないよう、以下の事項を検討する（「2）安全性」）
　・様々な状況下で予想される利用条件下でのパフォーマンスだけでなく、予期しない環境での利用にも耐えうる性能の要求
　・リスク（連動するロボットの制御不能や不適切な出力等）を最小限に抑える方法（ガードレール技術等）

➢ D-2）iii. 適正利用に資する開発
◇AI 開発者は、開発時に想定していない提供・利用により危害が発生することを避けるため、安全に利用可能な範囲を設定して開発を行う（「2）安全性」）
◇事前学習済の AI モデルに対する事後学習を行う場合に、学習済 AI モデルを適切に選択する（商用利用可能なライセンスかどうか、事前学習データ、学習・実行に必要なスペック等）（「2）安全性」）

➢ D-3）ii. AI モデルのアルゴリズム等に含まれるバイアスへの配慮
◇AI モデルを構成する各技術要素（AI 利用者が入力するプロンプト、AI モデルの推論時に参照する情報や連携する外部サービス等）によってバイアスが含まれうることまで検討する（「3）公平性」）
◇AI モデルからバイアスを完全に排除できないことを踏まえ、単一手法ではなく多様な手法に基づく開発を並行して行う（「3）公平性」）

➢ D-5）i. セキュリティ対策のための仕組みの導入
◇AI システムの開発の過程を通じて、採用する技術の特性に照らし適切にセキュリティ対策を講ずる（セキュリティ・バイ・デザイン）（「5）セキュリティ確保」）

➢ D-6）i. 検証可能性の確保
◇AI の予測性能や出力の品質が、活用後に大きく変動する可能性や想定する精度に達しないこともある特性を踏まえ、事後検証のための作

業記録を保存しつつ、その品質の維持・向上を行う（「2）安全性」、
「6）透明性」）

・AI 開発後

➢ **D-5）ii. 最新動向への留意**
  ◈AI システムに対する攻撃手法は日々新たなものが生まれており、
  これらのリスクに対応するため、開発の各工程で留意すべき点を確
  認する[23]（「5）セキュリティ確保」）

➢ **D-6）ii. 関連するステークホルダーへの情報提供**
  ◈AI 開発者は、自らの開発する AI システムについて、例えば以下の
  事項を適時かつ適切に関連するステークホルダーに（AI 提供者を
  通じて行う場合を含む）説明できるようにする（「6）透明性」）
    ・AI システムの学習等による出力又はプログラムの変化の可能性
    （「1）人間中心」）
    ・AI システムの技術的特性、安全性確保の仕組み、利用の結果生
    じる可能性のある予見可能なリスク及びその緩和策等の安全性
    に関する情報（「2）安全性」）
    ・開発時に想定していない提供・利用により危害が発生すること
    を避けるための AI 開発者が意図する利用範囲（「2）安全性」）
    ・AI システムの動作状況に関する情報、不具合の原因と対応状況
    （「2）安全性」）
    ・更新を行った場合の内容とその理由の情報（「2）安全性」）
    ・AI モデルで学習するデータの収集ポリシーやその学習方法及び
    実施体制等（「3）公平性」、「4）プライバシー保護」、「5）セキ
    ュリティ確保）」

➢ **D-7）i. AI 提供者への共通の指針の対応状況の説明**
  ◈AI 開発者は、AI 提供者に対して、AI には活用後に予測性能や出
  力の品質が大きく変動する可能性や想定する精度に達しないことも
  ある特性がある旨や、その結果生じうるリスク等の情報提供と説明
  を行う。具体的には以下の事項を周知する（「7）アカウンタビリ
  ティ」）

---

[23]総務省「AI セキュリティ情報発信ポータル」（https://www.mbsd.jp/aisec_portal/）等を通じて情報を
収集することができる。

・AI モデルを構成する各技術要素（学習データ、モデルの学習過程、AI 利用者が入力すると想定するプロンプト、AI モデルの推論時に参照する情報や連携する外部サービス等）において含まれる可能性があるバイアスへの対応等（「3）公平性」）

➢ D-7) ii. 開発関連情報の文書化

❖AI 開発者は、トレーサビリティと透明性の向上のため、AI システムの開発過程、意思決定に影響を与えるデータ収集やラベリング、使用されたアルゴリズム等について、可能な限り第三者が検証できるような形で文書化する（「7）アカウンタビリティ」）

以下に、AI 開発者の取組が期待される事項を挙げる。

➢ D-10) i. イノベーションの機会創造への貢献

❖AI 開発者は、可能な範囲で以下の事項を実施し、イノベーションの機会の創造に貢献することが期待される（「10）イノベーション」）

・品質・信頼性や開発の方法論等の研究開発を行う
・持続的な経済成長の維持と社会課題の解決策が提示されるよう貢献する
・DFFT 等の国際議論の動向の参照、AI 開発者コミュニティや学会への参加等の取組を行う等、国際化・多様化や産学官連携を行う
・社会全体への情報提供を行う

「高度なAIシステムを開発する組織向けの広島プロセス国際行動規範」における追加的な記載事項

　なお、高度な AI システムを開発する AI 開発者については、上記に加え、「第 2 部 D. 高度な AI システムに関係する事業者に共通の指針」及び「高度な AI システムを開発する組織向けの広島プロセス国際行動規範」[24] を遵守すべきである。

　以下、「第 2 部 D. 高度な AI システムに関係する事業者に共通の指針」との比較において、当該「行動規範」において追加的に記載されている事項を示す。なお、当該「行動規範」全体の内容については、「別添 3. A. 高度なAI システムの開発にあたって遵守すべき事項」を参照のこと。

I. AI ライフサイクル全体にわたるリスクを特定、評価、軽減するために、高度な AI システムの開発全体を通じて、その導入前及び市場投入前も含め、適切な措置を講じる
➤ リスク軽減のための緩和策を文書化するとともに、定期的に更新すべき。また、各主体はセクターを超えた関係者と連携してこれらのリスクへの緩和策を評価し、採用すべき

II. 市場投入を含む導入後、脆弱性、及び必要に応じて悪用されたインシデントやパターンを特定し、緩和する
➤ 報奨金制度、コンテスト、賞品等を通じて、責任を持って弱点を開示するインセンティブを与えることの検討を奨励

III. 高度な AI システムの能力、限界、適切・不適切な使用領域を公表し、十分な透明性の確保を支援することで、アカウンタビリティの向上に貢献する
➤ 透明性報告書に加えて、使用説明書や関連する技術的文書等が含まれ、これらは最新に保たれるべき

IV. 産業界、政府、市民社会、学界を含む、高度な AI システムを開発する組織間での責任ある情報共有とインシデントの報告に向けて取り組む
➤ AI システムの安全性やセキュリティ等を確保するための共有の基準、メカニズムを開発、推進すべき。加えて、AI のライフサイクル全体に

---

[24] 広島 AI プロセスに関する G7 首脳声明「高度な AI システムを開発する組織向けの広島プロセス国際行動規範」（2023 年 10 月）なお、同文書は高度な AI システムにおける動向に対応して、既存の OECD AI 原則に基づいて構築される living document であることに注意が必要である。
https://www.mofa.go.jp/mofaj/files/100573472.pdf

わたって、適切な文書化や他の主体との協力、関連情報の共有や社会への報告を実施すべき

V. 特に高度な AI システム開発者に向けた、個人情報保護方針及び緩和策を含む、リスクベースのアプローチに基づく AI ガバナンス及びリスク管理方針を策定し、実施し、開示する

  ➤可能であれば、AI のライフサイクル全体を通じて、AI リスクを特定・評価・予防・対処するための AI ガバナンス方針を策定・実施・開示し、定期的に更新すべき。また、事業者の職員等に対する教育方針を確立すべき

VI.AI のライフサイクル全体にわたり、物理的セキュリティ、サイバーセキュリティ、内部脅威に対する安全対策を含む、強固なセキュリティ管理に投資し、実施する

  ➤ 高度な AI システムのサイバーセキュリティリスクの評価や、適切で安全な環境での作業と文書の保管の義務付けをすべき。無許可で公開されるリスク等に対応するための対策、知的財産や企業秘密の保護と整合性のある強固な内部脅威検知プログラムの確立をすべき

VII. 技術的に可能な場合は、電子透かしやその他の技術等、AI 利用者及び業務外利用者が、AI が生成したコンテンツを識別できるようにするための、信頼できるコンテンツ認証及び来歴のメカニズムを開発し、導入する

  ➤透かしや識別子を利用することに加え、各主体がこの分野の状況を前進させるために協力し、研究に投資すべき

VIII.社会的、安全、セキュリティ上のリスクを軽減するための研究を優先し、効果的な軽減策への投資を優先する

  ➤民主的価値の維持や人権の尊重、子どもや社会的弱者の保護等、リスクに対処するための優先的な研究、協力等を行うべき。加えて、環境や気候への影響を含むリスクを積極的に管理し、リスクに関する研究とベストプラクティスを共有することを奨励

IX. 世界の最大の課題、特に気候危機、世界保健、教育等（ただしこれらに限定されない）に対処するため、高度なAIシステムの開発を優先する

  ➤ 個人や地域社会が AI の利用から利益を得るためのデジタル・リテラシーのイニシアティブを支援し、一般市民の教育と訓練を促進すべき。また、市民社会やコミュニティ・グループとの協力により、

　　　　課題の特定や解決策の開発もすべき

X. 国際的な技術規格の開発を推進し、適切な場合にはその採用を推進する
　　➤国際的な技術標準の開発に加え、AI が生成したコンテンツと他のコ
　　ンテンツを区別できる技術標準の開発をすべき

XI. 適切なデータインプット対策を実施し、個人データ及び知的財産を保
　　護する
　　➤データの質の管理のための適切な対策として、透明性、プライバ
　　シー保護のための機械学習や、機密データ等の漏洩のテストとファ
　　インチューニングを含む対策を実施し、著作権で保護されたコンテ
　　ンツを含め、プライバシーや知的財産等に関する権利を尊重するた
　　めに適切なセーフガードの導入を奨励される

第4部 AI 提供者に関する事項

　AI 提供者は、AI 開発者が開発する AI システムに付加価値を加えて AI システム・サービスを AI 利用者に提供する役割を担う。AI を社会に普及・発展させるとともに、社会経済の成長にも大きく寄与する一方で、社会に与える影響の大きさゆえに、AI 提供者は、AI の適正な利用を前提とした AI システム・サービスの提供を実現することが重要となる。そのため、AI システム・サービスに組み込む AI が当該システム・サービスに相応しいものか留意することが重要である。加えて、ビジネス戦略や社会環境の変化によって AI に対する期待値が変わることも考慮して、適切な変更管理、構成管理やサービスの維持を行う。

　AI システム・サービスを AI 開発者が意図している範囲で実装し、正常稼働や適正な運用を継続し、AI 開発者に対しては、AI システムが適正に開発されるように求めることが重要である。AI 利用者に対しては、AI システムの提供及び運用のサポート又は AI システムの運用をしつつ AI サービスを提供することが重要である。提供に際し、社会やステークホルダーに対する権利侵害等、意図しない不利益を生じさせることがないように留意し、合理的な範囲でインシデント事例等を含む関連情報の共有を行い、より安全、安心で信頼できる AI システム・サービスを提供することが期待される。

　以下に AI 提供者にとって、重要な事項を挙げる。

・AI システム実装時

➤ P-2）i. 人間の生命・心身・財産、及び環境に配慮したリスク対策
　❖AI 利用者を含む関連するステークホルダーの生命・心身・財産、及び環境に危害を及ぼすことがないよう、提供時点で予想される利用条件下でのパフォーマンスだけでなく、様々な状況下でAI システムがパフォーマンスレベルを維持できるようにし、リスク（連動するロボットの制御不能や不適切な出力等）を最小限に抑える方法（ガードレール技術等）を検討する（「2）安全性」）

➤ P-2）ii. 適正利用に資する提供
　❖AI システム・サービスの利用上の留意点を正しく定める（「2）安全性」）

◇AI開発者が設定した範囲でAIを活用する（「2）安全性」）

◇提供時点でデータの正確性・必要な場合には最新性（データが適切であること）等を担保する（「2）安全性」）

◇AI開発者が開発したAIの想定利用環境とAIシステム・サービスの利用者の利用環境に違い等がないかを検討する（「2）安全性」）

➤ P-3）i. AIシステム・サービスの構成やデータに含まれるバイアスへの配慮

◇提供時点でデータの公平性の担保、参照する情報や連携する外部サービス等のバイアスを検討する（「3）公平性」）

◇AIモデルの入出力や判断根拠を定期的に評価し、バイアスの発生をモニタリングする。また、必要に応じて、AI開発者にAIモデルを構成する各技術要素のバイアスの再評価、評価結果に基づくAIモデル改善の判断を促す（「3）公平性」）

◇AIモデルの出力結果を受け取るAIシステムやユーザーインタフェースにおいて、ビジネスプロセスや利用者の判断を恣意的に制限するようなバイアスが含まれてしまう可能性を検討する（「3）公平性」）

➤ P-4）i. プライバシー保護のための仕組みや対策の導入

◇AIシステムの実装の過程を通じて、採用する技術の特性に照らし適切に個人情報へのアクセスを管理・制限する仕組みの導入等のプライバシー保護のための対策を講ずる（プライバシー・バイ・デザイン）（「4）プライバシー保護」）

➤ P-5）i. セキュリティ対策のための仕組みの導入

◇AIシステム・サービスの提供の過程を通じて、採用する技術の特性に照らし適切にセキュリティ対策を講ずる（セキュリティ・バイ・デザイン）（「5）セキュリティ確保」）

➤ P-6）i. システムアーキテクチャ等の文書化

◇トレーサビリティと透明性の向上のため、意思決定に影響を与える提供するAIシステムのシステムアーキテクチャやデータの処理プロセス等について文書化する（「6）透明性」）

・AI システムサービス提供後

➤ P-2）ii. 適正利用に資する提供
　◇適切な目的で AI システム・サービスが利用されているかを定期的に検証する（「2）安全性」）

➤ P-4）ii. プライバシー侵害への対策
　◇AI システム・サービスにおけるプライバシー侵害に関して適宜情報収集し、侵害があった場合は適切に対処するとともに、再発の防止を検討する（「4）プライバシー保護」）

➤ P-5）ii. 脆弱性への対応
　◇AI システムに対する攻撃手法も数多く生まれているため、最新のリスクやそれに対応するために提供の各工程で気を付けるべき点の動向を確認する。また、脆弱性の解消を検討する（「5）セキュリティ確保）」

➤ P-6）ii. 関連するステークホルダーへの情報提供
　◇提供する AI システム・サービスについて、例えば以下の事項を平易かつアクセスしやすい形で、適時かつ適切に説明できるようにしておく（「6）透明性」）
　　・AI を利用しているという事実や適切/不適切な使用方法等（「6）透明性」）
　　・提供する AI システム・サービスの技術的特性、利用によりもたらす結果より生じる可能性のある予見可能なリスク及びその緩和策等の安全性に関する情報（「2）安全性」）
　　・AI システム・サービスの学習等による出力又はプログラムの変化の可能性（「1）人間中心」）
　　・AI システム・サービスの動作状況に関する情報、不具合の原因と対応状況、インシデント事例等（「2）安全性」）
　　・更新を行った場合の更新内容とその理由の情報（「2）安全性」）
　　・AI モデルにて学習するデータの収集ポリシーやその学習方法及び実施体制等（「3）公平性」、「4）プライバシー保護」、「5）セキュリティ確保」）

➤ P-7）i. AI 利用者への共通の指針の対応状況の説明

◇AI 利用者に適正利用を促し、以下の情報を AI 利用者に提供する（「7）アカウンタビリティ」）

　・正確性・必要な場合には最新性（データが適切であること）等が担保されたデータの利用についての注意喚起（「2）安全性」）

　・コンテキスト内学習による不適切な AI モデルの学習に対する注意喚起（「2）安全性」）

　・個人情報を入力する際の留意点（「4）プライバシー保護」）

◇提供する AI システム・サービスへの個人情報の不適切入力についての注意喚起（「4）プライバシー保護」）

P-7）ii. サービス規約等の文書化

◇AI 利用者、業務外利用者に向けたサービス規約を作成する（「7）アカウンタビリティ」）

◇プライバシーポリシーを明示する（「7）アカウンタビリティ」）

　なお、高度な AI システムを取り扱う AI 提供者は、第2部 D. 高度な AI システムに関係する事業者に共通の指針について以下のように対応する。

・I）〜XI）　適切な範囲で遵守すべきである

・XII）遵守すべきである

第 5 部 AI 利用者に関する事項

　AI 利用者は、AI 提供者から安全、安心で信頼できる AI システム・サービスの提供を受け、AI 提供者が意図した範囲内で継続的に適正利用及び必要に応じて AI システムの運用を行うことが重要である。それにより業務効率化や生産性、創造性の向上等 AI によるイノベーションの最大の恩恵を受けることが可能となる。また、人間の判断を介在させることにより、人間の尊厳や自律を守りながら自己や社会を潤し、予期せぬ事故を防ぐことも可能となる。

　AI 利用者は、社会やステークホルダーから AI の能力や出力結果に関して説明を求められた場合、AI 提供者等のサポートを得てその要望に応えることが期待され、関係者に留まらず、社会及びステークホルダーからの理解を得られるよう努めることに加え、より効果的な AI 利用のために必要な知見習得も期待される。

　以下に AI 利用者にとって、重要な事項を挙げる。

・AIシステム・サービス利用時

➢ U-2) i. 安全を考慮した適正利用
   ◇AI 提供者が定めた利用上の留意点を遵守して、AI 提供者が設計において想定した範囲内でAI システム・サービスを利用する（「2）安全性」）
   ◇正確・必要な場合には最新性（データが適切であること）等が担保されたデータの入力を行う（「2）安全性」）
   ◇AI の出力について精度やリスクの程度を理解し、様々なリスク要因を確認した上で利用する（「2）安全性」）

➢ U-3) i. 入力データ、プロンプトに含まれるバイアスへの配慮
   ◇著しく公平性を欠くことがないよう公平性が担保されたデータの入力を行い、プロンプトに含まれるバイアスに留意して、責任をもって AI 出力結果の事業利用判断を行う（「3）公平性」）

➢ U-4) i. 個人情報の不適切入力とプライバシー侵害への対策
   ◇AI システム・サービスへ個人情報を不適切に入力することがないよう注意を払う（「4）プライバシー保護」）
   ◇AI システム・サービスにおけるプライバシー侵害に関して適宜情

305

報収集し、防止を検討する（「4）プライバシー保護」）

➤ U-5) i. セキュリティ対策の実施
　◇AI 提供者によるセキュリティ上の留意点を遵守する（「5）セキュリティ確保」）

➤ U-6) i. 関連するステークホルダーへの情報提供
　◇著しく公平性を欠くことがないよう公平性が担保されたデータの入力を行い、プロンプトに含まれるバイアスに留意して AI システム・サービスから出力結果を取得し、結果を事業判断に活用した際は、その結果が必要な関連するステークホルダーに周知する（「3）公平性」、「6）透明性」）

➤ U-7) i.関連するステークホルダーへの説明
　◇関連するステークホルダーの性質に応じて害のない範囲で、適正な利用方法を含む情報提供を平易かつアクセスしやすい形で行う（「7）アカウンタビリティ」）
　◇関連するステークホルダーから提供されるデータを用いることが予定されている場合には、AI の特性や用途、提供先との接点、プライバシーポリシー等を踏まえ、データ提供の手段、形式等について、あらかじめ当該ステークホルダーに情報提供する（「7）アカウンタビリティ」）
　◇当該 AI の出力結果を特定の個人又は集団に対する評価の基礎とする場合には、AI を利用している旨を評価対象となっている当該特定の個人又は集団に対して通知し、必要に応じて合理的な範囲で人間による判断を求める機会を設ける（「1）人間中心」）
　◇利用する AI システム・サービスの性質に応じて、関連するステークホルダーからの問合せに対応する窓口を設置し、AI 提供者とも連携の上説明や要望の受付を行う（「7）アカウンタビリティ」）

➤ U-7) ii.提供された文書の活用と規約の遵守
　◇AI 提供者から提供された AI システム・サービスについての文書を適切に保管・活用する（「7）アカウンタビリティ」）
　◇AI 提供者が定めたサービス規約を遵守する（「7）アカウンタビリティ」）

　なお、高度な AI システムを取り扱う AI 利用者は、第 2 部 D. 高度な AI システムに関係する事業者に共通の指針について以下のように対応する。
・ I）〜XI）　適切な範囲で遵守すべきである
・ XII）遵守すべきである

３．ＡＩ戦略2022

令和４年４月22日
統合イノベーション戦略推進会議決定

第一部　基本的事項

1．はじめに

　2019年6月に策定した「ＡＩ戦略2019」においては、四つの戦略目標を掲げ、これまで政府では、それらの戦略目標を実現すべく、教育改革、研究開発体制の基盤づくり、社会実装、データ関連基盤整備、ＡＩ時代のデジタル・ガバメント、中小企業・ベンチャー企業の支援、倫理、その他に関する各種取組を鋭意推進してきている。

　その中で、教育改革では、日本におけるＡＩ・データサイエンス教育の学校教育及び企業での人材育成プログラムでの広範な導入へと繋がった。また、一連のＡＩ関連の研究や社会実装プロジェクトがスタートした。その結果、日本の学校教育や企業での人材育成は大きく変わりつつあり、その目論見は達成されつつあると考えられる。

　しかしながら、効果の発現に時間を要するものがあるとはいえ、人材育成、産業競争力、多様性を内包した持続可能な社会、研究開発等、いずれにおいてもまだ各施策の効果を十分に実感できるまでには至っていない。

　また、パンデミックや大規模災害のリスク等に鑑みて、2021年6月の「ＡＩ戦略2021」の策定に際して、差し迫った危機への対処にかかる戦略目標を設定したことを踏まえ、今般、その具体的な目標等についても検討を行った。差し迫った危機への対処については、我が国の国家的危機に対応するレジリエンス向上を目的とするAI for National Resilienceと、地球規模の危機に対応するレジリエンス向上を目的としたPlanetary Resilienceの二つの大きな課題への対応と、それらを実行する基盤としての加速度的なＤＸやＡＩ導入による潜在的脆弱性への攻撃に対するレジリエンスの向上（サイバーセキュリティの強化）や、ＡＩに対する信頼性の向上(Responsible AIの確立)を実現したResilient and Responsible AIが必要である。

　「ＡＩ戦略2022」では、新型コロナウイルス感染症によるパンデミックや地殻変動などより明白になる多くのリスク要因などを反映し、従来のＡＩ戦略の状況に適合した拡張を行った戦略方針を提示する。そして、ＡＩの社会実装をさらに推進する。

２．戦略のスコープ

　本戦略における「人工知能（以下「ＡＩ」という。）」とは、知的とされる機能を実現しているシステムを前提とする[1]。

　近年のＡＩは、機械学習、特に深層学習（ディープラーニング）に基づくものが中心であるが、ＡＩ関連の技術は急速に進展しており、機械学習に基づく技術に限定してＡＩの定義とすることはしない。

３．戦略の目的

　本戦略の目的は、Society 5.0 の実現を通じて世界規模の課題の解決に貢献するとともに、我が国自身の社会課題の克服や産業競争力の向上に向けて、ＡＩに関する総合的な政策パッケージを示すことである。

４．戦略の背景となる理念

---

1 ＡＩ（artificial intelligence）については、例えば EC ハイレベルエキスパートグループ報告書においては、「環境や入力に対応して知的な動作（一定の自律性を有することもある）を行うシステム」とされているが、「知的な動作」の実体は解釈に依存する側面もある。また、2016 年に米国で発表された AI100 報告書では、学問分野としてのＡＩを、「知能を持った機械を作る研究であり、知能とは置かれた環境中で適切に、かつ何らかの洞察を持って機能すること」という Nils J. Nilsson の定義を引用しているが、この定義も大きな曖昧性を持ったものである。実際、同報告書では、ＡＩの定義が曖昧であること自体が、ＡＩの研究を加速している肯定的な側面があるともしている。これらの状況を鑑みると、何を以て「ＡＩ」または「ＡＩ技術」と判断するかに関して、一定のコンセンサスはあるものの、それをそこに利用される技術などを基盤にことさらに厳密に定義することは意味があるとは言えない。同時に、このようなシステムは、高度に複雑なシステムに組み込まれることも留意する必要がある。さらに、大規模データを収集・蓄積し、アクセスする基盤、超高速通信網、センサー群、ロボットなどがなければＡＩシステムの実装はおぼつかない。サイバーセキュリティやＡＩ倫理など、このようなシステムの安全性や健全性を担保する技術の開発や実装が行われなければ、ＡＩが広く受容されることも困難となる。ＡＩは、知的とされる機能を実現する広範なシステムを包含するとともに、今後の社会や産業から日常生活、また、科学研究や技術開発まで、あらゆる領域に展開されることが予想される。よって、本戦略の対象は、これらの領域も統合的に構想する必要がある。

2019年3月、政府は、「人間中心のＡＩ社会原則」を取りまとめた。これは、ＡＩの発展に伴って、我が国が目指すべき社会の姿、多国間の枠組み、国や地方の行政府が目指すべき方向を示すものであり、その基本理念として、

① 人間の尊厳が尊重される社会（Dignity）
② 多様な背景を持つ人々が多様な幸せを追求できる社会（Diversity & Inclusion）
③ 持続性ある社会（Sustainability）

の3点を定めている。

本戦略は、これらの基本理念を尊重する。

5．戦略の推進にあたっての基本的考え方

前述の基本理念を実現するため、すなわち、「多様性を内包した持続可能な社会」に向けて、ＡＩを含めた新たな技術の導入と、その導入と並行した社会システムの変革が重要である。さらには、ＡＩの導入によって、国民一人一人が具体的な便益を実感でき、新たな技術や社会システムが広く受け入れられていくことが不可欠である。

加えて、Society 5.0 の実現を進める中で、我が国の国際的プレゼンスの向上と、産業競争力の抜本的強化を図っていかなければならない。その際、「人間中心のＡＩ社会原則」を踏まえ、性別、年齢、政治的信条、宗教等の多様なバックグラウンドにかかわらず多様な人材が、幅広い知識、視点、発想等に基づき、貢献できるようにすることが重要である。

国は、以上の観点を念頭におき、総合的なコーディネーターとして、以下の点にも留意しつつ、本戦略に記載される各種施策を着実に推進していく必要がある。

①国家の最大の使命は、そこに暮らす人々の生命と財産を守ることであり、パンデミックや大規模災害なども含めた非常事態に迅速に対応できる体制とシステムの構築が必須。これらのニーズへの対応の立ち遅れを早急に是正し、十分な基盤と運営体制を構築することが必要。
②産業の担い手は民間企業であり、民間企業がその力を発揮するために、基盤の整備（人材の育成と呼び込み、研究開発の促進、産業基盤の整備・事業化支援）、新たな技術の導入を加速する制度の構築と阻害要因の除去、多国間の枠組みの構築などが不可欠。

③ＡＩシステムの実装には、大規模データを収集・蓄積し、そこへのアクセスを提供する基盤、超高速通信網、センサー群、ロボット等が必要。

④ＡＩの社会受容には、サイバーセキュリティやＡＩ倫理を含む、システムの安全性や健全性を担保する技術の開発や実装、ＡＩに関わるリテラシーの向上及び開発者・運用者とユーザの間での適切なコミュニケーション、さらにはＡＩの具体的な便益が感じられることなどが重要。

⑤その他、国際情勢の複雑化、社会経済構造の変化等に鑑み、ＡＩを含む重要技術については経済安全保障の観点から各種の取組が検討されていることから、政府全体として効果的な重点化が図られるよう、関係施策の調整を行うことが必要。

⑥また、ＡＩは、その応用範囲が広範であり、かつ、技術的にも多くの研究分野と密接な関係を有することから、量子、バイオ、材料科学などに代表される政府の戦略的な取組とのシナジーを追求すべきことが重要。

6．戦略目標

本戦略では、以下の戦略的目標を設定する。

なお、これらの戦略目標のうち、戦略目標０は差し迫った危機への対処能力を準備するものであり、自然災害大国の我が国においては、万全の対応が求められる。一方で戦略目標１－４は我が国の持続可能な産業・社会の基盤づくりとなるものであり、国際競争力を維持し、日本の存亡をかけて、持続的かつ着実な対応が求められるものである。我々はこれらの両輪を並行して回していく必要がある。

戦略目標０

我が国が、パンデミックや大規模災害などの差し迫った危機に対して、そこに住む人々の生命と財産を最大限に守ることができる体制と技術基盤を構築し、それを適正かつ持続的に運用するための仕組みが構築されること。

新型コロナウイルス感染症によるパンデミックは、その一定の収束まで一定の時間ときめ細かな対応が必要となる。同時に、これが最後のパンデミックではなく、将来においても新たなパンデミックが発生しうることを前提とする必要がある。また、首都直下地震や南海トラフ地震などの大規模地震、激甚化・頻発化する気象災害など、まさに大規模災害等の非常事

態や、さらに切迫した事態が頻発することを想定する必要がある。新型コロナウイルス感染症への対応で露見したのは、我が国のデジタル化の信じ難い遅れであり、これは官民双方に見られる。また、これら非常事態の対応に関する体制や法体系も整備されているとは言い難い。本戦略に関わる部分においても、各種データのオーナーシップの不明確さ、紙ベースの情報伝達など、AI 以前の問題が山積している。この問題は、一刻の猶予もなく是正するべきであり、デジタル庁の発足とそれに伴う一連の法体系の整備を反映し、日本の人々の命と財産を守ることに資する AI 関連の研究開発の進展と迅速な実用化を目指す。

戦略目標 1

　我が国が、世界で最も AI 時代に対応した人材の育成を行い、世界から人材を呼び込む国となること。さらに、それを持続的に実現するための仕組みが構築されること。
「AI 時代に対応した人材」とは、単一ではなく、
　　・最先端の AI 研究を行う人材
　　・AI を産業に応用する人材
　　・中小の事業所で応用を実現する人材
　　・AI を利用して新たなビジネスやクリエーションを行う人材
などのカテゴリーに分かれ、各々のカテゴリーでの層の厚い人材が必要となる。
　人材の増大には、女性や高齢者も含む多様な人材や、海外から日本を目指す人々も含め、それぞれの層に応じた育成策、呼び込み策が重要である。そのため、今後、先進的な教育プログラムの構築が重要であり、さらに、これを海外にも提供できるレベルにまで充実させることも必要になる。
　日常生活では、より有効に AI を利用することで、生活の利便性が向上し、従来ではできなかったことができるようになる。そのためには、AI に関するリテラシーを高め、各々の人が、不安なく自らの意志で AI の恩恵を享受・活用できるようにならなければならない。

戦略目標 2

　我が国が、実世界産業における AI の応用でトップ・ランナーとなり、産業競争力の強化が実現されること。

　サイバースペース内で完結することがなく、人、自然、ハードウェアなどとの相互作用を通じて初めて価値が生み出される、「実世界産業[2]」領域には、未だに系統的に取得されていない膨大な情報が含まれている。

　本領域において、多くの場合には、サービス・プラットフォームを軸とした高付加価値型産業への転換を促進することが極めて重要であるため、それに資するＡＩ関連の開発支援、制度設計、社会実装に係る基盤形成を進め、産業競争力の向上と、世界のトップ・ランナーとしての地位の確保・維持を目指す。これはＡＩ戦略以外の政策も連動した上で実現する目標となるが、ＡＩ戦略が重要な部分を担っていることは間違いない。産業競争力の尺度の１つとして、労働生産性が考えられる。米国、ドイツ、フランスなどと同等の労働生産性水準[3]に到達するには、我が国は、極めて大胆な産業構造の変革を必要とすることが明確である。併せて、当該領域を通じた、世界規模でのＳＤＧｓ達成に貢献する。例えば、ＳＤＧ９で持続可能な産業化の促進とイノベーションの推進について掲げられているように、イノベーションを通じて持続可能な産業の促進やＳＤＧｓの達成に貢献することができ、その中で、ＡＩは重要な役割を果たすことができる。

　加えて、公的サービス分野でＡＩを応用することにより、サービスの質の更なる向上、就労環境の改善、そして、究極的には財政の負担低減を目指すことも重要である。

　なお、e-commerce やＳＮＳなどのサイバースペースでほぼ完結するタイプのサービス産業については、今後の検討課題である。

戦略目標３

　我が国で、「多様性を内包した持続可能な社会」を実現するための一連の技術体系が確立され、それらを運用するための仕組みが実現されること。
　女性、外国人、高齢者など、多様な背景を有する多様な人々が、多様なライフスタイルを実現しつつ、社会に十分に参加できるようになることが

---

2 医療、農業、素材、物流、製造設備など、物理的実世界（Physical Real World）において何らかの価値を提供する産業の総称。SNS や検索サービスなどと対比して、サイバースペース内で完結することがなく、人、自然、ハードウェアなどとの相互作用を通じて初めて価値が生み出されることを特徴とする。
3 主要国の 2019 年の名目労働生産性（時間当たり）：米国 71.6 ドル、ドイツ 66.7 ドル、英国 59.8 ドル、日本 47.6 ドル（いずれも 2015 年ドルベースで実質化した、購買力平価換算）
（出典：https://www.meti.go.jp/shingikai/sankoshin/shin_kijuku/pdf/001_05_00.pdf）

極めて重要である。ＡＩ関連の多様な技術体系の確立とそれを活用するための社会の制度・仕組み作りを進め、国民一人一人が、具体的にＡＩの便益を受けることができることを目指す。

　また、この戦略目標は、日本国内のみを想定したものではなく、ＳＤＧｓ達成へ貢献するため、地球規模でこれを推進する前提で実行に向けた計画を策定することが重要である。

戦略目標4

　我が国がリーダーシップを取って、ＡＩ分野の国際的な研究・教育・社会基盤ネットワークを構築し、ＡＩの研究開発、人材育成、ＳＤＧｓの達成などを加速すること。

　経済・社会のグローバル化が急速に進む中、ＡＩ関連の人材育成・確保や産業展開などについては、決して国内で完結することはなく、常に国際的視点を有しなければならない。例えば、人材育成・確保では、海外の研究者・エンジニアが日本国内で活躍できる場を数多く提供するとともに、我が国と海外との共同研究開発・共同事業を増大させる必要がある。

　このため、北米・欧州地域の研究・教育機関、企業との連携強化に加え、今後の成長が見込まれる、ＡＳＥＡＮ、インド、中東、アフリカ等との連携を本格化し、当該地域のＡＩ研究・実用化の促進に貢献する。これを実現するには、ＡＩ研究開発ネットワークの中核センターなどが、各々の重点領域において、どの領域で世界一の研究を行うのか、また、創発的研究において、どのように人材やテーマの多様性など国際的に人材をひきつけるかの方策を明確にする必要がある。

　また、健康・医療・介護や農業、スマートシティなどの領域においても、人材、データ、市場の面で、相互にメリットを有する規模感の国際的連携・協力を目指す。

7．官民の役割分担

　本戦略の実現には、官民の一体的取組が不可欠である。このうち国は、以下のような取組を行うことにより、今後の新たな社会（Society 5.0）作りのための環境を整備し、民間が行う、生産性の向上、多様な価値の創造、スタートアップ企業群の創出や、それらを通じた産業構造のたゆみなき刷新をサポートする。

・戦略の策定と、それを実現するためのロードマップの策定
・制度的・政策的障害の迅速な除去
・マルチステークホルダー間での課題解決のためのネットワークの構築
・国内外を包含した人材育成
・社会構造変革及び国家存続のための社会実装
・基盤的な研究開発、次世代の基礎研究
・ＡＩ利活用の加速に向けた、共通的な環境整備
・倫理、国内・国際的なガバナンス体制の形成
・「グローバル・ネットワーク」のハブ作り

　他方、民間セクターは、本戦略の趣旨をしっかりと理解したうえで、ＡＩ社会原則を遵守し、優秀な人材に対する国際的競争力のある報酬体系の導入を図りつつ、ＡＩ技術の社会実装の出口として実現に向けた一層の努力とともに、他国・地域との国際連携や、多様なステークホルダーとの協働を推進する必要がある。そして、未来を共創するために、大きなチャレンジを行う主体としての自覚を持ち、今後の経済・社会の発展に積極的に貢献していくことが求められる。

第二部　差し迫った危機への対処

1. 我が国を取り巻く環境

　戦略目標0が目指す災害など国家危機への対応基盤づくりは、自然災害大国である我が国では非常に重要な課題である。同時に、地球規模でのサステナビリティを実現していく必要がある。そして、この両者を達成していくためには、ＡＩとデジタル化を推進し、その障壁を取り除いていく必要がある。ここでは、戦略目標0を掲げ、これを軸とした戦略構築を目指す背景状況について詳述する。

（1）日本の「今そこにある危機」… National Resilience 確立の必要性

　現在の日本は、新型コロナウイルス感染症のまん延が続く中、首都直下地震、南海トラフ地震などの大規模地震や富士山なども含む大規模火山噴火、気候変動等の影響により激甚化・頻発化する大雨などの大規模災害のリスクにさらされている。また、自然災害自体が避けられないものである以上、その被害の最小化に尽力することは当然ながら、その後の日本の復興をどうするかという大きな課題もある。

　さらに、新型コロナウイルス感染症のエンデミック化により変貌する医療システムへの負担と同時に、コロナウイルスの変異種のみならず鳥インフルエンザなどによる新たなパンデミックリスクも低減されているわけではない。気候変動や生物多様性の喪失に連動し、パンデミックリスクは今後さらに増大すると想定する必要がある。

　同時に、人口減少と高齢化により急激に縮小する国内市場と労働人口、財政の極端な悪化という内在的要因もあり、国としての体力が奪われている状態にある。さらに、デジタル化やＡＩ化の遅れなど、大きな変化への対応が決定的に遅れていると言わざるを得ない。また、地政学的なリスクについての危惧もある。これは災害のような急激な変化ではないが、危機的な状態へと至る蓋然性が高いという意味では有事であり真剣かつ早急な対応が必要である。残念ながらこれが我が国の「今そこにある危機」であり、「約束された未来」である。

　これらの課題は、ＡＩだけで克服できるものではない。しかし、ＡＩも含め現在の日本の総力を挙げて対応するべき課題であり、これまでの閉塞を破る起爆剤として大きく活用すべきである。特に、国家としての体力が

奪われつつある局面での、大規模災害は深刻な事態となり、これに対する対策は最重要課題でもある。同時に、我が国は、度重なる大規模災害を克服してきた歴史もある。実際、南海トラフ沿いの地震は繰り返し発生しており、安政年間に発生した際には大災害を引き起こし、日本は江戸幕府の終焉から明治維新という歴史的転換点を迎えた。次のサイクルは太平洋戦争末期であり、日本は終戦から高度経済成長時代を迎えるに至った。このような歴史的俯瞰から、我々は、現在の地殻変動サイクルにしっかりした対応をすると同時に、その後に訪れる日本の姿を構想する戦略を打ち立てる必要がある。この「約束された未来」に対し、希望を生み出すための取組は、人類が力を合わせて初めて実現するものであるとともに、今後の社会に変化をもたらす起爆剤ともなりうるものであり、また日本が日本らしい世界への貢献ができる切り口である。

（２）世界規模の危機が進行している … Planetary Resilience 構築へのリーダーシップの発揮

　同時に、地球規模の危機が進行し、日々その対応の緊急性が高まっている。不可逆的気候遷移(Climate Departure)が予測され[4]、その影響は風水害の苛烈化、パンデミックリスクの上昇、食糧危機、水資源の枯渇などへと直結すると考えられ、その先にあるのは、さらなる格差の増大、貧困、飢餓、政治的不安定性の増大と地域紛争の多発である。
　この惑星のサステナビリティは、ホリスティックな問題であり、カーボンニュートラルの達成だけで解決されるわけではない。我が国のムーンショット型研究開発制度のビジョナリー会議においても議論されたように、極めて広範な課題の解決が必要となる[5]。同時に、新型コロナウイルス感染症の影響による2020 年前半の世界的なロックダウンによる極めて激烈な経済活動の低下においても十分な環境負荷の改善は生じなかったという極めて衝撃的な研究も発表されている[6]。これは、単に経済活動の

4 Mora, C., et al, "The projected timing of climate departure from recent variability", Nature 502, 183-187, 2013.
5 「ムーンショット型研究開発制度が目指す未来像及びその実現に向けた野心的な目標について」第四回ムーンショット型研究開発に係るビジョナリー会議、2019
(https://www.kantei.go.jp/jp/singi/moonshot/dai4/siryo1.pdf)
6 Le Quere, C., et al., "Temporary reduction in daily global CO2 emissions during the COVID-19 forced confinement", Nature Climate Change 10, 647-653, 2020.

縮小や効率化などの手法ではなく、根本的な社会構造や産業構造の転換が必要であることを示している[7]。

　これらの問題を解決する方策の多くは、新しく、おそらく過激な発想による社会と産業構造の転換とそれを可能とする一連の技術的ブレークスルーによって成し遂げられると考えられる。日本は、豊穣なるも厳しい自然環境と安心・安全に大きな価値を見出し、自然との調和を大切にしてきた国でもある。ＡＩをはじめとする一連の技術的革新と社会・産業の構造変革を成し遂げるという意志を明確にし、その世界的なリーダーシップをとっていくという方針で、旗色を鮮明にするべきであろう。これは、地球規模の問題の解決への大きな貢献と同時に大きな産業創成の機会でもあり、日本の発展と国際的な地位の向上に大きく貢献すると考えられる。

（3）ＡＩとデジタル化に伴う脆弱性の克服 ⋯ Cybernetic Resilience としての Responsible AI の確立とサイバーセキュリティの強化

　National Resilience と Planetary Resilience の達成は、あらゆる手立てを講じて対処するべき課題であり、中でもＡＩとデジタル化は、その実現に不可欠であり、その中核の一部を担うものであることも事実である。それは、デジタル空間により多くの情報が蓄積、流通され、ＡＩなどを用いた解析から多くの価値を持った情報が生成されることを意味する。このＡＩとデジタル化によって形成される社会基盤が、公平性・透明性があり、責任ある形で運用され、安全であることが極めて重要である。これがＡＩとデジタル化の普及の大前提であり、信頼されるかたちで国境を越えたデータフローを実現する基本である。このような技術は、我が国の情報基盤の信頼性を担保するものであり、高品質と安心・安全という競争上の利点も生み出すと考えられる。

　これらの課題は、その克服には大きな社会と産業の変革と技術的ブレークスルーを伴うものであるが、それは、大きな事業機会を生み出す機会でもある。つまり、我々が抱えている大きな危機を、最大のチャンスに転換する戦略を構築し、迅速に実施するというのが、戦略目標０の意図である。同時に、この戦略が我が国の産業競争力の向上を支えるために国が行うべき政策そのものになることを意図している。

---

7 Forster, P., et al., "Current and future global climate impacts resulting from COVID-19", Nature Climate Change 10, 913-919, 2020.

２．戦略目標０を軸としたアクションプラン

　ＡＩ戦略2022 における戦略目標０を軸とした戦略の実現のためには、次の行動方針を実現する具体策を策定し実行する必要がある。

（１）AI for National Resilience の確立

　大規模災害などに対するResilience の最大化と復興プランの策定。災害の予測・予防・対応・復旧の各段階の最大限の対策をＡＩとその周辺技術で支援し、従来では不可能であった対策を実現する。これには、最大速度でのデジタル化・ＡＩ化さらには極めてロバストな社会システムへの転換が必要となる。また、復興と新しい日本の姿を描いた準備を加速する必要がある。このためには、「国土強靱化基本計画（平成30 年12 月閣議決定)」も踏まえつつ、物理的にも情報的にも戦略的バッファーを構築する必要がある。

大目標
　「国家強靱化のためのＡＩ」の確立

---

①デジタル・ツインの構築による国家強靱化

　ＡＩを防災や減災に利用しようとする研究は多く見られるが、さらにそれらを活用し災害の予測・予防・対応・復旧・復興という一連の流れを統合的にサポートできる基盤としてデジタル・ツインの構築が重要である。デジタル・防災技術ワーキンググループ未来構想チームの提言[8]は、デジタル技術を利用した防災・減災のオプションが提示されている。災害への対応は、平時から推進するべきものであるが、その一つが、デジタル・ツインの構築である。これは防災の観点以外にも我が国の公共基盤のデジタル化を促進する側面もある。基幹インフラのＡＩ化の前提は徹底したデジタル化であり、デジタル・防災技術ワーキンググループ未来構想チームの提言を実行することが大前提となる[9]。デジタル・ツインは、単にサイ

---

8 http://www.bousai.go.jp/kaigirep/teigen/pdf/teigen_03.pdf
9 デジタル・ツインは、例えば、災害時の運用としては、部門・レイヤに分かれた以下の事象をそれぞれ連動してシミュレートできるように、また発災時に刻一刻と変わる状況を反映でき、近未来の課題を把握し、打ち手の効果を可視化するモデルとするべきである。連動すべき事象は、1）気象地象のシミュレーション、2）決壊・土砂崩れなどの地表への被害予測、3）発災直後の人流と所在状況の予測、4）消

バースペースに閉じるのではなく、ロボティクスやセンサーと連動し、実空間とのハイブリッド化が進むと考えられる。

　デジタル・ツインは、災害対策のみならず、国の行政の基盤となるだけではなく、民間サービスの効率化や新規サービスを生み出すプラットフォームや柔軟なライフスタイルを実現する仕組みともなり得る。デジタル・ツインを都市計画・運用や広範な事業へと応用する試みは、シンガポールなどで行われており[10]、それらのイニシアティブとの連携も重要である。

　デジタル・ツインの実現により、中央並びに地方自治体など行政機関のデジタル化が促進されると同時に、デジタル化により柔軟なワークスタイル・ライフスタイルの実現が可能となる。これは、居住地やオフィス立地の選択に大きな自由度を与えるものであり、震災リスクの少ない地域への移住や多拠点生活、開疎化されたコミュニティーの形成への道を開く。デジタル化・ＡＩ化の目的は、単に生活の便利さや事業機会の増大にとどまらず、むしろその本質は、多様性の内包とサステナビリティの実現と捉えるべきであり、災害に対してのレジリエントな社会の実現と多様性の内包、サステナビリティの向上は同時に実現できると考える。

　また、災害対応に類する取組、例えば武力攻撃事態等における国民の保護等においても、デジタル・ツインの活用が期待されることにも留意が必要である。

具体目標
　ＡＩによる利活用の基礎となるデジタル・ツインの構築

防・警察・自衛隊および同盟軍のスクランブル的救出の予測とボトルネック把握、5）電気・上下水道・道・ごみ処理など基幹インフラへの被害の広がりと復旧状況把握、6）避難場所の把握と避難・対応状況の把握、7）食料・必要物資の供給状況とボトルネック把握、8）政府・自治体の連携とガバナンス状況・トラブル・ボトルネックの把握である。この実現には、刻一刻と変化する空間に関する多様な情報のリアルタイム性の高い反映と統合、レイヤ別の予測だけでなく、レイヤ内でも組織が分かれた救助・インフラ部門を総合した変化の予測、レイヤ間のフィードバック、柔軟なモデルの改変と反映能力の構築、これらを支える分散的な情報処理インフラ、天災時でも落ちない通信・電力を含めたセンシング機能、実現を支える技術・人的リソースの強化が必須である。

10 Virtual Singapore, National Research Foundation（https://www.nrf.gov.sg/programmes/virtual-singapore）/ Energy Market Authority of Singapore, "Singapore's First Digital Twin for National Power Grid," 27 Oct. 2021

（https://www.ema.gov.sg/media_release.aspx?news_sid=20211023u4Natua5xC8b）

②グローバル・ネットワークの強化によるNational Resilience の確立

Resilience 確立の重要性は、国内での対策に閉じたものではない。日本国内での大規模災害や急激な市場・労働力の縮小に対応するには、国外の状況変化にも対応できるBCP とサプライチェーン擾乱への対応が必要である。これは、国内・国外のいずれかで大規模災害が起きた際にもサプライチェーンが維持され、事業と生活が継続される体制が効率的に構築されることを意味する。

同時に、少子高齢化によって縮小する可能性が高い国内市場から、より大きな市場との連携を強めることによって、より大きな可能性を追求し、企業のレジリエンス、ひいては日本のレジリエンスを向上させる。また急速な高齢化は、専門性の高い人材の知見の継承や職人技の伝承の機会が急速に失われつつあることも意味している。急速な高齢化と人口減少は、日本だけの問題ではなく、多くの国で早晩直面する問題でもある。

国や自治体など公共セクターが、民間企業のグローバル市場への迅速な展開を支援する基盤と制度の構築を加速化する必要がある。例えば、日本のデジタルデータプラットフォームを、India Stack などのデータプラットフォームとのインターオペラビリティーを確立することで、大きな市場でのアクセスと事業スケールの拡大を支援することができる[11]。

これは日本国内で開発されたサービスやプロダクトを海外に展開するということのみならず、開発や事業化の拠点が国内はもとより海外にも分散されバックアップの機能も有するということを意味する。政府は、グローバル市場に展開できる基盤・制度・プレーヤーを迅速に立ち上げ、効率的なレジリエンス強化対応支援をする必要がある。また、このような政策は、幅広い企業のグローバル展開に資するものとなる。例えば、農業セクターを例にとるならば、農業関係の統合データプラットフォームであるWAGRI[12]を国内のみならずに海外に展開することで、より広範なデータの蓄積と日本の海外での農業事業への支援となる可能性がある。これにトレーサビリティーを確保するプラットフォームを連動させ、さらにコールドチェーンなどの物流システムの展開などで高品位なサービスやプロダクトのシステムとしての展開が期待できる。実際に、スマートフードチェーンプラットフォームの開発が進められており実装展開が行われる予定であ

11 India Stack (https://indiastack.org/)
12 https://www.naro.go.jp/event/files/wagri_sympo_doc7.pdf

る。このような世界市場を俯瞰した展開の上にハーベストループを構築することが重要である。同時に、このようなシステムの構築と運用が国内・国外での有事への対応能力を高めることが期待される。このような先導的な役割を期待できるプロジェクト群を立ち上げることが重要である。

この際に、単にサービスやプロダクトを展開するだけではなく、そこで蓄積されたデータはさらに価値を生み、そこからより大きな価値を生むことができるデータの集積につながる、ダブル・ハーベストループを構築することが重要である[13]。このようなループを核とした「弾み車」(Flywheel)をプロセスとして構想し、迅速に実装していくことが極めて重要である[14]。

なお、連携の相手先となる国については、複雑化する現下の国際情勢に鑑みて、適切に選定することが求められる。

> **具体目標**
> 　国内データ基盤の国際的連携による「データ経済圏」の構
> 　築など、民間企業のグローバル展開を支援する基盤の構築

（2）AI for Planetary Resilience（地球強靭化のためのＡＩ）でのリーダーシップの確立

地球環境問題をはじめとするサステナビリティの課題に大きく貢献する技術、プラットフォーム、行動計画を作成し実施する。例えば、農業分野における生物多様性への負荷を低減させ、環境負荷軽減と経済合理性を両立させる手法の開発や、流通、データ蓄積と解析を行うことによる、レジリエントでサステイナブルな食糧供給などは、地球環境問題と食糧問題を同時に改善させる可能性がある。ＡＩの領域では、**AI for Goods** という旗印のもとで、ＡＩをサステナビリティなどの領域に応用し、社会に貢献することも必要である[15]。主要企業や大学が、**AI for Good** を旗頭にその研究や実装を進めていることが活発化している。エネルギー、モビリティー、ヘルスケア、食糧など多くの領域においてサステナビリティの文脈におけ

13　堀田創、尾原和啓、「ダブルハーベスト‐勝ち続ける仕組みを作るＡＩ時代の戦略デザイン」、ダイヤモンド社、2021

14　ジム・コリンズ「ビジョナリー・カンパニー 弾み車の法則」日経 BP、2020

15　AI for Good, https://aiforgood.itu.int/

るＡＩの応用が期待されている。

　例えば、既に議論した食糧分野では、世界的な食糧供給の不安定さにどのように貢献をするのかが問われる。再生可能エネルギーが安定的かつ効率的に供給されるには、グリッド制御、発電と需要の予測とモビリティーなどの領域と連動した需要の平滑化などが必要となるであろう。医療アクセスの改善や個別化医療のためのテレメディシンやＡＩ診断支援、教育へのアクセス拡大と個別支援、途上国での利用も含めた洪水などの災害予測、経済活動全体の資源循環化[16]を可能とする技術など多くの領域でＡＩへの期待は大きい。

　また新型コロナウイルス感染症によって加速した働き方やライフスタイルの変化は、都市の役割とあるべき姿を再定義する触媒ともなり得る。世界的に急速な都市化が進行しており、2030 年には世界人口の60％が、2050 年には70％が都市に居住し、世界のGDPの80％を算出すると予測されている。また二酸化炭素放出の75％は、都市に起因するものと推計されている[17]。新型コロナウイルス感染症の影響で、都市以外への居住や2拠点居住などが増えることが予想されるが、その効率性などから都市化傾向が逆転するとは思われない。都市は経済活動の極めて効率的な集積が可能になると同時に、大規模災害なども含む多くのリスクも包含する。また、都市から生み出されるGDP の44％は、生物多様性や自然環境の損失によって深刻な影響をうけると予測されている[18]。災害やパンデミックに対してレジリエントな都市の構成と運用技術は、多くの地域に恩恵をもたらすであろう。同時に、都市に多様性を内包させることも重要であるが[19]、これをレジリエンスと両立させることは多くの可能性を生み出すと思われる[20]。2021 年 2 月には、英国が生物多様性と経済の両立を目指しInclusive Wealth とEcosystem Services の概念を中核においたDasgupta Review を公表し[21]、2022 年1 月にはWorld Economic Forumが、都市に

16 Lacy, P. and Rutqvist, J., Waste to Wealth: The Circular Economy Advantage, Palgrave Macmillan, 2015.
17 UN Environmental Programme, Cities and Climate Change, 2020.
18 2019 年の GDP ベースで、31 Trilion USD が、環境リスクに晒されているとの試算。World Economic Forum, BiodiverCities by 2030: Transforming Cities' Relationship with Nature, World Economic Forum, January 2022.
19 Jacobs, J, The Death and Life of Great American Cities, The Random House Publishing Group, 1961.
20 Hass, T. and Westlund, H. (eds.), In The Post-Urban World: Emergent Transformation of Cities and Regions in theInnovative Global Economy, Routledge, 2018.
21 Dasgupta, P., The Economics of Biodiversity: The Dasgupta Review, HM Treasury, London, 2021.

おける生物多様性の重要性を提唱する報告書を発表したことは注目に値する[22]。また、一見、都市とは対極的な「開疎化されたコミュニティー」においても同様な課題は存在する。人間社会の活動に通底する資源要求、大気中及び河川・海への排出物なども含めた環境負荷、さらには基本的社会基盤への要求は共通している。単なる環境負荷の低減ではなく、都市活動における資源などの循環化[23]、さらには我々の社会を支える活動自体が環境を改善する仕掛けが必要であり、WEF の報告書ではNature-Positive と表現されている。そこでは都市を一つの生命体とみなしてNature-based Solutions (NbS：自然を活用した解決策)などの概念を提示している。この概念自体は、今の段階では抽象的であるが、我々の経済・社会活動は、自然と調和するのみならず、生物多様性の増大や自然の再生に寄与するようなパラダイムシフトが求められることは確かであろう。これは地球規模のテラフォーメーション技術の開発と実装と言っても過言ではない。これはAIだけで実現するわけではないが、AIは、それを実現する重要なコア技術となりえる。日本はこの分野でのリーダーシップをとりAI for Nature-Positive Economy を確立する戦略を推進する中で、独自の強みを磨くとともに、世界的に希望の持ちづらい状況を打破する大いなる触媒的な存在を目指すべきである。

大目標

　「地球強靱化のためのAI」でのリーダーシップの確立

具体目標

　地球環境問題などのサステナビリティ（持続可能性）領域
　におけるAIの応用

（3）Resilient and Responsible AI でのリーダーシップの確立

　徹底的なデジタル化とAIによる高機能化と同時に進めるべきなのは、Resilient であり、高品位かつ安心・安全なAIを開発し展開する基盤で

---

22 World Economic Forum, BioDiverCities by 2030: Transforming Cities' Relationship with Nature, World Economic Forum,January 2022.
23 World Economic Forum, Urban Transformation: Integrated Energy Solutions, World Economic Forum, September 2021.

ある。最重要課題はResponsible AI とサイバーセキュリティの強化に立
脚したResilient AI である。

　Responsible AI を実現することは、デジタル化を進める上で必ず担保
していくべき要件である。そのためには、説明可能なＡＩ (Explainable
AI, XAI)やプライバシーや機密情報を保護しながら学習可能な連合学習
(Federated Learning)など一連の技術の一層の研究開発・社会実装の推進
とプラットフォーム化、およびその運用におけるリーダーシップが重要と
なる。さらに、安全保障上の要件からこれらのプラットフォームが、高度
なサイバーセキュリティ技術で堅牢化されていることが前提となる。日本
のＡＩ関連サービスが、高品質であり、信頼性が高く、安心・安全である
ということは、国内における普及のみならず、広く世界中での展開におい
ても有利である。この分野でのリーダーシップの確立が重要となる。

　これらResponsible AI に関する一連の技術の研究開発・社会実装の推
進とそのプラットフォーム化は、大規模災害対策としてのデジタル・ツイ
ン構築のみならず、公共セグメントのデータやAPI を活用した新規事業
の創出にも貢献するとともに、国際的に、日本のＡＩの品質の高さと安
心・安全性を訴える基盤となり、Resilient AI の実現にも資する。具体的
には、（１）②で議論したように、国際的なネットワークを展開しながら
ＡＩや機械学習を利用したサービスを実現する場合、複数の国にわたる大
規模なデータセットからの機械学習を前提とした個人情報保護を尊重した
連合学習(Federated Learning)などの技術開発と適切な運用を実現する必
要がある。これはCyber Attack やPrivacy などの問題にも対応できる
Resilient なＡＩともいえる。さらに、我々が（２）で議論したようなAI
for Planetary Resilience の分野でのリーダーシップをとっていく場合に
も必須の要件である。その中で、都市の作り出す問題の解決には、徹底し
たデジタル化とＡＩの導入が想定できるが、それは即ちそれらのシステム
に関わる何らかのトラブルに対して都市機能がより大きな脆弱性を内包す
ることを意味する[24]。基本的なアーキテクチャとResilience の設計の重要
さはより大きくなるであろう。これは、都市以外の問題に関しても同様で、
地球規模のＡＩシステムの導入と運用を守り、維持することができる堅牢
性とそのシステムの信頼性を維持することできるResponsible AI の実現
が必須である。

---

24 Kitano, H., "Building Cities to Withstand the Worst," Pour La Science (Innovation Special Issue),
January, 36-38, 2015.

　なお、ＡＩの信頼性の向上のための取組（Security for AI）に加え、サイバー空間におけるセキュリティ対策の高度化のためにＡＩを活用すること（AI for Security）も重要である。年々、複雑化・巧妙化する攻撃や、システムの複雑化に伴って増加する脆弱性のリスクへの対処に向けては、サイバーセキュリティの分析官の判断を助けるための情報収集、分析、支援機能や防御の自動化のためのＡＩなど、ＡＩの利活用を積極的に検討するべきである。

> **大目標**
> 　「強靭かつ責任あるＡＩ」でのリーダーシップの確立

> **具体目標**
> ・「説明可能なＡＩ」（Explainable AI）など「責任あるＡＩ」（Responsible AI）の実現に向けた取組
> ・信頼性の向上につながる、サイバーセキュリティとＡＩの融合領域の技術開発等を推進

3．戦略目標群の連動と方向性の一致

　これらの戦略目標０としてのアクションと同時に、既存の戦略目標との連動性も重要であり、既に一定の進捗が見られる戦略目標１から４に関しても、戦略目標０の設定意図とのアライメントが望ましい。例えば、戦略目標１と４に関する追加アクションとして、多くの日本人学生の海外留学と多くの留学生受け入れを実現する具体的政策の策定と実施が望まれる。特に、戦略目標０のNational Resilience及びPlanetary Resilienceを実現するには、単に、ＡＩやデータサイエンスを深く理解しているだけではなく地球を俯瞰した発想ができる人材と多様性を持ったチームの形成が必須である。また、戦略目標２の「実世界産業におけるＡＩ応用でのトップ・ランナー」と戦略目標３の「多様性を内包した社会の実現」は、現在の計画を加速すると同時に、戦略目標０において提示された方向性と連動させることで、より効果の高いものに強化できると考える。

　このようにＡＩ戦略2022では、戦略目標０を設定し、それを軸に、有機的に一連の実行方針を実現することでレジリエンス、多様性の内包、サ

ステナビリティとグローバルスケールでの事業機会の創出という複数の成果を実現することを意図するものである。

　ＡＩ戦略2022 は、日本と世界が直面する危機を正面から捉え、日本がその問題克服のリーダーとなることを明確に志向している。その解決の多くはグランドチャレンジに属するスケールである。しかし、多くの真のイノベーションはそのようなチャレンジから生み出されている。ＡＩ戦略2022は、そこに日本の将来の姿を見いだしている。

第三部　社会実装の推進

1．社会実装をめぐる背景

　私たちの社会経済や国民生活において、ＡＩの実装を進め、ＡＩを効果的に利活用し、それによる利益を享受するためには、まずは今、社会的な常識と考えられている思い込みを捨てることが必要である。

　我が国では、多くの場合、ＡＩは人の仕事を代替し、コストや労力を削減するために利用するものとして認識されている。確かにそのような見方をすることはできる。しかし、多くの人がそうした一面的な認識にとらわれるがゆえに、たとえ一部の企業や研究機関が技術的に優れたＡＩを開発しても、私たちの職場や日常生活では、ＡＩが思ったように利活用されることはない。

　米国など、他の先進国がいち早くＡＩにより変貌を遂げているというのに、私たちの多くはそうした変化に気づかないか、たとえ気づくことがあっても、単に私たちの独特な社会の仕組みや慣習の非効率を嘆くだけであったり、例えば「やがて日本なら追いつくことができるに違いない」などといった根拠のない楽観的な見方にすがって見て見ぬふりをしたりしているのではないか。しかし、私たちの社会がそのような状況である限り、ＡＩが社会の基盤技術となるこれからの時代において、日本がかつてのような経済大国としての活力を取り戻すことは容易ではない。おそらく、現在のような社会システムのままでは、社会の基盤としてＡＩを効果的に利活用していくことはできず、長く他国の後塵を拝していくことになってしまうだろう。

　私たちは正に社会を変革すべき今日に生きている。これまでのサイバー空間の開拓プロセスともいうべきＤＸにおいては、米国が大きく成長している反面、日本は世界的競争の中で優位を占めることができなかった。今後、現実空間（フィジカル空間）とサイバー空間の融合領域に主戦場が移り、ＤＸの二回戦ともいうべき状況に差し掛かってくる。日本がフィジカル空間での強みを生かしたＡＩの実装を進め、社会を変革することで、「勝ち筋」が見えてくる。

　これからわずか数年の取組によって、ＤＸの後に到来するであろう「アフター・デジタル」の時代での日本の国力にきっと大きな差異が生じていくに違いない。今の私たちに必要なのは、ＡＩについて先進的な国と日本

の違いがどこにあるのか、何に取り組むことで我が国においてＡＩの実装が進展するかを理解し、私たちの社会経済や国民生活を将来にわたって豊かなものとするための取組を進めることである。

２．社会実装の推進に臨む姿勢

日本においてＡＩの実装を進めるためには、社会のデジタル化は当然のこととして、ＡＩに関する次のような思い込みを捨てることが必要である。

①"ＡＩは人の仕事を代替する"⇒"ＡＩは人と協調する"

ＡＩの精度が人を凌駕するような場合や、多少の間違いを許容してでも人による作業量を削減すべきような場合には、ＡＩは人の仕事を代替すべきだろう。

しかし、私たちが日常的に行っている仕事や作業の多くは、非常に広範な情報に基づく判断を必要とし、あるいはわずかの間違いも許容されない（例えば、外科手術で患者の命を失うような間違いは許容されない。）ようにシビアなものである。このため、人の仕事を完全に代替し、人が金輪際関わらないことがＡＩの実装であるという認識でいる限り、ＡＩを効果的に利活用できる場面はごく限られてしまい、社会実装はなかなか進まなくなってしまう。

つまり、ＡＩを効果的に利活用し、多種多様な仕事を効率的に処理するためには、「ＡＩは人の仕事を代替する」という思い込みを捨てることが必要である。たいていの場合、ＡＩは人を助け、人を支援する存在である。人は、ＡＩと協調していくことで、労力を最小化し、利益を最大化することが可能となる。

②"技術者だけがＡＩを深く理解できる"⇒"ビジネスケースからＡＩは理解できる"

視野が日本の国内にとどまっている限りでは気づかないことだが、世界的には、ほとんどあらゆる分野でＡＩ利活用方策の探索が進んでいる。多くのスタートアップ企業が乱立し、様々な分野においてＡＩによる画期的なビジネスモデルを構築したユニコーン企業が存在している。

ＡＩを利活用しようかと検討する際に、「技術者だけがＡＩを深く理解できる」との思い込みの下、ＡＩのシステムを構築できるような技術者を

必要条件のように考えてしまうのは妥当ではない。

　実際には，そのような技術者がいなくとも、他の多くの事例からAIの製品やサービスの活用によって何がどの程度の水準で処理されるのかといったことを理解することは可能である。

　なお、AIにより新たなビジネスモデルを構築しようとする場合、必ずしも自らがAIを開発することは必須ではない。既存のAIを入手し、又はAIを含む既存のビジネスモデルの中から有用な要素を取り入れて、他の部分で差別化をするといったことも一つの有効な手法である。AIを深く理解した技術者がいなくとも、AIを利活用していくことは可能である。

③ "データが全て" ⇒ "ループの形成が重要"

　AIは、データをアルゴリズムによって学習又は処理するものである。このため、ややもすると「データが全て」であると言わんばかりに、AIの利活用においては膨大なデータを持っていなければ勝てないとの思い込みがある。データは確かに重要であるが、デジタル化された状況においてはサービスの提供を通じてデータを取得し、AIの強化、ひいてはサービスの向上につなげる手段も有効である。

　このため、データは重要ではあるけれども、それ以上に重要であるのは、サービス等の構築や提供の際に、AIを強化するデータ収集等を行うような持続的なサイクル（ループ）を形成するように配慮することである。

3．AIの社会実装の推進に向けた取組

　AIの社会実装を推進し、大きな利益の創出につなげるためには、画像認識、自然言語処理等での広範かつ効果的な活用が期待されるディープラーニングを重要分野として位置づけ、企業による実装を念頭に置きつつ、次のように取り組むことが必要である。

（1）AIのブラックボックス性の打破と不安の払しょく

　AIの社会実装の阻害要因の一つとして、「AIの信頼性に対する不安」が挙げられる。

　例えば、AIに対して人を代替する機能を期待する場合、実際にはそのような高信頼なAIの構築・入手が容易でないことは普通である。このため、その信頼性に対する不安が生じ、AIの利活用がためらわれてしまう

ということが起きる。

　ＡＩに対してそこまでの機能を求めず、ある程度の不完全性を許容できる場合であっても、ＡＩの処理がいわゆるブラックボックスとなっていて、ＡＩによる処理の根拠を人が理解できないときには、その結果の妥当性も検証できない。例えば、個人の人種やジェンダーに関する不適切なバイアスの影響を受けているかもしれないという危惧があれば、やはりＡＩを信頼することはできない。

　セキュリティ上のリスクも存在する。個人情報など、保護すべきデータをＡＩで処理する場合に、その処理についての信頼性が確保できるかどうかという不安を持たれることもある。また、近年では、ＡＩの学習プロセスにおいて意図的に不正なデータを入力することにより、ＡＩ自体が攻撃対象となるリスクも認識されている。

　このための解決策は複数存在する。もちろん、ＡＩそのものの技術的な改善によってＡＩの精度を上げることは、一つの選択肢である。そのほか、ＡＩの処理の透明性や説明性を高めることでＡＩのブラックボックス性を打破するExplainable AI（XAI）に関する取組や、サイバーセキュリティとＡＩの融合領域の技術開発により、ＡＩの信頼性を向上させていくことが必要である。その他、ＡＩのＥＬＳＩに関する取組、例えばＡＩの構築に際してそもそも倫理等に配慮した設計を行うことや、ＡＩ利活用のサイクルにおける監査などを通じて、「責任あるＡＩ」（Responsible AI）を実現する努力も期待される。

大目標
　ＡＩの信頼性の向上

具体目標
・「説明可能なＡＩ」（Explainable AI）など「責任あるＡＩ」（Responsible AI）の実現に向けた取組（再掲）
・信頼性の向上につながる、サイバーセキュリティとＡＩの融合領域の技術開発等の推進（再掲）

（2）AIの適用領域の拡大

　AIは、アルゴリズムと計算資源に加え、学習や処理の対象となるデータによって実現される。データは、AIの利活用の前提となると同時に、AIによる製品やサービスを差別化するうえでの大きな要素でもある。

　AIの学習や処理の対象となるデータが存在する領域は、潜在的にAIを適用しうる領域であると考えられる。特に、これから現実空間とサイバー空間の融合領域においてAIの利活用が活発になっていくであろうことを踏まえれば、いち早く現実空間における様々な事物や各種の指標をデータとして取り込み、AIの適用領域を拡大していくことが必要である。

　また、学習対象となるデータに不適切な偏りや欠損・不足などがあった場合、AIの精度は劣化し、機能が不十分となってしまう。逆に言えば、高品位かつ広範囲なデータは、優れたAIによる製品やサービスの創出につながる。我が国には、分野ごとに相当程度の高品位データの蓄積があることから、これらをAIに適したかたちで連携・変換すること等により、AIの利活用を支えるデータの充実に取り組むべきである。

　なお、優れたデータ基盤については、海外との連携等にも積極的に取り組んでいくことで、我が国を中心とした「データ経済圏」を構築していくことが期待される。

大目標
　AI利活用を支えるデータの充実

具体目標
・AIによる利活用の基礎となるデジタル・ツインの構築（再掲）
・AIの利活用を促進する研究データ基盤、臨床データ基盤等の改善
・秘匿データの効果的な利用につながる、サイバーセキュリティとAIの融合領域の技術開発等の推進

（3）ＡＩをめぐる人材や技術情報、データ取扱いルール等に関する追加的取組

　ＡＩについて先進的な米国などの他国に比べて、我が国ではＡＩの利活用を支える関連人材が不十分となっている。すでに教育改革などにおいて、リテラシーの向上に向けては様々な方策が取り組まれているところである。しかし、ＡＩそのものの研究開発に携わるような高度な研究人材等の確保に向けては、なお追加的な取組が必要である。

　ＡＩ分野の高度人材の育成では、特に米国のように、世界中から意欲溢れる優秀な人材が集合する環境において、最先端の研究に触れ、切磋琢磨の機会を得ることが有効である。しかしながら、近年、留学に必要な資金、語学力などが障壁となっていることもあり、我が国では学生等の内向き志向が強まっているように見受けられる。このため、ＡＩ分野における人材の国際的頭脳循環を高めるための更なる取組強化が望まれる。

　また、ＡＩに関する研究開発に取り組むにあたっては、特に優秀で十分な人材を確保できないことが支障となる場合も多い一方、優秀な人材が研究開発を大きく進展させることから、研究費を活用して博士課程学生などを迎え入れ参画させることも期待される。なお、そうした際に支出するリサーチアシスタント経費の額の設定にあたっては、学術分野によらない画一的な給与水準に従うのではなく、関連業界の実情を踏まえ、優秀な人材を惹きつける大胆で柔軟な設定が望まれる。

　一方で、我が国の民間企業による実装を促すためには、国研等が保有する技術情報の積極的な提供や、スタートアップ創出その他企業活動に直結する実践型の人材育成による新技術の橋渡しの加速等、実践における試行錯誤が活発に行われるような取組も重要である。

　その他、ＡＩの利活用環境の重要な要素の一つとして、機微なデータや技術の海外流出対策も考慮したデータの取扱いルールについても、不断の改善努力が必要である。

大目標
　人材確保等の追加的な環境整備

> **具体目標**
> ・ＡＩ等の先端技術分野における国際的頭脳循環の向上等
> ・民間企業による実践を通じてＡＩの実装を促すための、国研等からの技術情報の積極的な提供や実践型の人材育成等
> ・ＡＩによる学習や処理の対象となるデータの取扱いルールについての再点検

（4）政府による強力な牽引

　我が国においても、すでに多くの汎用的なＡＩの製品やサービスが入手可能な状態になっている。先進的な民間企業等では、ＡＩを積極的に取り入れて新たなビジネスを展開しているが、他方で、そうした選択をせずに旧来のビジネス手法を維持する企業も多い。

　いずれの選択が正しいのかは、それぞれが置かれた状況によって異なる。しかし、かつてのフィルムによるカメラの多くがデジタルカメラに置き換わり、それによって誰もが撮影したばかりの画像を即座に共有するような新しいビジネスが誕生するなど、産業構造の転換はこれまでも頻繁に起きている。フロッピーディスク、ＣＤなどの記録媒体の変化や、そもそもクラウドにデータを保存するという変化もその例である。そうした時に、政府機関が旧来の手法を堅持して、産業構造の転換をしようとする社会の足かせとなるようであってはいけない。

　我が国では、中央省庁を中心に、政府機関の多くがＡＩの導入に未だ踏み切れていない状況である。しかし、海外では、政府が公共部門においてＡＩの利活用を積極的に推し進め、ＡＩによる利便性の向上や安心・安全の確保によって、産業構造の転換を自ら牽引しようとする事例が見受けられる。

　特に、複雑な政府系の情報システムにＡＩを組み込むということではなくても、市場にある汎用的なＡＩの製品やサービスを積極的に利活用することで、行政サービスの改善や利便性の向上につながる。また、政府機関における積極的な行動により、社会全体のＡＩ利用を促進する効果も期待される。

これらを踏まえ、政府におけるＡＩ利活用の推進に向けて、下記の具体目標の達成に向けて取り組む。

大目標

政府におけるＡＩ利活用の推進

具体目標

・政府機関におけるＡＩの導入促進に向けた推進体制の強化と、それによる行政機能の強化・改善

・ＡＩ利活用を通じたデータ収集など、持続的な改善サイクルの形成

（5）「強み」への注力

世界的に競争が著しいＡＩ利活用において「勝ち筋」を見出すためには、物理・化学や機械等の我が国が強みを有する技術とＡＩを融合させることも有効である。

例えば、創薬や材料科学等はそうした効果が狙える領域であり、現に日本が培っている技術やデータ基盤とＡＩを組み合わせることで、国際的に優位性を持つ製品やサービスを創出できる可能性が高まる。ＡＩに関する投資は、そうした領域に意識的に集中させることが重要である。

また、科学技術以外にも、食や観光のほか、アニメなどのコンテンツのように文化的な分野にも日本は強みを有している。今後は、こうした分野においてもＡＩ利活用を視野に関連の取組を進めることが望まれる。

なお、他方で、我が国ならではの課題への対処に当たり、引き続き積極的にＡＩを利活用することも求められる。その対処においても、可能な範囲で、我が国が強みを有する技術との融合を追求することが適切である。

すなわち、日本が強みを有する分野との融合に向けて、下記の具体目標の達成に向けて取り組む。

大目標

日本が強みを有する分野とＡＩの融合

具体目標
- 医療、創薬、材料科学等の分野におけるＡＩ利活用の更なる注力
- 我が国が強みを有する文化産業等におけるＡＩ利活用の促進
- 我が国ならではの課題（①健康・医療・介護、②農業、③インフラ・防災、④交通インフラ・物流、⑤地方創生、⑥ものづくり、⑦安全保障）に対処するＡＩと我が国の強みの融合の追求

第四部　「すべてにＡＩ」を目指した着実な取組

　第四部では、これまで着実に実施してきた戦略実施の成果を踏まえ、我が国のＡＩ技術力とそれを支える人材を育成し、それを競争力の源泉としたＡＩネイティブな社会・産業構造を着実に構築する。その目標の実現に向けて、「教育改革」、「研究開発体制の再構築」、「データ連携基盤整備」、「ＡＩ時代のデジタル・ガバメント」、「中小企業・ベンチャー企業への支援」そして「倫理」に関するそれぞれの取組を推進していく。

１．教育改革

　現在、私達の社会は、デジタル・トランスフォーメーションにより大転換が進んでいる。昨今では、COVID-19 感染症の影響による人々の生活スタイルの変化やデジタル化の遅れの露呈等を受けて、我が国の社会全体のデジタル・トランスフォーメーションは加速してきている。このデジタル・トランスフォーメーションの中核をなす技術がＡＩであり、ＡＩを作り、活かし、新たな社会（「多様性を内包した持続可能な社会」）の在り方や、新しい社会にふさわしい製品・サービスをデザインし、そして、新たな価値を生み出すことができる人材がますます求められている。ビッグデータの収集・蓄積・分析の能力とも相まって、今後の社会や産業の活力を決定づける最大の要因の一つであるといっても過言ではない。

　このため、関連の人材の育成・確保は、緊急的課題であるとともに、初等中等教育、高等教育、リカレント教育[25]、生涯教育を含めた長期的課題であり、ＡＩ戦略2019 策定時から取り組んできている課題である。とりわけ、「数理・データサイエンス・ＡＩ」に関する知識・技能と、人文社会芸術系の教養をもとに、新しい社会の在り方や製品・サービスをデザインする能力が重要であり、これまでの教育方法の抜本的な改善と、ＳＴＥＡＭ教育[26]などの新たな手法の導入・強化、さらには、実社会の課題解決的な学習を教科横断的に行うことが不可欠であり、引き続き注力していく必要がある。

---

25 職業人を中心とした社会人に対して、学校教育の修了後、いったん社会に出てから行われる教育であり、職場から離れて行われるフルタイムの再教育のみならず、職業に就きながら行われるパートタイムの教育も含む

26 Science, Technology, Engineering, Art, Mathematics 等の各教科での学習を実社会での課題解決に生かしていくための教科横断的な教育

　まずは、様々な社会課題と理科・数学の関係を早い段階からしっかりと理解し、理科・数学の力で解決する思考の経験が肝要である。その実現のためにも、児童生徒一人一人のための情報教育環境と教育を支援する校務支援システムを含む、学校のICTインフラの拡充と、それを活かした教育を実践する。さらに、我が国が、諸外国に先んじて、新たな数理・データサイエンス・AI教育を、Society 5.0 時代の教育のモデルとして構築することで、世界、特にアジア地域へ力強く発信していく。

大目標

　デジタル社会の基礎知識（いわゆる「読み・書き・そろばん」的な素養）である「数理・データサイエンス・AI」に関する知識・技能、新たな社会の在り方や製品・サービスをデザインするために必要な基礎力など、持続可能な社会の創り手として必要な力を全ての国民が育み、社会のあらゆる分野で人材が活躍することを目指し、2025 年の実現を念頭に今後の教育に以下の目標を設定：

・全ての高等学校卒業生が、「数理・データサイエンス・AI」に関する基礎的なリテラシーを習得。また、新たな社会の在り方や製品・サービスのデザイン等に向けた問題発見・解決学習の体験等を通じた創造性の涵養
・データサイエンス・AIを理解し、各専門分野で応用できる人材を育成（約25万人/年）
・データサイエンス・AIを駆使してイノベーションを創出し、世界で活躍できるレベルの人材の発掘・育成（約2,000人/年、そのうちトップクラス約100人/年）
・数理・データサイエンス・AIを育むリカレント教育を多くの社会人（約100万人/年）に実施（女性の社会参加を促進するリカレント教育を含む）
・留学生がデータサイエンス・AIなどを学ぶ機会を促進

（１）リテラシー教育

【高等学校】

具体目標

全ての高等学校卒業生（約100万人卒/年）が、データサイエンス・ＡＩの基礎となる理数素養や基本的情報知識を習得。また、人文学・社会科学系の知識、新たな社会の在り方や製品・サービスのデザイン等に向けた問題発見・解決学習を体験

【大学・高専・社会人】

具体目標1

文理を問わず、全ての大学・高専生（約50万人卒/年）が、課程にて初級レベルの数理・データサイエンス・ＡＩを習得

具体目標2

多くの社会人（約100万人[27]/年）が、基本的情報知識と、データサイエンス・ＡＩ等の実践的活用スキルを習得できる機会をあらゆる手段を用いて提供

具体目標3

大学生、社会人に対するリベラルアーツ教育[28]の充実（一面的なデータ解析の結果やＡＩを鵜呑みにしないための批判的思考力の養成も含む）

---

27 日本の労働人口約6,000万人の25%（約1,500万人）へのデータサイエンス・ＡＩに関するリテラシー教育を今後 10 年間で対応する場合の、当該期間に輩出される大学・高専の新卒者約 500 万人を除く約 1,000 万人（約 100 万人×10 年）の１年あたりの規模数を設定

28 専門職業教育としての技術の習得とは異なり、思考力・判断力のための一般的知識の提供や知的能力を発展させることを目標にする教育

【小学校・中学校】

> **具体目標**
>
> データサイエンス・AIの基礎となる理数分野について、
> ① 習熟度レベル上位層の割合が世界トップレベルにある現在の状態を維持・向上
> ② 国際的に比較して低い状況にある理数分野への興味関心を向上
> 　様々な社会課題と理科・数学の関係性の理解と考察を行う機会を確保

（２）応用基礎教育

> **具体目標1**
>
> 文理を問わず、一定規模の大学・高専生（約25万人[29]卒/年）が、自らの専門分野への数理・データサイエンス・AIの応用基礎力を習得
>
> **具体目標2**
>
> 地域課題等の解決ができるAI人材を育成（社会人目標約100万人/年）

---

[29] 大学の理工農系・医歯薬系学部の1学年当たりの学生数（約16万人）及び人文社会系学部の1学年当たりの学生数（約37万人）の30%程度（約11万人）を念頭に、目標として設定

（３）エキスパート教育

具体目標

エキスパート人材（約2,000人[30]/年、そのうちトップクラス約100人[31]/年）を育成するとともに、彼らがその能力を開花・発揮し、イノベーションの創出に取り組むことのできる環境を整備

（４）数理・データサイエンス・ＡＩ教育認定制度

具体目標１

大学・高専の卒業単位として認められる数理・データサイエンス・ＡＩ教育のうち、優れた教育プログラムを政府が認定する制度を構築、普及促進

具体目標２

政府が認定する優れた数理・データサイエンス・ＡＩ関連の教育・資格等を普及促進

２．研究開発体制の再構築

（「戦略と創発」による急速な底上げと、持続可能な研究体制の構築）

　世界のビジネスは、現在、特にインターネットビジネスの分野で、米中を中心とする巨大ＩＴ企業が牽引しており、これらの企業を含め、ＡＩ関連分野では、極めて激しい研究開発競争が展開され、世界中で研究人材についての激しい争奪戦が生じている。

　そうした中、我が国では、基礎研究、汎用的研究、セクターごとの応用研究等が、それぞれ独立的、分散的に発展してきた歴史があり、それらが、

---

30 資本金 10 億円以上の日本企業数（約 6,000 社）を参考に、目標として設定
31 日本の業界数（約 500）を参考に、目標として設定

特定の基盤研究において優れた能力を有するＡＩ関連中核センター群[32]や、特定分野ごとの実世界の応用研究で優れた実績を有する公的研究機関を形成している一方で、横断的活動が多くはない状況であった。

　これらを踏まえ、「ＡＩ戦略2019」策定以降、ＡＩ関連中核センター群を核とした研究開発ネットワークの整備を推進してきた。特に、各ＡＩ関連中核センターについて、理研AIP は、ＡＩに関する理論研究を中心とした革新的な基盤技術の研究開発で世界トップを狙い、NICT は、大規模データを用いた革新的自然言語処理による対話技術、アジアからの訪日・在留外国人への対応を含めた多言語翻訳・音声処理技術、更に心の通うコミュニケーションの実現を目指した脳の認知モデルの構築と応用において世界トップを狙い、産総研AIRC は、ＡＩの実世界適用に向けたＡＩ基盤技術と社会への橋渡しに向けた研究の世界的な中核機関として世界をリードすることを狙うとともに、各ＡＩ関連中核センターはその研究成果を迅速に社会で活用させることを目指すことを目標とし、ＡＩ研究開発に取り組んできた。

　これらの取組は、日本が先端的ＡＩ技術を構築していくために必須なものであり、今後も注力していく。そして、日本が世界と伍していくべく、ＡＩ研究開発の日本型モデルを創造し、世界の研究者から選ばれる魅力的なＡＩ研究拠点化を実現していく。さらには、そのような環境の中で、日本がリーダーシップを取れる先端的ＡＩ技術を世の中に生み出していく。

> **大目標**
>
> ・基礎研究から社会実装に至るまでの、本戦略に即した包括的な研究開発サイクルの構築
> ・日本がリーダーシップを取れる先端的ＡＩ技術、標準化における国際イニシアティブの確保
> ・ＡＩ関連中核センター群の強化・抜本的改革を行うとともに、同センター群を中核にしたネットワークを構築することによって、ＡＩ研究開発の日本型モデルを創出し、世界の研究者から選ばれる魅力的なＡＩ研究拠点化を推進

---

[32]理化学研究所の革新知能統合研究センター（AIP）、産業技術総合研究所の人工知能研究センター（AIRC）、情報通信研究機構（NICT）のユニバーサルコミュニケーション研究所（UCRI）及び脳情報通信融合研究センター（CiNet）

> ・「多様性を内包し、持続可能な発展を遂げる社会」を実現する上で重要な創発研究、基盤的・融合的な研究開発の戦略的な推進
> ・世界的レベルの研究人材が自由かつ独創性を発揮して世界をリードできる創発研究の推進
> ・世界の英知を結集する研究推進体制の構築

（１）研究環境整備

①中核的研究ネットワークの構築

具体目標１

本戦略に即した推進体制の下でのＡＩ関連中核センター群の強化・抜本的改革

具体目標２

ＡＩ関連中核センター群を中核に、ＡＩ研究開発に積極的に取り組む大学・公的研究機関と連携した、日本の英知（実装に強いエンジニア、ＡＩ研究者、基礎となる数学・情報科学の研究者を含む）を発掘・糾合し、研究開発等の機会を提供する、「ＡＩ研究開発ネットワーク」の構築・運用

具体目標３

世界の研究者から選ばれる、本戦略に即した魅力的な研究開発の制度及びインフラの整備

②創発研究支援体制の充実

具体目標

・世界をリードする質の高い研究人材の確保・育成
・研究者が継続的に創発研究に挑戦できる研究支援体制の構築
・創発研究の知的基盤強化のための研究（及び研究者）の多様性確保

（２）中核研究プログラムの立ち上げ：基盤的・融合的な研究開発の推進

> **具体目標**
>
> 大目標を達成する上で重要となるＡＩの基盤的・融合的な技術（ＡＩCore）を以下の 4 つの領域に体系化し、それらの研究開発を戦略的に推進
>   1. Basic Theories and Technologies of ＡＩ
>   2. Device and Architecture for ＡＩ
>   3. Trusted Quality ＡＩ
>   4. System Components of ＡＩ

3．データ関連基盤整備

　ＡＩ技術の発展を根本から支えるものは、大量のデータである。質の高いデータを収集し、サイバー攻撃などのリスクなどから守りながら、それらを分析・解析に活用することは極めて重要である。このため、我が国においても、ＡＩ戦略2019の策定以降、諸外国に遅れることなく、政府や民間が有するデータの連携・標準化に取り組んできている。政府では「デジタル社会の実現に向けた改革の基本方針」(2020 年12月)や「包括的データ戦略」(2021 年 6 月)をとりまとめるのと同時に、第 2 期SIP を活用した社会実装を推進してきている。

　今後は、データの連携・標準化の活動をより一層推進するとともに、その過程においては、ビッグデータの中の偏りを防止し、ＡＩ活用のリスクが生じないようにしなければならない。また、データの真正性、更には本人確認といった点における信頼確保が極めて重要である。既に、米国では政府調達分野でのトラスト基盤、ＥＵでは共通トラスト基盤の構築が進められており、我が国でも関連の検討が開始されているが、例えば、サプライチェーン全体のセキュリティ確保（「サイバー・フィジカル・セキュリティ対策フレームワーク」）などの検討を加速していかなければならない。

> **大目標**
>
> 国際連携を前提とした、次世代のＡＩデータ関連インフラの構築

（1）データ基盤

具体目標

健康・医療・介護、農業、国土強靱化、交通インフラ・物流、地方創生等の分野における、ＡＩの活用のためのデータ連携基盤の本格稼働
収集するビッグデータの品質確認、保証に資する取組の実施

（2）トラスト

具体目標

米国、欧州等と国際相互認証が可能なトラストデータ連携基盤の構築、整備

（3）ネットワーク

具体目標1

Society 5.0を支える21世紀の基幹となる情報通信インフラである第５世代移動通信システム（５Ｇ）や光ファイバの日本全国での整備を推進

具体目標2

日本全国でＡＩの活用が可能となるためのネットワーク基盤の高度化と安全・信頼性の確保

4．ＡＩ時代のデジタル・ガバメント

公共サービスセクターにおける電子化の遅れと、特に地方における急速な少子高齢化が相まって、自治体の行政コストは増加する一方で、行政職員の人手不足が顕在化してきている。これにより、公共部門における生産性の低下が更に進展してきており、これを解決するＡＩ関連技術の利活用が渇望されている。特に、新型コロナウイルス感染症対応によって露呈し

たデジタル化の遅れに対する対応について、デジタル庁の設置、包括的データ戦略の検討等が進められているものの、国の行政機関におけるAIの活用状況は、現状、必ずしも進展していない。人々の生活様式や働き方が変化している中、これらに対応しつつ、更に国の行政機関における業務の効率化や質の高い行政サービスの提供を行っていくためには、これまで以上に積極的なAIの活用を検討していく必要がある。

　国の行政機関がAIを活用する際には、特に透明性、公平性、説明可能性等の確保が重要であることを理解したうえで、AIの導入促進を図ることが必要である。このため、国の行政機関におけるAI導入の基本的考え方の整理や、AI導入ガイドラインの策定等の総合的な対策を取りまとめ、実施していく。そして、国の行政機関における業務に積極的にAIを活用していく。

大目標

- 徹底的なデジタル・ガバメント化を推進し、AIを活用して、効率性・利便性の向上、更にはインクルージョンの実現
- 適切なデータ収集と解析に基づく行政と政策立案などを実現
- 自治体行政分野へのAI・ロボティクス活用によるコスト低減化・業務効率化・高度化を進め、持続可能な公共サービスを確保

具体目標1

AIを活用した公共サービスの利便性・生産性の向上

具体目標2

自治体の行政コスト低減と公共サービスレベル維持の両立を成し遂げるための業務の効率化・高度化に向けたAI・ロボティクス等の活用推進

５．中小企業・ベンチャー企業への支援

　働き方改革の必要性が叫ばれて久しいが、我が国の全体としての生産性の大幅な向上が求められる中でも、とりわけ中・小規模事業者の労働生産性は、大企業と比して低水準にある。ＡＩ技術の利活用が進めば、企業の生産性の抜本的改善が期待できるが、そのためには、まずは、中小企業を始めとする各企業のＡＩリテラシーを高め、これら企業の技術ニーズと、必要となるＡＩ技術シーズとのマッチングを進めていくことが不可欠である。

　また、ＡＩ技術は、新たなベンチャー企業を生み出す大きなチャンスを提供する。実際、米国や中国では、ＡＩ関連ベンチャー投資は急速に拡大しており、多くのユニコーン企業が出現している。ＡＩ技術の共有と、企業や行政におけるＡＩの利活用を促進し、新たな製品やサービスの創出のための環境を整えていく必要がある。近年、我が国においても、ＡＩベンチャー企業への投資も、起業数も増加傾向にあり、社会におけるＤＸの進展を踏まえ、これまで以上に中小企業・ベンチャー企業の担う役割は大きくなっていくものと考えられる。

　今後も引き続き、ものづくり中小企業等のＡＩの高度化・活用を通じた労働生産性の向上等に取組んでいくことが必要である。

大目標

・低生産性分野、成長分野におけるデータ基盤整備と、ＡＩ活用による生産性・成長性の向上
・ＡＩ関連スタートアップの支援強化

（１）中小企業支援

具体目標

　ＡＩを活用した中小企業の生産性の向上

（2）AI関連創業に関する若手支援

具体目標

　AI関連スタートアップ企業支援

6．倫理

　AIの利活用への関心が高まる中、文明的な利便性を過度に追求することは、AIが引き起こす負の側面が拡大しかねない。これを抑制するには、文化的な背景が持つ高い倫理的観点が重要であり、より人間を尊重したAIの利活用を進めるために、我が国では2019年3月に、またEUでは同年4月に、AI社会原則を発表した。さらに、同年5月のOECD閣僚理事会では、AIに関する勧告が採択され、同年6月のG20大阪首脳会合において、「G20AI原則」が同首脳宣言の附属文書として合意された。その後、2020年6月に立ち上がったGPAI（Global Partnership on AI）や2021年11月第41回ユネスコ総会において、「AIの倫理に関する勧告」が採択されたユネスコなどを含め、様々な国際的枠組みにおいて、AIの社会実装の進展に伴うAI技術の信頼と責任のあり方等に関する検討が進められてきている。GPAIについては、2021年11月のGPAI閣僚級理事会において、2022年末から1年間、我が国が議長国となることが決定し、2022年末にGPAI閣僚級理事会や年次総会等を日本で開催予定である。

　このような状況下、我が国は、我が国の社会経済活動が過度に制約されることが無いよう、同志国を中心に、諸外国と連携して国際標準化活動の推進等の国際連携を実施していく必要がある。

目標

　AI社会原則の普及と、国際連携体制の構築

AI活用アドバイザー認定試験
サンプル問題

Artificial
Intelligence
Advisor

※サンプル問題の「企業・団体の AI 導入事例」の問題
は、各企業・団体の過去のプレスリリース等をもとに
しており、問題の内容は、最新の情報と異なる場合が
あります。

■AIの基礎知識・AIの技術

問題1. AIに関する記述として、より<u>適切な</u>ものを以下のア・イのうち1つ選びなさい。

ア. AIの特徴である「自律性」とは、人間の与えた手順や基準に従って、人間が介在することなく作動する能力である。

イ. AIの特徴である「適応性」とは、大量のデータから特徴を見つけ出し状況判断ができる能力である。

解説　AI総論

ア不適切。AIの特徴を表す言葉として、「自律性（Autonomy）」と「適応性（Adaptivity）」があり、「自律性（Autonomy）」とは、人の判断なしに状況に応じて動作する能力である。

イ適　切。AIの特徴である「適応性（Adaptivity）」とは、大量のデータから特徴を見つけ出し状況判断ができる、あるいは与えられた正解データと新たなデータを照合することで自らのプログラムの精度を上げていくことができる（学習）能力である。

解答　イ

問題２．ロボットに関する記述として、より<u>適切な</u>ものを以下のア・イのうち
　　　　１つ選びなさい。

ア．JIS において、産業用ロボットが備える機能とされているマニピュレー
　　ション機能とは、人間の手のように部品、工具などの対象物をつかむ機
　　能である。

イ．ロボットは、産業用ロボットとコミュニケーションロボットの２種類に
　　大きく分けられ、コミュニケーションロボットは、産業用ロボット以外
　　のものをいう。

解説　ロボット

ア適　切。産業用ロボットは、日本産業規格（JISB 0134：1998）で「自動
　　　　制御によるマニピュレーション機能又は移動機能をもち、各種
　　　　の作業をプログラムによって実行できる、産業に使用される機
　　　　械」と規定されている。マニピュレーション機能とは、人間の
　　　　手のように対象物（部品、工具など）をつかむ機能である。

イ不適切。「コミュニケーションロボット」が誤りで、正しくは「サービス
　　　　ロボット」である。ロボットは産業用ロボットとサービスロ
　　　　ボットの２種類に大きく分けられ、サービスロボットは、産業
　　　　用ロボット以外のものをいう。サービスロボットは、ロボット
　　　　掃除機、コミュニケーションロボットをはじめとして、さまざ
　　　　まなものがある。

解答　ア

問題3. AIの歴史に関する以下のアからエまでの記述のうち、最も<u>適切な</u>ものを1つ選びなさい。

ア. 第一次AIブームでは、専門分野の知識を取り込んで、その分野の専門家のように振る舞うプログラムであるエキスパートシステムが生み出された。

イ. 第二次AIブームでは、コンピュータによる「推論」や「探索」が可能となった。

ウ. 第三次AIブームでは、コンピュータ自らが知識を獲得することが可能となった。

エ. 第一次、第二次ブームにおいては、AIの技術が、社会がAIに対して期待する水準に達したことでブームが終わったと評価されている。

<u>解説　AIの歴史</u>

ア不適切。エキスパートシステムが生み出されたのは、第二次AIブームである。第一次AIブームでは、コンピューターによる「推論」や「探索」が可能となり、特定の問題に対して解を提示できるようになった。

イ不適切。コンピュータによる「推論」や「探索」が可能となったのは、第一次AIブームである。

ウ適　切。第三次AIブームでは、AI自身が知識を獲得する「機械学習」が実用化された。次いで知識を定義する要素（特徴量）をAIが自ら習得するディープラーニングが登場した。

エ不適切。記述が逆である。第一次、第二次ブームにおいては、AIが実現できる技術的な限界よりも、社会がAIに対して期待する水準が上回っており、その乖離が明らかになることでブームが終わったと評価されている。

解答　ウ

問題４．「教師なし学習」に関する以下のアからエまでの記述のうち、最も適切ではないものを１つ選びなさい。

ア．「教師なし学習」は、正解データがないデータから特徴を学習するタイプの機械学習である。

イ．「教師なし学習」は、データのグループ分けや情報の要約などに活用される。

ウ．「教師なし学習」では、「猫」や「鳥」というラベルは与えられていなくても、形や色などが近い属性でグループ分けすることができる。

エ．「教師なし学習」では、グループ分けしたグループにコンピュータが名前をつけることができる。

解説　機械学習

ア適　切。記述の通り。「教師あり学習」では、現実のアウトプットに関するデータや人間が判別して与えた正解に相当する「教師データ」が与えられるが、「教師なし学習」では、正解に相当する「教師データ」を与えず、入力データから特徴を学習する。

イ適　切。記述の通り。データのグループ分けは、似たもの同士を集めてグループ化する「クラスタリング」が代表的であり、情報の要約はデータの圧縮やデータ相互の関係を可視化する「次元圧縮」が代表的である。

ウ適　切。記述の通り。教師データに相当するラベルがない場合であっても、大量の画像をコンピュータに学習させれば、画像の特徴（例：大きさ、色、形状）からグループ分けや情報の要約が可能である。

エ不適切。「教師なし学習」では、コンピュータがグループの名前をつけることはできず、「グループＡ」「グループＢ」といったラベルがないグループになる。

解答　エ

問題5．ニューラルネットワークとディープラーニングに関する以下のアから
　　　　エまでの記述のうち、最も<u>適切な</u>ものを1つ選びなさい。

ア．ニューラルネットワークは、「教師あり学習」や「強化学習」にも応用
　　されるが、「教師なし学習」としての利用頻度が高い。

イ．ニューラルネットワークの入力層では、入力されたデータに対し「重み
　　付け」と「変換」を施して中間層（隠れ層）へ渡す。

ウ．中間層（隠れ層）を3層以上に多層化したニューラルネットワークをディ
　　ープラーニングという。

エ．ニューラルネットワークの出力は教師データ等と照合され、より一致度
　　が高くなるように重みのつけ方を調整する。

<u>解説　ニューラルネットワークとディープラーニング</u>

ア不適切。ニューラルネットワークは、教師あり学習としての利用頻度が高い。

イ不適切。受け取ったデータに対し「重み付け」と「変換」を施すのは「中
　　　　　　間層（隠れ層）」である。中間層（隠れ層）では、一つ前の層か
　　　　　　ら受け取ったデータに対し「重み付け」と「変換」を施して次
　　　　　　の層へ渡す。

ウ不適切。「3層以上に多層化した」が誤りで、正しくは「2層以上に多層
　　　　　　化した」である。中間層（隠れ層）を2層以上に多層化したニ
　　　　　　ューラルネットワークをディープラーニングという。ディープ
　　　　　　ラーニングの原理はニューラルネットワークと同じだが、中間
　　　　　　層が多層化することでその精度が向上した。

エ適　切。記述の通り。

解答　エ

問題6．AI の学習用データに関する以下のアからエまでの記述のうち、最も
　　　　適切では<u>ない</u>ものを1つ選びなさい。

ア．「UCI Machine Learning Repository」は、アメリカのカリフォルニア
　　大学アーバイン校が公開している機械学習向けのデータセットである。

イ．「ImageNet」は、アメリカ・スタンフォード大学の研究者を中心とし
　　た研究グループが管理する、カラー写真の教師ラベル付き画像データ
　　ベースである。

ウ．「e-Stat」は、Microsoft が開発した、物体検出、意味分割、画像説明文
　　などに利用することができる画像データセットである。

エ．「青空文庫」は、著作権が切れた文学作品などを集めたデータベースで
　　あり、テキストデータは一般に利用可能で、自然言語処理の研究にも使
　　用される。

解説　学習用データ

ア適　切。教師データを準備する方法の一つに、公開されたデータセット
　　　　　を使う方法があり、「UCI Machine Learning Repository」は、
　　　　　よく知られている機械学習向けのデータセットである。

イ適　切。ImageNet は、スタンフォード大学のフェイフェイ・リ（Fei-
　　　　　Fei Li）氏を中心とした研究グループが管理するカラー写真の教
　　　　　師ラベル付き画像データベースである。

ウ不適切。e-Stat は、総務省統計局が整備し、独立行政法人統計センター
　　　　　が運用管理を行う日本の政府統計の総合窓口である。
　　　　　Microsoft が開発した、物体検出、意味分割、画像説明文など
　　　　　に利用することができる画像データセットは、「COCO
　　　　　（Common Object in Context）」である。

エ適　切。青空文庫は、著作権の消滅した作品と、「自由に読んでもらっ
　　　　　てかまわない」とされたものを、テキストと XHTML（一部は
　　　　　HTML）形式に電子化して公開しているサイトである。

解答　ウ

355

■企業・団体のAI導入事例

問題7. インフラにおける AI の活用事例に関する記述として、<u>下線部が適切</u><u>な</u>ものを以下のア・イのうち1つ選びなさい。

ア．清水建設株式会社は、<u>モデル化された架空の工事現場をアルゴリズムに</u>より検討し、制約条件を満たす掘進計画を短時間で導き出すシールドトンネル掘進計画支援 AI を導入し、AI によるシールド機の自動運転を開始した。

イ．一般社団法人 UTMS 協会と住友電気工業株式会社は、時空間情報とプローブ情報（車両から直接収集される走行軌跡情報）で得られた旅行時間の相関関係を AI に学習させ、車両検知センサー取得のデータから推定させたデータを活用し、<u>信号を最適に制御する</u>実証実験を行った。

解説　AI 導入事例：インフラ

ア不適切。清水建設は、**実際の工事現場をモデル化して**アルゴリズムの検討を続け、延長 414m の道路工事トンネルモデルでは、制約条件を満たす掘進計画をわずか 25 分で導き出し、シールドトンネル掘進計画を支援する「施工計画支援 AI」と、シールド機の操作を支援する「掘進操作支援 AI」を導入し、AI によるシールド機の自動運転を開始した。

イ適　切。UTMS 協会と住友電気工業が開発を進める、AI による渋滞予測を活用して信号を制御する実証実験は、岡山県警の交通管制センターに導入した AI に、過去の交通量や周辺環境情報などの時空間情報とプローブ情報（車両から直接収集される走行軌跡情報）で得られた旅行時間（渋滞状況）の相関関係を学習させ、交通量計測用車両検知センサーで取得した交通量から推定された渋滞長を活用している。これにより、車両検知センサーの削減によりインフラコストを低減できるとともに、渋滞計測用車両検知センサーが少ない交差点でも適切な信号制御が可能になる。

解答　イ

356

問題8．製造業におけるAIの活用事例に関する以下のアからエまでの記述の
　　　　うち、下線部が適切ではないものを１つ選びなさい。

ア．六花亭製菓株式会社・IMV株式会社・NTTテクノクロス株式会社が開
　　始した工場内設備の予知保全に関する実証実験は、オーブンのモーター
　　とファンに熱感知センサーを取り付け、収集したデータをAIエンジン
　　に学習させることで、設備機械が故障する予兆を検知する「見える化」
　　を図るものである。

イ．オークマ株式会社と日本電気株式会社が共同開発した、工作機械が自律
　　的にドリル加工の診断を行う技術「OSP-AI加工診断」は、突発異常の
　　検出や摩耗状態の可視化を可能とするものである。

ウ．東京エレクトロン デバイス株式会社が受注開始したプラットフォーム
　　「TAiVIS（タイビス）」は、カメラで撮影した検査対象物の画像の特徴
　　から良品・不良品の判定を自動で行う外観検査アプリケーションを搭載
　　している。

エ．NECソリューションイノベータ株式会社が提供開始するクラウドサー
　　ビス「NEC AI・画像活用見える化サービス／生産管理・検査支援」は、
　　収集した良品画像のみを学習するだけで良品・不良品の検出・分類を行
　　うことを可能とする。

ア 不適切。六花亭製菓株式会社・IMV株式会社・NTTテクノクロス株式会社が開始した工場内設備の予知保全に関する実証実験は、オーブンのモーターとファンに**振動センサー**を取り付け、収集したデータをAIエンジンに学習させることで、設備機械が故障する予兆を検知する「見える化」を図るものである。

イ 適　切。記述の通り。「OSP-AI 加工診断」により、ドリル加工の異常を検知し、破損する前に加工を停止し、工具を退避させ工具と加工物のダメージを最小限にとどめ、また、ドリル摩耗状態をグラフで可視化しドリル交換を最適化させ、工具費の大幅削減をもたらす。

ウ 適　切。記述の通り。「TAiVIS」は、エッジでの推論に特化した外観検査アプリケーションを搭載し、個体差がある製品の検査や、汚れや色ムラを見る官能検査、過検知の判断など、これまで目視検査に頼っていた判定を自動化する。

エ 適　切。記述の通り。従来のサービスでは、良品・不良品のそれぞれの画像を学習することで良品・不良品の検出・分類を行なってきたが、今回の「NEC AI・画像活用見える化サービス／生産管理・検査支援」は、独自アルゴリズムの追加により、収集した良品画像のみを学習するだけで良品・不良品の検出・分類を行うことを可能とした。

解答　ア

問題９．流通分野における AI の活用事例に関する以下のアからエまでの記述
　　　　のうち、<u>下線部が適切ではない</u>ものを１つ選びなさい。

ア．スーパーマーケット「TRIAL」を展開する株式会社トライアルカンパ
　　ニーの <u>24 時間顔認証決済</u>では、セルフレジ決済が可能となり、顔認証
　　時の年齢確認が不要のため、夜間での酒類の購入が可能になる。

イ．株式会社すかいらーくホールディングスが、「ガスト」や「しゃぶ葉」
　　などの店舗に導入した<u>フロアサービスロボット</u>は、料理の提供、食後の
　　食器を下げるサポート等を行うことで、従業員の作業負担の軽減やサー
　　ビス全体の効率化を実現し、接客業務において新人や外国人スタッフな
　　どの多様な人財の活躍を推進する。

ウ．株式会社ローソンと日本マイクロソフト株式会社がローソンで活用実験
　　を行った店舗運営支援AIでは、<u>個人を特定することができる</u>POSデー
　　タ、会員データと、カメラデータ、音声データ等を用いて、行動分析・
　　仮説立案・店舗施策の変更のサイクルを実行する。

エ．旭食品株式会社が、株式会社日立製作所との共同開発を通じて、国内
　　35 か所の物流倉庫で稼働する発注・在庫管理システムの導入により、
　　欠品が約４割、<u>返品による食品ロス</u>が最大約３割低減された。

ア 適　切。トライアルカンパニーが、**TRIAL GO** 日佐店に一般導入した 24 時間顔認証決済では、セルフレジ決済が可能となり、顔認証時の年齢確認が不要のため、夜間での酒類の購入が可能になる。**TRIAL GO** 日佐店では顔登録カメラを 2 台、顔認証カメラを 8 台導入し、18 歳以上の顧客があらかじめ店頭で登録していれば誰でも利用が可能となる。

イ 適　切。フロアサービスロボットが料理を提供し、食後の食器を下げるサポート等を行うことで、従業員の作業負担の軽減やサービス全体の効率化を実現できるだけでなく、新人や外国人スタッフが業務を早く習得でき、接客業務に多様な人財の活躍を推進することが可能となる。

ウ不適切。「店舗運営支援 AI」では、**個人が特定されない形で匿名化された** POS データ、会員データと、カメラデータ、音声データ等を用いて、行動分析・仮説立案・店舗施策の変更のサイクルを実行する。その結果から売上・利益向上などの指標を顕在化するプロセスを構築して各施策の変更による結果を分析し、各店舗に適した施策の優先度を可視化することができる。

エ 適　切。旭食品ではコンビニエンスストアへ商品を出荷する全国の物流拠点において、600 アイテムに関する発注・在庫管理業務を行っており、同システム導入後の効果として、従来、複数の熟練担当者が 1 人・1 日あたり約 4 時間を要していた発注内容を判断するための調査やチェックなどの業務を約 30 分に削減できた。また欠品を約 4 割、返品による食品ロスを最大約 3 割低減した。

解答　ウ

問題 10. 環境・エネルギー分野における AI の活用事例に関する以下のアから
エまでの記述のうち、<u>下線部が適切ではない</u>ものを 1 つ選びなさい。

ア. 東急建設株式会社と石坂産業株式会社の、建設副産物の中間処理プラン
トにおける「廃棄物選別ロボット」は、<u>ベルトコンベア上を連続搬送さ
れる建設混合廃棄物</u>をカメラで撮影し、ディープラーニングによる解析
技術で廃棄物の種類と位置を特定して、対象物のみをロボットアームで
取り出す。

イ. 東京電力パワーグリッド株式会社と株式会社 NTT データの、画像・映
像解析 AI、異音検知 AI による<u>変電設備異常診断ソリューション</u>は、油
入変圧器、冷却ファンなどの電力設備を対象に、漏油検知、建物異常検
知、アナログメーターの自動読み取り、冷却ファン等の異常音検知を行
う。

ウ. 関西電力株式会社と三菱日立パワーシステムズ株式会社が行った火力発
電所向け運用高度化サービスの実証実験は、発電所の運転データと機械
学習等の AI 技術を用いてコンピュータ上に<u>ブロックチェーン</u>を構築し、
運転条件を変更した際の影響を検証し、結果を実際の発電所に適用して
発電所の運用効率化につなげるものである。

エ. 伊藤忠ケーブルシステム株式会社の次世代蓄電池「SMART STAR」は、
AI「gridshare」と連携することで、翌日に必要な電力量と太陽光パネ
ルによる発電量を予測し、両者を照らし合わせて<u>蓄電池にためる深夜電
力</u>を決定する。

ア適　切。東急建設株式会社と石坂産業株式会社は、建設副産物の中間処理プラントにおいて、建設廃棄物の自動選別を行う「廃棄物選別ロボット」を共同開発した。「廃棄物選別ロボット」は、ベルトコンベア上を連続搬送される建設混合廃棄物をカメラで撮影し、カラー画像と距離画像からディープラーニングによる解析技術で廃棄物の種類と位置を特定して、対象物のみをロボットアームで取り出し、箱に入れる。

イ適　切。両社の変電設備異常診断ソリューションは、変電所の油入変圧器、冷却ファンなどの電力設備を対象に、油入変圧器の漏油検知、外柵等の建物異常検知、アナログメーターの自動読み取り、冷却ファン等の異常音検知を行う。

ウ不適切。両社が行った火力発電所向け運用高度化サービスの実証実験は、発電所の運転データと機械学習等の AI 技術を用いてコンピュータ上に**デジタルツイン**（実際の存在する機器を、そのままデジタル上に再現すること）を構築し、燃焼用空気の噴射方法などの運転条件を変更した際の影響を検証し、その検証結果を実際の発電所に適用することで、舞鶴発電所の運用効率化につなげるものである。

エ適　切。「SMART STAR」と AI「gridshare」が連携することで、日々の電気の使われ方を学習して曜日や時間ごとの傾向から、翌日に必要な電力量を予測する。翌日の気象予報から、太陽光パネルによる発電量を予測し、AI が予測する翌日の電気使用量と照らし合わせて蓄電池にためる深夜電力を決定する。

解答　ウ

■AI導入動向・人材・政策

問題11．独立行政法人情報処理推進機構（IPA）「DX白書2023」の「AIの導入課題」に関する調査結果についての記述として、より<u>適切なもの</u>を以下のア・イのうち1つ選びなさい。

ア．2019年調査の「AI白書2020」では、「導入費用が高い」の回答が最も多かったが、2022年調査の「DX白書2023」では、当該回答は減少している。

イ．2019年調査の「AI白書2020」では、「AI人材が不足している」の回答は34.6％であったが、「DX白書2023」では、当該回答はより増加している。

解説　企業のAI導入傾向

ア不適切。「AI白書2020」の「AIの導入課題」に関する調査結果で回答が最も多かったのは、「自社内でAIへの理解が不足している」（55.0％）であった。

イ適　切。2019年調査の「AI白書2020」では、「AI人材が不足している」の回答は34.6％であったが、「DX白書2023」では、当該回答は49.7％となっている。

解答　イ

問題 12. 次の文章は、「人間中心の AI 社会原則」の一部である。次の文章中
の（　　）に入る語句として最も適切なものを、以下のア・イのう
ち1つ選びなさい。

> 多くの科学技術と同様、AI も、社会に多大なる便益をもたら
> す一方で、その社会への影響力が大きいがゆえに、適切な開
> 発と社会実装が求められる。AI を有効に活用して社会に便益
> をもたらしつつ、（　　）するためには、我々は AI に関わる
> 技術自体の研究開発を進めると共に、人、社会システム、産
> 業構造、イノベーションシステム、ガバナンス等、あらゆる
> 面で社会をリデザインし、AI を有効かつ安全に利用できる社
> 会を構築すること、すなわち「AI-Ready な社会」への変革
> を推進する必要がある。

ア．ポジティブな側面を最大限に推進又は活用

イ．ネガティブな側面を事前に回避又は低減

解説　人間中心のAI社会原則

本問の文章は、「人間中心のAI社会原則」の「はじめに」の一部である。

> 多くの科学技術と同様、AI も、社会に多大なる便益をもたら
> す一方で、その社会への影響力が大きいがゆえに、適切な開
> 発と社会実装が求められる。AI を有効に活用して社会に便益
> をもたらしつつ、**ネガティブな側面を事前に回避又は低減**す
> るためには、我々は AI に関わる技術自体の研究開発を進め
> ると共に、人、社会システム、産業構造、イノベーションシ
> ステム、ガバナンス等、あらゆる面で社会をリデザインし、
> AI を有効かつ安全に利用できる社会を構築すること、すなわ
> ち「AI-Ready な社会」への変革を推進する必要がある。

解答　イ

問題13. 次の表は、日米の企業に対して、企業変革を推進する人材のキャリ
　　　　アサポートについて、どのようなことを実施しているかを尋ねた調
　　　　査結果である。表中の（　　）に入る最も<u>適切な</u>語句の組合せを、
　　　　以下のアからエまでのうち1つ選びなさい。

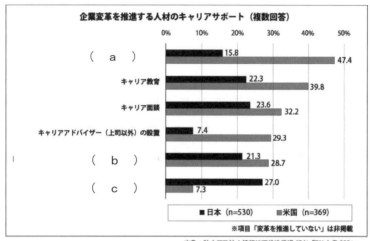

出典：独立行政法人情報処理推進機構 (IPA)「DX白書2021」

ア．a．キャリアパスの整備
　　b．キャリアサポートを実施していない
　　c．日常での1on1（上司と部下の定期的な個人面談）
イ．a．キャリアパスの整備
　　b．日常での1on1（上司と部下の定期的な個人面談）
　　c．キャリアサポートを実施していない
ウ．a．日常での1on1（上司と部下の定期的な個人面談）
　　b．キャリアパスの整備
　　c．キャリアサポートを実施していない
エ．a．日常での1on1（上司と部下の定期的な個人面談）
　　b．キャリアサポートを実施していない
　　c．キャリアパスの整備

解説　企業のAI人材

　日米の企業に対して、企業変革を推進する人材のキャリアサポートについて、どのようなことを実施しているかを尋ねた調査結果を見ると、すべてのキャリアサポートの実施について、日本はアメリカに大きく差をつけられている。「キャリアサポートを実施していない」とする企業は日本で27.0%なのに対し、アメリカでは7.3%となっている。

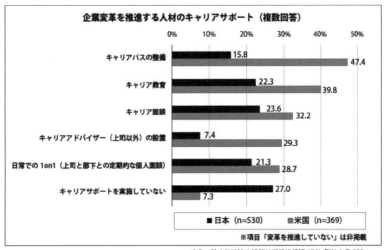

企業変革を推進する人材のキャリアサポート（複数回答）

	日本 (n=530)	米国 (n=369)
キャリアパスの整備	15.8	47.4
キャリア教育	22.3	39.8
キャリア面談	23.6	32.2
キャリアアドバイザー（上司以外）の設置	7.4	29.3
日常での1on1（上司と部下との定期的な個人面談）	21.3	28.7
キャリアサポートを実施していない	27.0	7.3

※項目「変革を推進していない」は非掲載

出典：独立行政法人情報処理推進機構 (IPA)「DX白書 2021」

解答　イ

問題 14.「AI 事業者ガイドライン案」における「公平性」に関する以下のア
　　　　からエまでの記述のうち、最も適切ではないものを 1 つ選びなさい。

ア.「AI 開発者」、「AI 提供者」、「AI 利用者」の各主体は、特定の個人ない
　　し集団への不当で有害な偏見や差別を最小化することが重要である。

イ. 学習データ、モデルの学習過程を始めとする各技術要素及び利用者の振
　　る舞いを含めて、公平性の問題となり得るバイアスの要因となるポイン
　　トを特定することが重要である。

ウ. AI の出力結果が公平性を欠くことがないよう、AI に単独で判断させ、
　　人間の判断を介在させないような利用を行うことが重要である。

エ. AI システム・サービスの開発・提供・利用の方針の決定の際には、無
　　意識のバイアスや潜在的なバイアスに留意する。

解説　AI事業者ガイドライン案

ア適　切。各主体は、特定の個人ないし集団へのその人種、性別、国籍、年
　　　　齢、政治的信念、宗教等の多様な背景を理由とした不当で有害
　　　　な偏見や差別を最小化することが重要である。

イ適　切。不適切なバイアスを生み出す要因は多岐に渡るため、学習データ、
　　　　モデルの学習過程を始めとする各技術要素及び利用者の振る舞
　　　　いを含めて、公平性の問題となり得るバイアスの要因となるポ
　　　　イントを特定する。

ウ不適切。AIの出力結果が公平性を欠くことがないよう、AIに単独で判断
　　　　させるだけでなく人間の判断を介在させる利用を検討すること
　　　　が重要である。

エ適　切。無意識のバイアスや潜在的なバイアスに留意し、多様な背景、文
　　　　化、分野のステークホルダーと対話した上で、方針を決定する。

解答　ウ

問題15. 「AI戦略2022」におけるリテラシー教育の目標に関する以下のアから
エまでの記述のうち、<u>下線部が適切ではないもの</u>を1つ選びなさい。

ア．全ての高等学校卒業生（約 <u>100 万人</u>卒／年）が、データサイエンス・
AI の基礎となる理数素養や基本的情報知識を習得

イ．<u>文理を問わず、全ての</u>大学・高専生（約 50 万人卒／年）が、課程にて
初級レベルの数理・データサイエンス・AI を習得

ウ．多くの社会人（約 <u>10 万人</u>／年）が、基本的情報知識と、データサイエ
ンス・AI 等の実践的活用スキルを習得できる機会をあらゆる手段を用
いて提供

エ．大学生、社会人に対する<u>リベラルアーツ教育</u>の充実

解説　AI戦略2022

ア適　切。「AI 戦略 2022」では、リテラシー教育の高等学校における具体的目標として、「全ての高等学校卒業生（約 100 万人卒/年）が、データサイエンス・AI の基礎となる理数素養や基本的情報知識を習得。また、人文学・社会科学系の知識、新たな社会の在り方や製品・サービスのデザイン等に向けた問題発見・解決学習を体験」を挙げている。

イ適　切。「AI戦略2022」では、リテラシー教育の大学・高専・社会人における具体的目標の一つとして、「文理を問わず、全ての大学・高専生（約50万人卒／年）が、課程にて初級レベルの数理・データサイエンス・AIを習得」を挙げている。

ウ不適切。「多くの社会人（約10万人／年）」が誤りで、正しくは「「多くの社会人（約<u>100万人</u>／年）」である。「AI戦略2022」では、リテラシー教育の大学・高専・社会人における具体的目標の一つとして、「多くの社会人（約100万人／年）が、基本的情報知識と、データサイエンス・AI等の実践的活用スキルを習得できる機会をあらゆる手段を用いて提供」を挙げている。「約100万人／年」の根拠は以下のように記されている。日本の労働人口約6,000万人の25%（約1,500万人）へのデータサイエンス・AIに関するリテラシー教育を今後10 年間で対応する場合の、当該期間に輩出される大学・高専の新卒者約500万人を除く約1,000万人（約100万人×10年）の 1 年あたりの規模数を設定

エ適　切。「AI戦略2022」では、リテラシー教育の大学・高専・社会人における具体的目標の一つとして、「大学生、社会人に対するリベラルアーツ教育の充実（一面的なデータ解析の結果やAIを鵜呑みにしないための批判的思考力の養成も含む）。「リベラルアーツ教育」とは、専門職業教育としての技術の習得とは異なり、思考力・判断力のための一般的知識の提供や知的能力を発展させることを目標にする教育である。

解答　ウ

第3〜5課題担当著者プロフィール

馬込　幸徳（まごめ　ゆきのり）
1963年鹿児島県鹿屋市生まれ
東京造形大学造形学科美術学部卒業
IRコンサルタント、携帯電話コンテンツベンチャー企業を経た後独立。インターネットコンテンツプロデュースを行う傍ら、独学でAIを学び画像認識、超解像度、OCR、自然言語処理などのアーキテクチャーの検証と提供を手がける。

AI活用アドバイザー認定試験
公式テキスト

2024年4月29日　初版　第1刷発行

編　者　　一般財団法人 全日本情報学習振興協会

発行者　　牧野常夫

発行所　　一般財団法人 全日本情報学習振興協会

〒101-0061　東京都千代田区神田三崎町3-7-12　清話会ビル5F

TEL：03-5276-6665

販売元　　株式会社 マイナビ出版

〒101-0003　東京都千代田区一ツ橋2-6-3　一ツ橋ビル2F

TEL：0480-38-6872（注文専用ダイヤル）

　　　　03-3556-2731（販売部）

URL：http://book.mynavi.jp

印刷・製本　大日本法令印刷株式会社